DÉBUT D'UNE SÉRIE DE DOCUMENTS
EN COULEUR

J. BARBEY D'AURÉVILLY

DERNIÈRE SÉRIE

THÉATRE
CONTEMPORAIN
— 1881-1883 —

PARIS
P.-V. STOCK, ÉDITEUR
(Ancienne Librairie TRESSE & STOCK)
8, 9, 10, 11, GALERIE DU THÉATRE-FRANÇAIS
PALAIS-ROYAL

1896

Droits de reproduction, de traduction et de représentation réservés
pour tous les pays, y compris la Suède et la Norvège.

EN VENTE CHEZ LE MÊME ÉDITEUR

Format in-18 jésus

P. ADAM. La Glèbe, 1 vol. in-32.	2 »
— L'Essence de Soleil, 1 vol.	3 50
— Soi, 1 vol.	3 50
BAKOUNINE. Œuvres. 1 vol.	3 50
BARBEY D'AUREVILLY. Théâtre contemporain. Nouvelle série, 1870-1883, 1 vol.	3 50
— Théâtre contemporain. Dernière série, 1881-1883, 1 vol.	3 50
H. BEAUCLAIR. Ohé! l'artiste, 1 vol. in-32.	2 »
— La Ferme à Goron, 1 vol. in-32.	2 »
— Le Pantalon de Mlle Desnou, 1 v. in-32	2 »
H. BECQUE. Querelles littéraires, 1 vol.	3 50
— Molière et l'École des Femmes, 1 brochure.	2 »
H. BELLIOT. Le Roman d'une Fée. 1 vol.	3 50
L. BLOY. Le Désespéré, 1 vol.	» »
— Propos d'un Entrepreneur de démolitions. 1 vol.	3 50
CH. BUET. Contes ironiques, illustrés par ALEX. LEMAISTRE, 1 vol.	3 50
CABROL. Le maréchal de Saint-Arnaud en Crimée, 1 vol. in-8°	7 50
E. CADOL. Catxi, 1 vol.	3 50
CH. CROS. Le Coffret de santal, poésies et fantaisies, 1 vol.	3 50
L. DESCAVES. Les Emmurés, 1 vol.	3 50
— Misères du sabre, 1 vol.	3 50
— Sous-Offs, 1 vol.	3 50
— Sous-Offs en cour d'assises, 1 plaquette.	2 »
E. DURANDEAU. Civils et Militaires, préface de TH. DE BANVILLE, 1 vol. orné de dessins sur bois.	3 50
JEAN GRAVE. La Société mourante et l'Anarchie, 1 vol.	10 »
— La Société Future, 1 vol.	3 50
— La Grande Famille, 1 vol.	3 50
G. GUICHES. L'Imprévu, 1 vol.	3 50
— Philippe Destal, 1 vol.	3 50
HAMON. Psychologie de l'Anarchiste Socialiste, 1 vol.	3 50
L. HENNIQUE. Un Caractère, 1 v.	3 50
— La Mort du duc d'Enghien, 1 plaquette.	2 »
— Paul, 1 vol in-32.	2 »
HUYSMANS. A vau-l'eau, 1 v. in-32.	2 »
— Certains, 1 vol.	3 50
— Un Dilemme, 1 vol. in-32.	2 »
— En Rade, 1 vol.	3 50
— En Route, 1 vol. in-18.	3 50
— Là-Bas, 1 vol.	3 50
J. JULIEN. Trouble-Cœur, 1 vol.	3 50
— Théâtre vivant, 2e série, 1 vol.	3 50
KROPOTKINE. La Conquête du Pain, 1 vol.	3 50
— L'Anarchie, 1 brochure.	1 »
ED. LEPELLETIER. L'Amant de Cœur, 1 vol.	3 50
— Une Femme de cinquante ans, 1 v.	3 50
— Les Morts heureuses, préface de ALPH. DAUDET, 1 vol.	3 50
J. LORRAIN. Les Griseries, 1 vol.	2 »
J.-H. MACKAY. Anarchistes, 1 vol.	3 50
CH. MALATO. De la Commune à l'Anarchie, 1 vol.	3 50
VICTOR MAUREL. Un problème d'art, (méthode de l'art du chant), 1 vol.	3 50
A. MELIOT. La Musique expliquée aux gens du monde, 1 vol.	3 »
JEAN MORÉAS et P. ADAM. Les Demoiselles Goubert, 1 vol.	3 50
— Le Thé chez Miranda, 1 vol.	3 50
G. NADAUD. Chansons à dire, 1 v.	3 50
— Miettes poétiques, 1 vol.	3 50
— Nouvelles chansons à dire, 1 vol.	3 50
— Théâtre de Fantaisie, 1 vol.	3 50
— Théâtre inédit, 1 vol.	3 50
H. NIZET. Suggestion, 1 vol.	3 50
REEPMAKER. N'importe, 1 vol.	3 50
— Purification, 1 vol.	3 50
P. DE RÉGLA. Les Bas-Fonds de Constantinople, 1 vol.	3 50
— La Turquie officielle, 1 vol.	3 50
J. SAUTAREL. Philosophie du Déterminisme, 1 vol.	3 50
SCHÜRMANN. Les Étoiles en voyage, (La Patti, Sarah-Bernhardt, Coquelin), 1 vol.	3 50
E. THIERRY. La Comédie-Française pendant les deux sièges, 1 vol. in-8°	6 »
— L'Énigme d'Andromaque, 1 brochure in-16.	1 »
A. VALLETTE. Le Vierge, 1 vol.	3 50
VILLIERS DE L'ISLE-ADAM. Tribulat Bonhomet, 1 vol.	3 50
WILLY. Soirées perdues, 1 vol.	3 50

Imprimerie Générale de Châtillon-sur-Seine. — Pichat et Pépin.

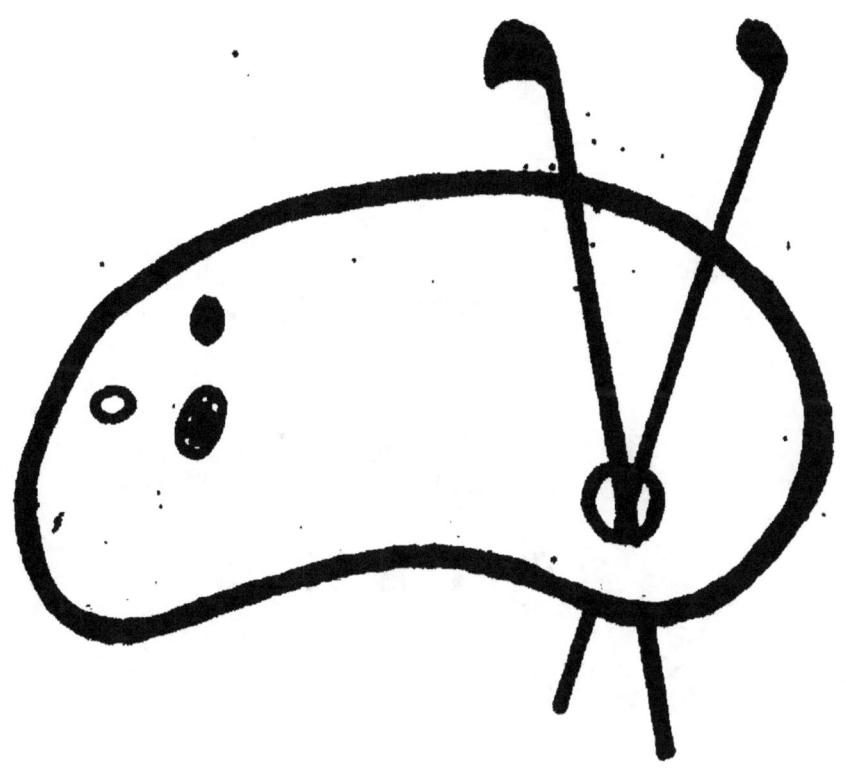

FIN D'UNE SERIE DE DOCUMENTS
EN COULEUR

DERNIÈRE SÉRIE

THÉATRE
CONTEMPORAIN

L'auteur et l'éditeur déclarent réserver leurs droits de traduction et de reproduction.

Ce volume a été déposé au Ministère de l'Intérieur (section de la librairie) en Juin 1896.

Il a été tiré de cet ouvrage dix exemplaires sur papier de Hollande numérotés à la presse.

J. BARBEY D'AUREVILLY

DERNIÈRE SÉRIE

THÉATRE
CONTEMPORAIN
1881-1883

PARIS
P.-V. STOCK, ÉDITEUR
(Ancienne Librairie TRESSE & STOCK)
8, 9, 10, 11, GALERIE DU THÉATRE-FRANÇAIS
PALAIS-ROYAL

1896

Droits de reproduction, de traduction et de représentation réservés
pour tous les pays, y compris la Suède et la Norvège.

THÉATRE CONTEMPORAIN

UN VOYAGE D'AGRÉMENT

7 Juin 1881.

I

Ma foi! il l'a été, — d'agrément, — ce *Voyage!* Il l'a été pour tout le monde : pour l'auteur, que dis-je? pour les auteurs (ils sont trois), les acteurs, le public et le théâtre, qui va le faire faire au public tous les soirs, malgré la chaleur, la saison, le déguerpissement général de Paris et l'heure traditionnelle des fermetures théâtrales. Avant de trouver ce havre sauveur du Vaudeville, qui a été pour lui un Havre de Grâce, le *Voyage d'agrément*, malgré son agrément, en avait fait autour des théâtres plusieurs autres, qui ne devaient pas en avoir autant pour lui qu'il en a eu pour nous vendredi soir.

Il a voyagé, ce *voyage !* Il est vrai qu'il a rencontré M. Gondinet sur sa route. Les deux jeunes obscurs auteurs primitifs de la pièce (jeunes, je n'en sais rien, mais ils le sont au théâtre, puisqu'ils y sont nouveaux), MM. Alexandre Bisson et Sylvane, ont enfin trouvé M. Gondinet au bout de leurs pérégrinations désagréables. M. Gondinet, qui, comme M. Alexandre Dumas, est le grand retapeur des pièces mal attifées et qui leur donne le coup de fer définitif. C'est une industrie par dessus leur talent, à ces messieurs, et qui leur rapporte plus que leur talent. C'est une industrie de ce siècle, si fortement industriel que tout y devient une industrie. MM. Gondinet et Alexandre Dumas ont la spécialité, comme on dit, de perruquiers dramatiques. Ils relèvent les boucles et refont les tire-bouchons manqués.

Industrie fructueuse pour tout le monde : — pour les pauvres diables dramatiques qui ont une idée, mais qui n'ont que cela, et qui la livrent à des messieurs comme on livre sa tête au coiffeur, et surtout pour eux, pour ces messieurs, couveurs attitrés des œufs qu'ils n'ont pas pondus, et qui les mangent à la mouillette et à la barbe de ceux qui les ont pondus et qui, eux, n'y goûtent pas...

Car les feuilletonistes consciencieux auront beau écrire en toutes lettres les noms de MM. Alexandre Bisson et Sylvane, le public ne verra jamais pour auteur du *Voyage d'agrément* que M. Gondinet *tout seul!* Ils auront beau être trois et signer leur pièce de leurs trois noms, le public, ce vieux mouton, entêté comme une mule, répétera avec sa justice et sa routine ordinaires que le *Voyage d'agrément* est de M. Gondinet, et même, aujourd'hui, du *bon* Gondinet!

II

Nous savons ce que c'est que du *bon* Gondinet! Ce n'est pas sans saveur, non! mais ce n'est pas très capiteux. C'est, quand il n'est pas frelaté, du *gentil vin*, comme disent, en fait de vin, les connaisseurs émérites; cela ne se sable pas avec une sensualité très avide, mais cela se sirote, sans grand inconvénient pour la solidité des cerveaux qui aiment ce vin-là. Et cependant, vendredi dernier, au Vaudeville, on s'est grisé avec ce gentil vin comme s'il avait été du Saint-Peray mousseux ou quelque autre grand vin du Rhône. Était-ce à cause de la chaleur de ce soir-là, qui ne venait pas de la pièce? On se sentait si bête et si engourdi par cette chaleur, que ce *Voyage d'agrément*, qui ne dépasse pas l'agrément, mais qui est agréable, rafraîchissait et tirait l'esprit de sa bêtise et de son engourdissement, et tout le monde, étonné et heureux de comprendre des plaisanteries à sa portée, s'est mis à applaudir et à rire avec reconnaissance. On a ri en deux temps, — d'un rire d'abord incertain, mais qui, à la réflexion, est devenu positif et enfin bruyant. Seulement, si on a vivement applaudi, c'était moins l'auteur de la pièce que soi-même d'avoir compris et ri !

La pièce, d'ailleurs, a été jouée avec une verve qui était bien plus en M. Dupuis et les autres acteurs du Vaudeville que dans M. Gondinet et ses deux accessoires. Dupuis, qui s'affirme chaque jour davantage, et dont l'importance comme acteur est la honte du Théâtre-Français, joue dans le *Voyage d'agrément* le rôle principal, qui envahit presque toute la pièce ; mais à sa verve continue et qui n'a pas défailli un seul instant, s'est allumée la verve de tous ceux qui jouaient avec lui, et, ce soir-là, le Vaudeville a prouvé une fois de plus qu'un grand acteur n'éteint pas les autres, mais les aimante de son talent et de son âme. C'est comme, à la guerre, les grands généraux.

III

Un Voyage d'agrément n'est, au fond, qu'un vaudeville sans couplet, — sans cette mousse du couplet qui pétille et déborde la prose du dialogue, mais sur laquelle le prosaïsme de nos jours, qui ne veut de mousse d'aucune espèce, a soufflé... C'est un vaudeville par le titre, le ton, la gaieté, le sujet. M. Fernand de Suzor, qui est un homme du monde élégant, qui a cinquante ans et une jolie femme de vingt-cinq, s'est laissé entraîner par un ami, pendant l'absence de sa femme, dans l'un de ces soupers que l'on appelle des « parties fines », je ne sais pourquoi, car il n'y a rien de plus grossier, chez une demoiselle Paquita (le nom dit tout), et, sous l'influence du champagne, il s'est pris de querelle avec un cocher insolent qu'il a battu et avec les gens de police qu'il a rossés, comme on rossait le guet en cette benoîte année de la Régence 1725. Condamné pour cette frasque d'après souper, si peu dans nos mœurs à une certaine hauteur sociale, il veut cacher à sa femme, revenue au logis, les quinze jours de prison qu'il faut faire, non pour les quinze jours de prison mais pour le souper, et c'est alors qu'il invente un voyage en Italie, où il n'est pas, pour cacher une prison dans laquelle il est obligé de rester. Voilà tout le sujet, tout le piquant et toute la gaieté de la pièce. Emprisonné, il trouve un directeur de prison comme on n'en trouve pas dans les prisons, mais dans les vaudevilles : joli garçon, joueur de flûte traversière, aquarelliste, veston de satin bleu luisant, gilet blanc, pantalon tourterelle, à qui un de ses amis l'a recommandé et qui lui donne instantanément son atelier pour cellule. On ne *scribouille* pas mieux que ça!... Des relations d'une confiance subite s'établissent entre ce directeur pimpant et l'homme charmant qu'est encore M. de Suzor, chez qui l'aimable mauvais sujet des anciens jours revient, par nuances douces, dans le mari automnal et sentimental. Aussi, charmé, le directeur complaisant se propose pour faire la petite poste de Venise à Paris entre le mari soi-disant en Italie et la femme restée à Paris. Vous voyez tout de suite, et tout le monde l'aurait vu par un temps moins chaud, ce que cette situation peut devenir et peut donner. Mais comme on était ce soir-là hébété de chaleur, ceci a paru de la plus piquante nouveauté et l'on n'a pas deviné ce qui allait suivre, quoique ce fût gros comme une tour!

Vous devinez bien, parbleu! Vous le devinez bien, n'est-ce pas? maintenant qu'il fait moins chaud, que ce scélérat de directeur, — car, en matière de femme, tout homme est plus ou moins un scélérat, — qui tient M. de Suzor sous sa clé, va faire immédiatement la cour à sa femme ! et d'autant plus qu'il a vu une photographie, laissée par le mari chez la demoiselle Paquita, qui représente cette madame de Suzor chez qui son mari l'envoie porter une lettre écrite dans la prison, mais datée de Venise, et comme si lui-même, postillon de l'amour conjugal, arrivait droit de la place Saint-Marc et de l'hôtel de la Lune ! Comment, il est vrai, se fait-il que M. de Suzor, qui est un galant homme et qui doit être soucieux de l'honneur de sa femme, ait pu laisser chez la demoiselle Paquita le portrait qui a enflammé à distance le directeur de la prison?... Ceci me trouble et m'a paru trouble dans la pièce. Mais l'art dramatique est d'une telle pauvreté et réduit maintenant à une telle impuissance, qu'il ne faut pas chicaner des invraisemblances nécessaires et sans lesquelles l'art dramatique, c'est-à-dire ce qui en reste, cesserait d'exister.

Invraisemblances, confusions, manque de clarté, embarras visibles pour débrouiller l'écheveau de cette pièce, en tirer habilement le fil et le dévider sans le rompre, tout ce travail d'arrangeur dans lequel M. Gondinet est reconnu, par les théâtres et par l'opinion, passé maître, je ne veux rien discuter de cela. Je ne veux pas discuter non plus, ce qui, pour moi, est bien plus grave, le ridicule improbable du personnage des deux amoureux, dont l'un (de l'ordre des avocats) s'emprisonne généreusement quinze jours avec l'oncle pour lui soutirer le mariage de sa nièce, et dont l'autre, mis à la porte le jour du contrat, sous prétexte qu'il est l'architecte des Belles Petites (joli prétexte de vaudeville!), court, pour avoir la nièce qu'on lui a refusée, après l'oncle, en Italie où il n'est pas, pour revenir dire à sa femme inquiète et jalouse qu'il l'a rencontré à Naples, quand lui, le mari, apparaît tout à coup sortant de prison et finissant par dire ce qu'il a voulu taire et ce par quoi il aurait dû commencer.

Je laisse là ces misères dramatiques. Il me suffit que la pièce soit gaie et que le dialogue y soit vif, et ils le sont tous les deux. Seulement on a trop dit, selon moi, que les mots spirituels et brillants y abondaient... J'en ai trouvé d'ingénieux et de fins dans un dialogue aisé et rapide ; mais M. Gondinet n'a pas les mots qui sont « la poudre qui parle », au théâtre. Il en a eu deux très applaudis et justement applaudis, tirés de la situation. C'est quand on demande à cet ancien soldat, devenu garde de prison : « Vous connaissez Magenta ? Qui vous a le plus frappé à Magenta ? » Il répond : « C'est un éclat d'obus à la poitrine. » Et quand le même soldat fait la description de

Milan, qu'il se vante aussi de connaître : « Il y a d'abord — dit-il — un arc de triomphe en lauriers et des femmes qui jettent des bouquets par les fenêtres. » Suzor répond : « Ah! c'est un peu changé maintenant. » Et le mot a de la grâce et de la mélancolie. (Y avait-il, ce soir-là, des Italiens dans la salle ?...) Mais, sous une autre plume que celle de M. Gondinet, il aurait pu être plus beau et d'une mélancolie plus cruelle.

IV

J'ai parlé du *bon* Gondinet au commencement de cet article. Mais le meilleur Gondinet de cette pièce, c'est Dupuis, qui a mis son style à lui par-dessus le style de M. Gondinet, le style de son action, de sa physionomie, de sa voix, de son geste, de toute sa puissance d'acteur. C'est lui qui est surtout l'auteur de ce *Voyage d'agrément*. Jouez-le sans lui, vous verrez! Le *Voyage* y sera, mais l'agrément n'y sera plus... Dans ce rôle de Fernand de Suzor, qui aime sa femme, qui a la crainte de sa femme, qui a l'anxiété de sa femme et la petite jalousie (pas grosse, non !), mais la petite jalousie de sa femme, il n'est pas un benêt de mari, un mari de comédie, comme il y en a même ailleurs que dans les comédies. Il est un mari qui pourrait être encore un mari à bonnes fortunes et qui s'en prive. Il a l'élégance de l'homme du monde qui a vécu et qui a gardé une fleur d'immortelle sensibilité dans son âme.

Il a été tour à tour plaisant et tendre. Il a été exquis de jovialité, de bonne humeur et d'émotion aussi, d'émotion montrée et contenue. Il a joué comme s'il ne jouait pas. Il n'a plus été Suzor, il a été Dupuis ; mais il s'est trouvé que Dupuis, c'était exactement Suzor. Dernier degré de l'art quand il est si bien la nature, et grand honneur pour la nature d'un homme d'être l'art élevé et charmant exprimé par elle ! Il m'a, vendredi, à cette représentation d'un *Voyage d'agrément*, effacé de l'âme ce regret qu'il m'inspire souvent de ne pas avoir, dans les pièces qu'il joue au Vaudeville, de rôle qui soit à la hauteur de son talent. Cela le force à se pelotonner dans les rôles qu'il joue, pour y tenir, comme ces Chérubins de dix-huit ans qui sautent par les fenêtres et qui ne froissent pas même les plates-bandes sur lesquelles ils tombent, tant ils y tombent bien !

Dupuis ne tombera jamais que comme cela.

MADAME DE CHAMBLAY

13 Juin 1881.

I

Je n'étais pas à la première représentation de cette reprise de *Madame de Chamblay*, — qui a réussi et qui probablement empêchera le Gymnase de fermer ses portes à l'heure où les autres théâtres ferment les leurs. Cette pièce d'Alexandre Dumas père, *à l'entendre*, a, je crois, été retouchée filialement par M. Alexandre Dumas fils, lequel a pratiqué sur elle ses petites opérations ordinaires. Du moins, on le disait autour de moi, et les quatre actes qui la composent ont, par leur brièveté, semblé autoriser ce bruit-là... Les remaniements auraient été des suppressions... Je ne sache rien, par parenthèse, qui prouve mieux l'infériorité absolue de l'art dramatique que ces remaniements auxquels il est toujours temps de soumettre une pièce achevée, que cette recherche tâtonnante d'une optique théâtrale plus précise, que ces *pièces* remises, après coup, à une pièce, que toute cette besogne de savetier à laquelle on peut toujours revenir. Et c'est si bien une besogne de savetier, qu'en langue de théâtre, qui n'a pas peur d'être cynique, on dit : *Mettre des becquets à une pièce*, et c'est même la réputation de M. Gondinet, dont je parlais dans mon dernier feuilleton, d'avoir le génie du becquet ! Rien de plus rare à la scène qu'un chef-d'œuvre, coulé en bronze ou taillé en marbre, assez imposant pour qu'on n'y touche plus, — l'auteur ou les autres, dont c'est le métier de redresser les pièces mal venues ou contrefaites, et que l'on pourrait appeler les orthopédistes du théâtre.

La *Madame de Chamblay* d'Alexandre Dumas, sur laquelle, peut-être, tout autre que son fils n'aurait pas osé mettre la main, — retouchée ou non, d'ailleurs, — a *l'intérêt d'action* qui est la qualité la plus en saillie des drames de ce premier des Dumas. Cet homme, trop grandi dans ce siècle, qui n'a, en rien, de mesure, et qui prend son exagération pour de l'enthousiasme, — l'exagération, c'est l'enthousiasme des âmes froides, — cet écrivain de robuste facilité que Michelet, le prestigieux Michelet, appelait : « une des forces de la nature », dans ce langage inouï qui n'a plus ni discernement, ni nuance, ni bon sens, ni possession de sa propre pensée, et qui fait de la langue de la critique un cheval fourbu qu'on a tué sous soi, avait réellement la force de l'action dramatique, et, comparé à ceux qui sont venus après lui, il paraît presque un grand créateur. Seulement, qu'aurait dit de plus Michelet de Shakespeare ou de Lope de Véga, qui, lui, écrivit douze cents pièces de théâtre et quantité de poèmes, et qui, s'il eût vécu à notre époque *journaliste*, aurait mené un bien autre quadrige que celui de Dumas ! Né avec un tempérament brûlant et prolifique, qu'il n'a pas donné à son fils, cet ardent mulâtre en littérature qui fit le plus beau drame de son temps (puisque le *Lorenzaccio* d'Alfred de Musset n'a pas été joué), cet *Antony*, — que son fils veut encore remanier, dit-on, le *déromantisant* du nom d'*Antony* pour l'appeler platement « *Antoine* » et en changeant le dénouement, magnifique dans mes impressions ! en dénouement faux, dans ses thèses fixes, à lui, Alexandre Dumas, — l'auteur d'*Antony*, d'*Angèle*, de *Henri III*, de *Mademoiselle de Belle-Isle*, a une assez belle place comme cela dans la renommée, mais il faut de sa gloire circonscrire pourtant les rayons... Avec la faculté de l'action dramatique que je lui reconnais, il n'avait pas d'autre génie... C'était déjà, comme son fils, aussi un remanieur, mais son procédé était bien différent. Il remaniait, mais d'une main autrement inspirée et puissante !

C'était une main de Cyclope, qui refaisait l'ouvrage manqué du forgeron. On lui apportait (comme Fiorentino lui apporta sa *Fernande*) une œuvre mort-née, inanimée, glacée, et voilà qu'il y soufflait la vie comme on souffle son haleine dans une flûte muette qui devient sonore! Intellectuellement, il s'étendait sur elle comme un thaumaturge, et l'œuvre mort-née se relevait et vivait, et voilà pourquoi il a signé tant d'œuvres qu'il n'avait pas faites avec le droit de les signer pourtant, puisque, sans lui, elles n'auraient jamais vécu !... Seulement, la vie a plusieurs degrés pour le génie qui la donne, et ce n'est pas tout que de la faire passionnée : il faut la faire idéale. Il faut, avec l'action, qu'elle ait le langage, qui est une autre action, et c'est par là que ce soi-disant colossal Dumas défaillait. Il n'avait ni le cri, ni la langue splendide, profonde et terrifiante, divine et infernale, de Shakespeare! Il péchait par le style, par cette toute-puissance du style dramatique qui, seul, fait les drames immortels! Après le dernier mot d'*Antony*, digne par le grandiose de Corneille: « Elle me résistait, je l'ai assassinée ! » je n'ai plus rien trouvé dans ses drames de cette profondeur et de cette beauté. Ses vers, quand il écrit en vers, sont médiocres, et sa prose, quoiqu'elle marche vite et parle clair, est le plus souvent vulgaire. Mais la vulgarité sert plus qu'elle ne nuit au théâtre, où l'aristocratique beauté de la langue déconcerte la démocratie des parterres, — et c'est une sympathie naturelle entre l'œuvre d'un homme et le public, toujours vulgaire, que la vulgarité !

Eh bien, dans *Madame de Chamblay*, cette absence du grand style apparaît comme dans les autres œuvres d'Alexandre Dumas. Il n'a ni le style qui marche, organisé comme un lion, dans tout le courant de ses pièces, ni le mot qui enlève tout à certaines places, le mot irrésistible qu'on salue par des applaudissements trois fois répétés, et qui entraîne même les âmes communes... Et cependant, chose étonnante ! c'était, en conversation, l'homme du mot, qu'Alexandre Dumas. On en a cité de lui beaucoup d'éloquents, de spirituels et de charmants, et il en a jeté encore plus par les fenêtres, qu'on n'a pas ramassés ! Ce facile, qui n'était qu'instinct et tempérament, de race créole, avec sa voix douce et presque zézayante, avait la verve du mot, qui sort rapide des lèvres d'un homme comme un disque lancé et frappé net, instantanément, comme une médaille, et ces mots-là, je ne les retrouve ni dans ses drames, ni dans ses romans. Comment expliquer cela ?... Il avait peut-être besoin, pour s'inspirer, de la figure humaine devant lui, et il n'avait pas assez d'imagination et de génie pour la voir devant lui quand il écrivait. Homme physique, plus admirablement doué que l'homme moral qu'il ne fut jamais, c'était, même dans les productions de talent, l'homme physique, en lui, qui l'emportait!

II

Et voilà mon reproche à *Madame de Chamblay*. Elle n'est pas écrite... mais elle est *mouvementée*. Il n'y a pas ici ce qui est une des autres gloires du drame : il n'y a pas de caractère plus que de langage. M. de Chamblay, M. de Senonches, M. de Villiers, madame de Chamblay, ne sont pas des caractères. Ils n'existent pas par eux-mêmes, ils n'existent que pour les besoins d'une situation, et cette situation est tout le drame. M. de Chamblay est un joueur odieux, qui exploite sa femme au profit de son affreuse passion de joueur. Il la ruine et elle se laisse exploiter et ruiner, comme la plupart des femmes qui ont de la noblesse de cœur et qui sont trop fières, quand elles n'ont pas d'enfants, pour ne pas abandonner leur fortune au mari qu'elles méprisent avec grandeur ! Mais madame de Chamblay ne va pas jusque-là. Elle se laisse manger ses terres par son vampire de mari, mais à la dernière, elle se révolte et lui résiste... Dans ce dernier château qu'il faut vendre, il y a trop de choses de son enfance et de sa vie, trop de choses aimées, — car nous mettons de notre âme dans tous les coins de nos demeures, — et, quand il s'agit de ce château qui, pour elle, est tout le passé, elle se reprend à son héroïque abandon.

Or, aux premières scènes de ce drame très simple, elle a rencontré un jeune homme, M. Max de Villiers, chez M. de Senonches, le préfet, où elle était allée pour faire exempter du service militaire le fiancé de sa sœur de lait, avec la préoccupation de la femme qui ne voit jamais que ce qu'elle désire et qui ne songe pas aux conséquences terribles qu'une exemption de faveur peut avoir, puisqu'elle expose à la mort l'homme qui remplace celui qu'on exempte. C'est Max de Villiers qui explique l'immoralité de sa demande à la pauvre femme désespérée et à qui son mari n'a laissé aucun argent pour racheter ce fiancé, qu'elle veut empêcher de partir ! Heureusement, Max a joué, cette nuit-là, ou plutôt son ami, M. de Senonches, qui donnait une fête, a joué pour lui et a gagné, et il met cet argent venu par M. de Senonches à la disposition de madame de Chamblay, qui n'accepte cette générosité que s'il la fait lui-même à sa sœur de lait, de ses propres mains ; et c'est ainsi que naît l'amour qui va suivre entre cette femme opprimée et ce noble jeune homme, lesquels à eux deux seuls seraient tout l'intérêt de la pièce si M. de Senonches, au quatrième acte, ne devait pas les effacer, en inspirant tout à coup un intérêt supérieur et inattendu.

Ils s'aiment donc, et M. de Chamblay continue sa vie de dépense et de jeu furieux pendant qu'ils s'aiment, quand un jour il se jette à travers cet amour pour demander à sa femme le sacrifice qui lui coûte le plus, et, pour la première fois, il trouve devant lui une résistance. Entre le misérable qui veut la signature de sa femme au contrat d'une vente qu'il ne peut pas conclure sans elle, puisqu'ils sont mariés sous le régime de la communauté, et la malheureuse qui refuse, la scène est pathétique et terrible, mais courte, et même, selon moi, trop brusquée. Chamblay devient brutal. Pour forcer sa femme à signer, il lui prend le poignet. Ici, M. Dumas se pille lui-même après avoir pillé un autre. Vous rappelez-vous, dans *Henri III*, le duc de Guise prenant le poignet de sa femme avec son gantelet de fer! M. Dumas l'avait pris malheureusement à Walter Scott, dans *l'Abbé* (Lord Ruthven meurtrissant de son gantelet le poignet nu de Marie Stuart). Cette cruauté faisait, dans *Henri III*, pousser à mademoiselle Mars le cri qu'aucune femme ne poussera plus jamais comme elle : *Henri, vous me faites mal, vous me faites horriblement mal!* Le cri moins déchirant de madame de Chamblay appelle Max de Villiers, qui était dans l'appartement à côté (il y a toujours du monde à côté, disait Bixiou); et Max arrive, insul-

tant Chamblay, qui ne dit, lui, que deux mots :
« Signez, madame, ou je le tue! Il était chez vous.
Flagrant délit. » Et comme elle hésite, il ajuste
Max, qui tombe.

A peine tombé, elle signe éperdue. Pourquoi signe-t-elle ?... On se le demande ; mais l'acte suivant répond pourquoi.

III

Max blessé, en effet, n'est pas mort. La terre est vendue, puisqu'elle a signé, et ils vont partir en chaise de poste, les deux amants, dans la propre chaise de poste de M. de Senonches, quand, au moment où l'on met les chevaux, Chamblay arrive pour payer une dette de jeu de quarante mille francs qu'il doit au préfet depuis sa fameuse soirée, et c'est ici l'intérêt supérieur que j'ai annoncé, c'est ici la scène, la maîtresse scène de ce drame rapide. Je suis parfaitement sûr que tout ce qu'on a vu déjà, que tout ce qui s'est passé jusque-là n'a été combiné que pour cette scène dernière, qui est très belle et qui donne en une fois tout le genre de talent dramatique qu'avait Dumas, quand il était vraiment l'Alexandre Dumas de ses meilleurs soirs !

Nulle analyse, nul récit ne peut donner une idée de cette scène superbe. Senonches y devient très grand, très froid, et, vis-à-vis de Chamblay, de la *douceur* la plus insolente, la plus outrageusement insolente, quand il lui refuse ses quarante mille francs. Alors la scène n'est plus rapide ; elle se développe lentement et on jouit tragiquement de sa lenteur. Il faut entendre Senonches expliquer longuement à Chamblay pourquoi il ne veut pas de ces quarante mille francs volés, puisqu'il les a pris à sa femme. Il faut entendre la cruauté méprisante de ses explications, qui finissent par un duel, tout de suite ! sans témoins ! dans un jardin ! au clair de lune ! avec les épées de Senonches.

J'étais dans une baignoire avec de jeunes filles dont j'entendais, pendant cette scène étreignante, battre les cœurs à deux pieds de moi... Les deux amants qui vont partir rentrent sur le théâtre et demandent où est Senonches, pour lui faire leurs adieux. « Il se bat dans le jardin, madame, avec M. de Chamblay. » Et on croit entendre le cliquetis et le grincement des épées. Senonches rentre ; il a tué Chamblay. Il peut dire au postillon : « Dételez ! »

J'ai négligé des détails qui veulent être comiques et qui ne le sont pas. Je n'ai voulu voir que le drame et la fin du drame dans le drame lui-même. Achard a été au niveau de son rôle de

Senonches, et ce n'est pas un mince éloge. Mademoiselle Marie Julien, en blanc, a été sublime d'attitude, les bras étendus, le torse cambré, à la cheminée, quand son infâme mari la brutalise pour la faire signer, mais mademoiselle Mars, qu'elle n'a pas entendue, criait mieux....

Bravo! monsieur Koning, voilà une bonne reprise! Le public voulait s'en aller. Elle le reprendra et le fera rester!

LE CIRQUE

20 Juin 1881.

I

Je veux en parler. C'est bien l'heure, puisque la grande littérature dramatique — celle, du moins, qui se croit la grande! — fait silence au théâtre, dans cette saison qui couvre de congés et de *relâches* sa nullité actuellement si profonde... Le Cirque, lui, est toujours en permanence. Il est, quand les autres ne sont plus. C'est le seul théâtre qui ne défaille pas à cette minute de l'année. Au contraire, c'est son plus beau moment! Avec l'été, il resplendit mieux, comme le soleil. Spectacle fait pour les yeux qu'il enchante, il leur parle, quand les autres spectacles, faits pour les oreilles de l'esprit, se taisent. Mais ne croyez point que l'esprit ne trouve pas son compte à ce spectacle qui semble fait pour les yeux seuls! Le Cirque n'est pas seulement un théâtre populaire, le plus populaire des spectacles. Il en est aussi le plus aristocratique et le plus héroïque. C'est le théâtre des peintres, des sculpteurs et des poètes qui aiment la beauté et qui veulent la réaliser dans leurs œuvres. Théophile Gautier l'adorait. C'est le théâtre de la beauté et de la force plastiques et visibles, qu'on ne discute jamais, — car la beauté intellectuelle et morale se discute, se chicane misérablement, mais la beauté physique ne se discute pas. Elle s'impose ! Le Cirque, plus esthétique que dramatique, a son genre de pathétique et d'émotion, comme il a son genre de beauté. Il n'y a pas un seul de ces tours de force et d'adresse, qui étonne et qu'on admire, qui ne cache un péril qui peut être mortel et qui est toujours présent, toujours bravé et toujours surmonté, au Cirque, par une perfection intrépide !

Et, en effet, le Cirque, c'est le seul théâtre où la perfection soit de rigueur. Ailleurs, dans les autres théâtres, on peut s'en passer, et Dieu sait si on s'en passe ! On n'en meurt pas. Partout ailleurs, on n'a guères à craindre que le coup de sifflet de la désapprobation impatientée ou l'atroce bâillement de l'ennui. Mais au Cirque, où l'art a la dignité du danger, si l'acteur ou l'actrice, dont la personne est tout le rôle et même toute la pièce, ne sont pas sûrs d'eux, — s'ils font un faux mouvement, s'ils ont une distraction, un instant d'oubli, une lassitude, — ils risquent de se briser !... Le corps, qui, comme l'esprit, a ses pataquès, les paye ici d'une façon terrible... Au Cirque, la médiocrité est menacée incessamment de se rompre le cou, — quelle délicieuse perspective ! — tandis que dans les autres théâtres, où elle se prélasse, vous savez avec quel air ! elle se porte très bien et ne risque absolument rien. Eh bien, pour toutes ces raisons et pour d'autres encore, j'aime le Cirque ! et qui donc ne l'aime pas ? Et voilà pourquoi, vide d'idées et d'impressions dramatiques, dans cette semaine bête comme un chou, — le chou que n'ont pas mangé, cette semaine, ces fameux lapins de directeurs de théâtre, — je suis allé hier soir au Cirque pour vous en parler aujourd'hui.

II

Il était plein. Plein comme un œuf, — un œuf d'autruche ! Et, cela, malgré le temps qui était affreux, et des torrents de pluie qui ne lui avaient pas fait perdre un seul spectateur. Le samedi au Cirque, c'est le mardi au Théâtre-Français. Moi, l'historien de cette soirée, j'étais au numéro 884, la dernière place, et la seule, que j'avais prise (on n'est pas très fier, quand on aime). Je regarderais les exercices du Cirque du haut d'un clocher, s'ils se faisaient à ciel ouvert. J'avais vainement cherché sur l'affiche les noms attirants, les noms fascinateurs de l'année dernière ; ils n'y étaient pas et leur absence désespérait mes souvenirs. Pas d'Océana, la *filleule* de l'Océan, qui n'est pas née de l'écume des mers, comme Vénus, mais sur la mer, et qui porte son nom et pourrait aussi s'appeler Aphrodite ! Pas d'Élisa, la centauresse ! Pas d'O'Brien, cette Coysevox, qui a les ailes des chevaux du divin sculpteur qui l'aurait sculptée s'il l'avait connue, aux épaules, quand elle danse, sur le dos du sien ! O'Brien, à la bouche amère, qui ajoute au charme d'un visage assez joli pour être riant, le charme mystérieux de son amertume ! Rien enfin des gloires des années passées.

On dit pourtant qu'Océana est à Paris comme une reine incognito, et que parfois, au Cirque, elle vient regarder de ses yeux indifférents, et qui ne cherchent plus personne, la place où nous l'avons tant regardée. Mais reviendra-t-elle s'y mettre encore?.... Si elle ne revient pas, du moins, pour combler le vide de son absence, nous aurons Élisa, l'écuyère exquise et audacieuse, à l'art raffiné, et qu'on dirait née à cheval et sortie du ventre de sa mère au galop. On annonce qu'elle arrive du vingt-cinq du présent mois au deux du mois prochain.

Sonnez! trompettes de cavalerie!... Hier, nous n'avions que l'intérêt des débuts qui se faisaient au Cirque ; mais ces débuts, le Cirque m'est si cher et j'en épouse tellement la fortune, que j'en ressentais l'anxiété, et j'avais tort. L'anxiété, cette involontaire, a fait dans mon âme bientôt place à la sécurité qu'inspirent, au Cirque, les artistes de ce théâtre, dont le caractère est la certitude la plus calme dans la plus effrayante difficulté. David, qui a peint sublimement Napoléon gravissant les Alpes sur un cheval cabré, n'a peint là que l'idéal d'une attitude qui peut avoir au Cirque sa réalité tous les soirs.

Ces débuts ont été heureux et nombreux. Nous avons eu d'abord les exercices de dislocation de mademoiselle Sydonia, et quoique ce soit effroyable à l'œil nu que cette dislocation d'un corps humain, devenu serpent, qui se plie et qui se replie comme les serpents de nos passions autour de nos cœurs, cette fille-serpent, qui se nouerait autour du cou de l'homme qu'elle aimerait comme une cravate, a sauvé l'horreur d'une dislocation qui fait de ses os des cartilages, par une beauté qui proteste contre un tel sacrilège et qui le fait oublier! Ce n'est pas certainement Océana, la splendide, mais elle rappelle Océana. Elle a beaucoup d'elle, mais elle n'est pas *toute elle*. Sa physionomie est plus résolue. Elle n'a pas ce bon sourire d'Océana sur cette bouche si voluptueusement entr'ouverte... Et on ne l'y cherche pas et on ne s'étonne pas qu'il n'y soit point. Quelle force obstinée de volonté n'a-t-il pas fallu, en effet, à cette jeune fille, pour se briser, s'amollir et se *souplifier* à ce point ? Car un tel barbarisme physiologique appelle, pour le qualifier, le barbarisme dans les mots !...

Elle, cette serpentine Sydonia, si elle était jamais malheureuse en amour, elle n'aurait pas besoin du vitriol — le poison lâche des impuissantes de ce temps — pour se venger de l'homme qu'elle aimerait. En deux bonds, quand il attendrait sa caresse, elle lui sauterait au cou, et ferait avec l'écharpe de soie de son corps charmant le *lazzo* qui l'étranglerait net, comme s'il était un cheval du Méxique.

Après elle, mademoiselle Price, clair de lune de mademoiselle O'Brien, l'astre parti, a fait des exercices en vitesse d'une verve inouïe, qui ont été suivis des *aériens* de mademoiselle Hélène, qu'on voudrait voir finir, quand ils commencent, tant l'effroi pour elle se mêle au plaisir qu'elle donne et en fait la plus frémissante et la plus douloureuse des sensations ! Mais à cette distance d'un feuilleton, j'aurai la force de m'arrêter un instant.

III

Elle a l'air d'une enfant, cette mademoiselle Hélène, qui fait là-haut, — tout là-haut, — sur sa barre de trapèze, l'effet d'être petite, et qui ferait trembler, s'il fallait faire comme elle, toutes les femmes à barbe des régiments. Est-elle une femme ou une de ces pubertés avancées et précoces qu'ont ces filles de Cirque, élevées dans l'air fortifiant des gymnases, où l'on vous fait des organes et des formes quand on n'en a pas ? Elle est là, sur sa barre, posée dans un aplomb et un équilibre incroyables, avec une intrépidité souriante, s'y balançant sans prendre jamais les cordages, si ce n'est pour monter plus haut, aisée, tranquille, et plus étonnante que l'oiseau sur l'extrémité de sa branche mobile; car l'oiseau a des ailes et elle n'en a pas, l'oiseau n'envoie de baisers à personne et elle en envoie que l'air dévore, de ces baisers d'âme qui n'arrivent pas, quoique la main qui les jette de là-haut soit de chair. Cette supérieure à l'oiseau, cette victorieuse de l'oiseau, qui n'a pas de griffes, comme l'oiseau, pour s'attacher à sa barre mince, son escarpolette, et qui n'y pose que le pied rond et cambré d'une femme, vous le met, par le danger qu'elle court, positivement sur le cœur, si vous en avez un !

C'est sa manière, à elle, d'en faire sentir le poids ! Est-elle belle, cette fille qui s'appelle Hélène ? je n'en sais rien. Mais si elle l'est, sa beauté se perd dans le danger qu'elle affronte et dans la grâce avec laquelle elle joue avec ce lion, comme César appelle le Danger, dans Shakespeare. Tenez ! il y a un moment où, dans les volutes du jeu de cette créature arabesque, elle jette son mouchoir à ses pieds, comme Océana — vous en souvenez-vous ? — jetait le sien sur son fil d'archal, qu'elle allait chercher en s'accroupissant, comme la Vénus sur la tortue, avec un geste tâtonnant de mains, d'une indécision qui était la précision d'un art suprême. Eh bien, ici, ce ne sont plus des mains qui vont chercher le mouchoir, mais la bouche de cette femme aérienne qui ne cesse pas de se balancer sur sa barre, tout en se baissant, pour saisir des dents, entre ses deux pieds, le mouchoir qu'elle enlève !... batiste légère qui semble, je vous jure ! bien moins impondérable qu'elle.

Quand elle a fait cela, on ne sait plus ce qu'elle va faire encore. On craint un instant qu'elle ne s'évapore, car l'œil épris retient ses rondeurs ; mais elle tombe dans le filet avec la mollesse des mouettes sur la mer, et je lui dois cette sensation transportante des mouettes lointaines et des goëlands de mon pays !

IV

C'est par là qu'on eût dû finir ces débuts... Mademoiselle Ada Blanche, si forte danseuse qu'elle soit sur la corde élastique, avec ses chevilles tricotantes, ses cerceaux et son tambour de basque, paraît faire la chose la plus facile du monde après les palpitations que donnent les exercices osés de mademoiselle Hélène, et cette chose facile, qui ne l'est pas, ne paraît plus que charmante. Mademoiselle Ada Blanche, qui est de beauté à pouvoir porter le nom poétique de la fille de Lord Byron, est très noblement découplée, et d'ensemble, au premier aspect, rappelle, mais moins en ronde bosse, les beautés sculpturales de l'incomparable Océana. Chose étrange et véritablement surprenante ! On dirait que celle-ci a fait tirer des exemplaires de sa personne, inférieurs mais ressemblants au modèle, pour nous consoler un peu de l'avoir perdue... C'est comme la petite monnaie du lingot de beauté qui nous manque, et qui, peut-être, — est-ce coquetterie d'artiste ou de femme ? — veut ajouter à l'impression de ce qui fut, la mélancolie de ce qui n'est plus !

Le reste du spectacle d'hier, au Cirque, était

connu. Lanck et Fox ont bien débuté, mais leur jeu des barres fixes était connu. Seulement, ils l'ont exécuté avec une vigueur d'Hercules acrobates. Les frères Schœffer, adorés toujours du public, avaient une année de talent de plus sur la tête. Sur le fond général du spectacle, mademoiselle Émilie Loisset, amincie, embellie, aristocratisée, a donné une sensation neuve à ceux pourtant qui, comme moi, ne l'avaient pas oubliée... Elle a, dans ses exercices de haute école, montré une noblesse calme et une gracilité aiguë qui rappelait les châtelaines au long corsage du Moyen-Age. Il ne lui manquait que les armoiries sur sa robe et le faucon encapuchonné sur le poing. Mais l'imagination les y voyait ! Elle forçait l'imagination à les y voir ! Il lui manquait aussi une autre coiffure que je lui aurais voulue. Elle avait le chapeau d'homme mis sur les yeux, et qu'un gros chignon, de sa masse, semble y précipiter. Coiffure indigne d'une amazone comme elle ! Vulgaire deux fois, mais surtout par le nombre des femmes qui la portent au Bois. Je suis sûr qu'avec sa tournure fine et son visage distingué et pur une casquette d'officier de marine, en velours noir, retenue sous le menton par des jugulaires comme le casque de velours des belles *Guerrières* sans armes, ainsi qu'Othello dit de Desdémone, lui siérait mieux que ce chapeau commun et absurde, qu'un temps de galop à fond de train peut emporter. Si l'autre soir le galop de son cheval l'avait emporté, elle eût paru comme une Clorinde décasquée, et c'eût été mieux pour elle et pour nous.

Telle a été, samedi soir, ma soirée de première représentation au Cirque. C'était pour moi une *première*, puisque c'était la première fois de cet été que j'y allais. Vous voyez quel ensemble d'artistes j'ai trouvé là. Chance heureuse pour un feuilletoniste! je n'y ai trouvé à dire du mal de personne.

De quel théâtre littéraire peut-on en dire autant?

L'HIPPODROME

27 Juin 1881.

I

Lundi dernier, je parlais du Cirque, — du Cirque qui est aussi un théâtre, et qui doit avoir son feuilleton comme les autres théâtres, — du Cirque qui nous venge, chaque année, de l'indigence des autres théâtres et de leur impertinente fermeture. Et, pour les mêmes raisons, je parlerai aujourd'hui de l'Hippodrome. L'Hippodrome est, comme le Cirque, un théâtre équestre, — qui n'est pas seulement équestre, mais un théâtre de danses et d'exercices gymnastiques comme le Cirque, mettant, comme le Cirque, la beauté et la force humaines, — deux des plus grands intérêts des hommes, — en valeur et en pleine lumière, et cependant différant profondément du Cirque, et, malgré une étendue et des masses qui permettent d'y représenter des batailles, inférieur, de fait et d'impression, au Cirque, et, ne

vous y trompez pas ! d'une infériorité absolue...
Quels que soient, en effet, les mérites de force, de
beauté, d'adresse et de bravoure, des artistes qui
se produisent sur le théâtre de l'Hippodrome, ils
ne peuvent pas élever leur théâtre au niveau du
Cirque, et la cause de cette radicale impossibilité
peut être bonne à rechercher et à donner dans un
feuilleton dramatique de loisir forcé, et particulièrement à cette heure de néant et de lâcheté où la
Critique ne sait pas énergiquement protester contre la fermeture des théâtres, honteuse pour une
ville comme Paris, et se fait bêtement et bassement
étrangler par ces théâtres, devenus des *Muets !*

II

Eh bien, cette raison de l'infériorité de l'Hippodrome, qui a dans le nombre de son personnel et
dans son étendue des ressources que le Cirque n'a
pas, c'est, quand on le compare au Cirque, précisément son étendue !... L'Hippodrome meurt de
son espace... C'est l'espace, sur lequel il avait, à
l'origine, le plus orgueilleusement compté, qui est
son plus grand ennemi et qui le tue... L'espace, créé
pour faire voir plus de choses, résultat étrange et

qu'on n'attendait pas ! les fait, au contraire, moins bien voir. La grandeur de l'espace rapetisse l'homme, l'écrase et le noie comme un Océan dans lequel il disparaîtrait. Les masses d'un spectacle collectif — comme le défilé d'une armée ou la mêlée d'une bataille — peuvent y vivre, s'y déployer et s'y mouvoir avec puissance, et c'est un intérêt encore, mais, tout a sa hiérarchie ! c'est un intérêt plus vulgaire, plus à la portée des esprits grossiers que l'intérêt inspiré par la personne humaine en rapport exact et en harmonie avec nous et nos organes par le fait même de la perspective circonscrite et nette dans laquelle on la fait voir, avec tous les détails de sa beauté et de son action ; et c'est par là que le Cirque l'emporte sur l'Hippodrome... Le Cirque, par la mesure de son espace, est en proportion avec nous. L'Hippodrome ne l'est pas.

A l'Hippodrome, c'est la masse — malheureusement cette masse qui est en train d'opprimer tout dans le monde moderne ; les arts, la littérature, les gouvernements, — c'est la masse, qui s'adresse à la masse, qui tripote dans la masse ; tandis qu'au Cirque, c'est l'individualité qui se dégage et qui s'adresse à l'individualité comme elle, c'est la beauté de la personne, c'est le talent spécial et caractérisé de l'artiste, écuyer, danseur ou sauteur, qui s'adresse et plaît aux raffinés, aux difficiles, aux connaisseurs. Tenez! hier soir, j'étais à l'Hippodrome, et il y avait peut-être là de grands talents parmi les artistes *physiques* et *plastiques* de ce théâtre, que j'aurais goûtés et appréciés au Cirque parce que je les aurais bien vus, parce que je les aurais saisis d'un regard qui les eût enveloppés et étreints tout entiers, mais qui ont perdu pour moi tout ce qu'ils ont de talent et de beauté (de beauté, leur talent encore!) dans les meurtrières perspectives d'un espace au fond duquel ils se sont diminués et fondus... Je n'ai pu les juger. Ni moi, ni personne. Et voilà pourquoi, même quand ils font les mêmes choses, l'Hippodrome et le Cirque ne se ressemblent pas! Voilà pourquoi l'Hippodrome, après tout, n'est et ne sera jamais qu'un théâtre populaire, et le Cirque un théâtre aristocratique et qui le sera toujours. L'un est le théâtre du nombre, l'autre des rares *in gurgite vasto*, de ces rares qui aiment la beauté et la force et qui ont la sensation juste de toutes leurs manifestations.

III

Ainsi, plus aristocratique, le Cirque aussi est plus humain... Il est bien plus impressionnant, bien plus troublant, bien plus pathétique que l'Hippodrome. Il nous passe bien autrement près du cœur... Comme l'espace diminue la beauté en l'éloignant de nous dans sa vastitude, il diminue aussi l'émotion du danger quand il y en a un et qu'il le recule dans le lointain d'une scène immense. Nous n'avons plus alors le généreux frémissement que cause l'audace de la difficulté périlleuse et vaincue. Déchet énorme ! Le grand côté moral — il ne faut pas l'oublier — de ces spectacles qui, pour les imbéciles, ne semblent faits que pour les yeux, — le grand côté moral de ces spectacles, c'est de faire l'éducation du courage et de la hardiesse dans nos âmes. Et c'est de cette noble manière que le Cirque développe notre sensibilité en agissant sur elle. A l'Hippodrome, — toujours en raison de l'inconvénient de son espace, — il y a moins de sympathie qu'au Cirque pour tout ce qui s'expose à un danger visible et certain.

Un soir de ces dernières années, j'ai vu une de ces belles filles, mesdemoiselles Clotilde et Émilie Loissel, dont il ne nous reste plus qu'Émilie, qui, en dansant à dos de cheval le pas charmant du *combat pour la rose*, fit un faux temps et tomba de son cheval sur le sol, où elle resta sans connaissance dans une beauté de morte, — cette beauté plus grande souvent que la beauté des vivantes... Sa sœur, qui, de sentiment, ne faisait qu'un avec elle, tomba presque en même temps évanouie de son évanouissemont, et toutes deux, ces poétiques filles, évanouies et pâles, furent emportées hors du Cirque, couchées, comme sur un pavois, sur les épaules des clowns. Ce fut un spectacle douloureux mais superbe, que ces belles filles qui semblaient mortes et qu'on emportait ! S'il y avait, ce soir-là, des peintres ou des poètes au Cirque, ils ont dû s'en souvenir. Eh bien, ce spectacle dont j'ai gardé l'impression et que je revois en pensée n'aurait jamais été possible à l'Hippodrome, où tous, hommes et femmes, — et les plus sculpturalement faits, — deviennent, dans le désert de l'espace, des maquettes et des marionnettes d'un théâtre de Séraphin ! Sur un carré de toile de six pouces, un grand paysagiste peut nous faire voir l'infini de la nature et de l'espace, mais quand il s'agit de l'homme, c'est autre chose. Pour que l'homme nous trouble de sa beauté ou de son action dans un tableau d'histoire, il faut que, par sa proportion humaine, il soit en équation avec nous.

A l'Hippodrome, il n'y est jamais. C'est pour cela qu'on pourrait y supprimer le spectacle, fait pour le Cirque et pour le Cirque seul, le spectacle de l'homme et du cheval *individuels*, que l'œil de qui les regarde doit embrasser dans leurs lignes immobiles et pures comme sur un fronton de Phidias. A l'Hippodrome, qui d'ailleurs n'est pas un Cirque, qui n'a pas cette adorable rondeur de cirque qui permet de ne jamais quitter du regard l'être qui se meut devant nous ; à l'Hippodrome, qui est une piste, c'est-à-dire une longueur, au lieu d'être une sphère, nous avons vu un jour mademoiselle Élisa, actuellement la gloire du Cirque, qui est sa gloire à elle-même, et sous quelques jours va y revenir, nous l'y avons vue galopant sur toute la longueur de cette piste, où il fallait la suivre du regard ou de la lorgnette en tournant la tête, et son talent nous échappait, comme sa personne, en fuyant le long de ce ruban de piste, fait tout au plus pour des jockeys ou des postillons ! Son cheval noir et elle passaient devant nous comme une nuée électriquement orageuse, mais il était impossible de détailler l'une et l'autre, tandis qu'au Cirque, où elle a paru depuis, on ne la perd pas un instant de vue. C'est le mouvement fixe des Almées, qui dansent sur place plus voluptueusement que si elles s'enlevaient... Et pourtant elle sait s'enlever aussi ! Elle entre tout entière, elle et son cheval, dans l'œil qui la boit et qui la déguste ; car l'œil déguste comme le palais...

IV

Que l'Hippodrome revienne donc à sa destination première, indiquée suffisamment par le dessin de son enceinte, et qu'il cesse d'imiter et de faire le Cirque dans une forme qui le lui défend. Qu'on le sache bien, et que ceux qui le gouvernent ne l'oublient plus! L'Hippodrome est une invention qui rappelle les Champs Olympiques, mais en raccourci, à l'usage de nous autres modernes, moins poétiques, moins grandioses et plus mesquins, en fait d'art et de spectacles, que les Grecs. L'Hippodrome est si bien grec, comme son nom l'exprime, que ç'a été une idée juste que d'y faire rouler des chars antiques et d'y introduire tout dernièrement ces courses à pied qui ont le succès qu'elles méritent, parce qu'elles sont là dans le milieu qui leur convient. Je ne vois pas pourquoi non plus on n'y lancerait pas le disque, comme on le lançait chez les Grecs. L'espace, mortel à la personne qu'il diminue et qu'il rapetisse, l'espace, qui supprime l'émotion du drame, quand il est trop lointain, comme il supprime une partie de la beauté humaine qu'on y voit indistincte, effacée, a dû supprimer dans le Cirque antique, qui était énorme et à colossales proportions, jusqu'à la férocité des jeunes Romaines, que des écrivains sans observation profonde et sans réflexion leur ont tant reprochée.

Elles n'étaient pas si féroces que cela! La réduction par l'espace de la stature et de la forme humaine constatée à l'Hippodrome, où tout le monde peut en juger tous les soirs, m'a expliqué l'atrocité du *pouce renversé de la jeune Vestale* qui fait le bonheur et l'horripilation des rhétoriques traditionnelles. Les gladiateurs, dont on ne voyait pas la beauté de l'escrime à de si grandes distances, n'étaient plus guères des hommes de notre espèce. C'étaient *là-bas, tout là-bas*, des espèces d'ombres chinoises pour lesquelles on était sans pitié, des créatures qui ne paraissaient plus des créatures semblables à nous, et qui se battaient comme se bombardent les marionnettes dans le théâtre de Guignol.

C'est à l'Hippodrome que je dois cette correction d'une vieille page d'histoire.

L'AVOCAT PATHELIN

LE FEU AU COUVENT

4 Juillet 1881.

I

On a coupé, cette semaine, au Théâtre-Français, les représentations en enfilade du *Monde où l'on s'ennuie...* jusque sur l'affiche, par la reprise de deux vieilles pièces, dont la plus vieille est à coup sûr la plus jeune et la plus vivante. La plus vivante, en effet, de ces deux ressuscitées, est l'ancienne farce, robuste et fruste, du quinzième siècle, de l'avocat Pathelin, rajeunie d'abord dans la prose de Brueys et Palaprat, et, depuis, dans les vers d'Édouard Fournier, notre contemporain, qui font l'effet du gui sur le tronc noueux d'un vieux chêne... Ce qui est pour moi le mérite de Fournier, que j'ai connu et aimé, c'est que l'érudit n'a pu jamais étouffer en lui le poète. L'érudition d'Édouard Fournier, cette éponge qui s'imbibait de tant de faits et de notions, n'absorba pas la goutte de poésie qu'il avait au fond de son esprit et qui l'empêcha toujours d'être le vénérable cuistre que sont ordinairement les savants, ces taupes de bibliothèques ! Il était, lui, érudit à faire trembler les ignorants comme moi, mais il fleurissait parfois son érudition avec deux brins de poésie, comme il a fait, par exemple, pour ce vieux bonhomme d'avocat Pathelin, ankylosé des rhumatismes du passé dans une langue qu'on ne parle plus, et qui a retrouvé une jeunesse dans l'eau de Jouvence de ses vers.

Cette pièce, modernisée par le langage, mais qui a conservé l'accent de cette farce qui devait précéder et annoncer la comédie de Molière, comme les satires de Mathurin Régnier devaient précéder celles de Boileau Despréaux, a rencontré jeudi soir un acteur vraiment fait pour elle et nous a donné, à nous autres amollis et ramollis par les pauvres mœurs modernes, et qui, à trois minutes de là, allions applaudir en larmoyant cette petite sentimentalité vertueuse du *Feu au Couvent*, l'impression tonique du comique vrai que, depuis longtemps, nous ne connaissons plus. Sans l'admirable jeu de Got, qui frétille et bondit dans son rôle comme le poisson dans l'eau, nous n'aurions peut-être rien compris à ce comique franc que l'extrême civilisation, cette pincée, nous a désappris, et qui se soucie bien de l'*École des mœurs*, dans laquelle l'École des Benêts a voulu voir la comédie et sa destinée.

Ce comique, que d'aucuns peuvent trouver grossier, est trop impérieux pour que l'aphorisme des pédants : *ridendo castigat mores*, soit autre chose qu'une hypocrisie des rhétoriques bêtes... Disons-le une bonne fois : la comédie, pour les esprits sans bégueulerie, n'a pas d'autre but que de nous donner la sensation du rire... ou du sourire, et c'est bien assez ! Ne rit et ne sourit pas qui veut. Elle nous donne la sensation du rire dans des farces de génie comme l'*Avocat Pathelin*, *Monsieur de Pourceaugnac*, le *Légataire universel*, ou la sensation du sourire dans des pièces plus idéales et d'une observation plus haute, comme le *Misanthrope*, l'*Avare* et *Tartuffe*. Et de même que le sourire est le rire diminué et contenu, de même la comédie idéale et d'observation haute est la farce diminuée, contenue, et élevée dans une sphère supérieure. Mais qu'il produise de grandes comédies ou des farces, le génie comique reste partout indépendant de tout ce qui n'est pas lui-même, c'est-à-dire du rire et du sourire qu'il a pour visée absolue de faire naître. Certes ! l'avocat Pathelin de jeudi soir est un abominable escroc, qui a le cynisme le plus répugnant de ses escroqueries. Pourceaugnac est un lâche, qui, pour les soufflets qu'il reçoit, ne dit que *leur fait* à qui les lui donne ; Pourceaugnac se laisse mystifier avec la plus indécente cruauté. Crispin (du *Léga-*

taire universel) est un coquin digne des galères. Mais l'avocat Pathelin, Pourceaugnac et Crispin, joués par un acteur de la force de Got, nous font rire et quelquefois à ventre déboutonné, et l'immoralité des personnages et même de la pièce se perd alors et disparaît dans le rire qui désarme (*J'ai ri, me voilà désarmé!*). Et c'est ainsi qu'au Théâtre-Français nous avons ri jeudi à cette pièce dégoûtante de l'*Avocat Pathelin*, — oui dégoûtante à la réflexion, — mais qui force le rire avec une puissance spontanée et irrésistible, et nous enlève, sur les ailes de ce rire aux éclats, à toute idée d'enseignement, de perfectionnement et de moralité!

II

Got y est, en effet, d'une profondeur de comique qui n'a d'égale que sa saillie. Il y est comique, *absolument*. Il a le *dehors* et le *dedans* des acteurs véritablement comiques. Ce n'est plus le Got de l'habit noir et de la comédie moderne, où sa largeur et sa rondeur sont si déplorablement étriquées dans des rôles comme celui de Bellac, par exemple, dans la pièce du *Monde où l'on s'ennuie*. Dans cette farce gauloise et dilatée de l'*Avocat Pathelin*, il a de l'espace pour son talent et il s'y montre tout à son aise. Il y est bonhomme et rusé, — scélératement rusé sous sa bonhomie joyeuse ; il y est tragique et bouffon, car le bouffon peut être tragique ; et il est l'un et l'autre dans la scène du lit où, pour affoler son créancier et le mettre en fuite, tête perdue, oubliant sa créance, il feint le délire, un délire de mourant, terrible et burlesque ! Je ne crois point que le comique puisse, dans un acteur, monter ou descendre d'un degré de plus... En cette farce grandiose de l'*Avocat Pathelin* j'ai retrouvé le Got du Crispin dans le *Légataire universel*, que je lui ai vu jouer une fois, mais que je pourrais lui voir jouer dix, vingt, cinquante, et même toutes les fois qu'il le jouerait, parce qu'il y déploie réellement l'infini du comique et que sa verve inépuisable pourrait y ajouter toujours !

Il y a des mouvements à la Monrose, cet acteur de feu dont jusqu'aux mouvements étaient des éclairs ! Et qui sait ? peut-être Monrose, le grand Monrose, s'il revenait au monde tel que je l'ai vu, ne jouerait pas ce rôle de l'avocat Pathelin avec la supériorité de Got. Ses qualités s'y opposeraient. Il avait la voix trop richement timbrée, les yeux trop beaux, des yeux trop italiens, la tournure trop leste, la taille trop cambrée, la taille trop figaresque, pour ne pas trouver embusqués, sous sa souquenille noire d'avocat, ces dons naturels qui devraient nuire à l'idenlité du personnage qu'il aurait à représenter et à la perfection de son jeu. Got, au contraire, a trouvé ici dans ses défauts naturels des auxiliaires pour la perfection du sien. Sa voix, un peu brisée et nasillarde, est bien la voix d'un avocat, qui remplace la langue fatiguée par le nez, jaloux à son tour de parler aussi, car tout est bavard chez les avocats! Sa figure spirituelle et madrée, d'une laideur bourgeoise sous son petit chapeau à la Louis XI, sans la vierge de plomb il est vrai, que ne portaient point les avocats, pas plus dans ce temps-là que dans ce temps-ci, et sa souquenille noire, devenue grise à force d'être râpée, rappellent Louis XI, le roi de cette bourgeoisie des Pathelins, et, tout le temps qu'il a été en scène, le vieux Louis XI m'a hanté. Mais ce n'était pas le Louis XI terrible que j'avais vu jouer à Ligier : c'était le Louis XI gai des *Contes drôlatiques*, un Louis XI tombé dans la basoche, improvisant la plus comique et la plus diabolique des comédies politiques pour garder une pièce de drap qu'il a volée ! et le misérable était charmant.

III

Il a, du reste, été parfaitement secondé par Coquelin cadet, qui jouait Agnelet, le berger, dont le rôle ingrat est tout entier dans le costume, la physionomie, et la variété d'un bêlement de bête qui doit avoir toutes les nuances de la langue humaine. Coquelin a eu cette difficile variété. Il a été spirituel dans son *bêee* de mouton comme il l'est quand il parle la langue des hommes, dans des rôles plus longs et plus développés que celui qu'il jouait ce soir-là. Mais ce n'est point cette variété dans le bêlement imité d'une bête par un gars qui se fait mouton pour se dispenser de répondre, et qui cache tant de malice sous son apparente niaiserie, ce n'est pas cette musique savante d'un bêlement qui ne donne qu'une note et qui exprime pourtant plusieurs idées, qui m'a étonné dans Coquelin cadet. Je m'y attendais... Mais ce qui m'a étonné vraiment, c'est le changement complet que le talent métamorphosant du comédien avait opéré sur lui-même. Il était si grand qu'il fallait s'y reprendre très attentivement plusieurs fois pour reconnaître le Coquelin caché ici, et visible dans ses autres rôles comme la plupart des acteurs. Ici, il avait perdu jusqu'au dernier trait de la personnalité de sa figure ! Il n'y avait plus là qu'un berger, mi-mendiant, mi-pâtre, à face de bouc, à dents de loup qui riaient comme elles auraient croqué, un animal déjà pervers dans son imbécillité hypocrite, accoutré et posé en scène avec le génie de l'accoutrement et de l'attitude. Si c'est lui, Coquelin cadet, qui a inventé, dessiné et peint son costume, il a été un artiste comme, en le portant, il a été un acteur. Un tel costume est un rôle, et le porter comme il le porte, c'est le jouer. Cette statue correcte de berger n'est pas demeurée sur son socle. Elle a eu des manières de s'appuyer sur son bâton ferré, de baisser honteusement la tête, et quand elle a retourné contre Pathelin le *bêee* qu'il lui avait appris, la statue a fait en s'en allant deux ou trois enjambées qui disaient sinistrement où elle s'en allait. Tout cela était *pensé* et *indiqué*. Balzac, l'auteur des *Paysans*, s'il avait été jeudi au Théâtre-Français, aurait reconnu un des siens, que Coquelin pourtant n'avait pas copié, et moi qui suis du pays de ces pâtres sournois qu'un jour j'ai essayé de décrire, et qui gardent aujourd'hui les moutons qu'ils voleront demain, j'ai admiré le sentiment et l'art profond avec lesquels Coquelin cadet les a reproduits!

Ainsi, en me résumant : un plaisir donné par deux excellents acteurs dans une reprise intelligente, voilà ce que nous avons eu, jeudi soir, et ce qu'on a senti même parmi ces gens du Théâtre-Français, que la poigne vigoureuse d'un comique comme celui de *Maître Pathelin* a secoués dans leur torpeur énervée et leurs préjugés d'habitude. Étonnés cependant d'avoir ri un instant d'un franc rire, ils sont revenus bien vite aux petites émotions des petites pièces qu'ils aiment. Et on les a servis à souhait en leur donnant, après la farce de l'*Avocat Pathelin*, le *Feu au Couvent*, de Barrière, qui n'est pas le feu aux esprits ! Je n'ai jamais vu rien de plus vulgairement sentimental que cette pièce d'un homme qu'on appelait autrefois, pour caractériser son talent, l'âpre Barrière, et qu'on disait un moraliste au théâtre, sorti d'un misanthrope comme Chamfort. Eh bien, voici comment ce rude moraliste procède dans le *Feu au Couvent* !

Un monsieur fatigué d'être un viveur, et qui oubliait sa fille au couvent où il l'avait mise, redevient, d'indifférent, un père délicieux, de par la magie de cette fillette, mais il ne le redeviendrait pas sans cette belle invention d'un couvent brûlé, tout exprès probablement pour faire revenir chez son père l'innocente personne (aussi innocente que la pièce), qui le convertit par l'attendrissement et par les caresses, et qui finit par le marier avec une sous-maîtresse du couvent brûlé, ce que le public a trouvé touchant et ravissant, et même hardi de nouveauté. Une fille qui marie son père ! Ils étaient tous aux anges autour de moi.

On dit qu'autrefois — mais je n'y étais pas — Bressant jouait très bien ce père retourné bout pour bout, mais, jeudi, Bressant a manqué à la pièce, qui n'avait pour la mettre en valeur que mademoiselle Reichemberg, le Chérubin du *Mariage de Figaro*, devenu la Chérubine du mariage de son père. Mademoiselle Reichemberg n'a de l'extrême jeunesse que la platitude de la taille sous son ruban bleu de pensionnaire, entrecroisé sur la place où le sein poussera plus tard, quand le ruban sera parti! C'est probablement la raison qui lui a fait donner ce rôle de fillette... On n'aura rien trouvé de plus fillette au Théâtre-Français... Mademoiselle Reichemberg ne dit pas mal. C'est une élève des Brohan. Elle n'a pas mal dit, ce soir-là, ce qu'elle avait à dire; mais si elle est spirituelle, elle a dû trouver que c'était bien peu.

Et moi aussi !

RABACHAGES DRAMATIQUES

11 Juillet 1881.

I

On peut dire maintenant que les théâtres ne sont plus ! Sur une vingtaine, à Paris, il y en a seize qui ont fermé leurs portes au nez aplati du public. Seuls, le Théâtre-Français et le Châtelet restent portes ouvertes. Le Théâtre-Français continue son jeu d'escarpolette, qui va du *Monde où l'on s'ennuie* jusqu'à la *Farce de Maître Pathelin*, où l'on s'amuse. — Diable de bonne reprise ! Et le théâtre du Châtelet, infatigable comme la bêtise humaine est infinie, nous donne impudemment et imperturbablement son éternel rabâchage de *Michel Strogoff*, qu'il jouera, pardieu ! jusqu'à la dernière loque de ses décors et de ses costumes.

Voilà, pour l'heure, l'alimentation dramatique de Paris. Monstrueuse ville pour l'activité de l'intelligence ! Le Théâtre-Français prépare, il est vrai, avec sa lenteur laborieuse, l'*Oedipe roi* de M. Jules Lacroix, et attend — nous aussi ! — ces débutants que le Conservatoire va, sans doute, lui expectorer ; car c'est ordinairement l'heure qu'on choisit pour les débutants à la Comédie-Française, quand il n'y a plus là personne pour les juger. C'est leur manière de tâter le public. J'ai vu y débuter Rachel, la divine Rachel, — et divine dès la première minute de son apparition ! — devant des banquettes vides. Il n'y avait là, à l'orchestre, qu'une petite poignée de feuilletonistes désheurés, ennuyés, indolents et mâchant à vide, comme des lazzaroni sans macaroni sur leurs bornes, et quelques vieux habitués du théâtre opiniâtres, tenant à leur stalle, usée par leurs culottes, autant que des chanoines à la leur, et voulant, *qui qu'en grogne* et quoi qu'on jouât, l'occuper religieusement tous les soirs ! Tout, ce soir-là, devait être contre la pauvre petite débutante... même la pièce. N'avaient-ils pas imaginé d'exhumer le *Tancrède* de Voltaire ? Cette misérable pièce de *Tancrède*, en vers prosaïques et entrecroisés, pour ne pas dire enchevêtrés ; des vers qui sont pour qui les dit ce que serait pour un homme qui marche le bâton qu'on lui jetterait dans les jambes. Elle les dit de cette voix un peu rauque, mais si profonde, qui était sa voix, et ils nous enlevèrent, ces vers qui étaient des tortues, comme si elle leur avait mis des ailes ! Pendant qu'elle les disait, les feuilletonistes, sans feuilleton, les feuilletonistes dépaysés, comme aujourd'hui, sentaient que le feuilleton parti leur revenait, et qu'on l'écoutant il leur en poussait dans la tête un superbe pour le lendemain. Le lendemain, en effet, elle était célèbre, et la tragédie, qui n'avait plus de nom, au Théâtre-Français, depuis Duchesnois, — car la grande Georges était descendue de la tragédie dans le drame, comme le soleil descend dans la mer, — la tragédie, de ce soir-là, renommée, s'appela Rachel.

II

Aurons-nous, cette année, une autre débutante qui la nommera d'un autre nom et qui remplira tout d'un coup le vide accoutumé de ces vacances théâtrales, que j'ai déjà traitées de honte pour l'orgueilleux Paris, cette *ville lumière* d'Hugo, qui ne devrait pas plus éteindre ses lustres que ses réverbères ? Chose furieusement douteuse ! Les talents comme Rachel ne sont pas faits par les conservatoires, et si jamais ils pouvaient en sortir, c'est qu'ils y seraient entrés en se trompant de porte, car ils devraient entrer au théâtre tout droit, et sans conservatoire préalable, si les directeurs de théâtre n'en étaient le plus souvent que d'ineptes portiers qui ne savent pas tirer le cordon au génie. Les conservatoires sont, en art, comme en politique les conservateurs : ils ne conservent rien... que leurs préjugés traditionnels. Mais dans les arts, comme en tout, les éducations à grand renfort de professeurs ne sont guères faites que pour le développement intégral des médiocrités, et nous avons bien assez d'artistes médiocres pour qu'on doive tenir beaucoup à en augmenter le nombre par la culture... L'être doué qui doit devenir un artiste s'éduque et se développe tout seul. Il a sa réflexion pour ajouter à ses instincts, et comme il connaît son esprit, il se crée des méthodes à l'usage de ses facultés. Soumise apparemment au préjugé, qui règne au théâtre comme partout, Rachel prit, m'a-t-on dit, des leçons de Samson ; mais je me demande quelles leçons le Sosie d'*Amphitryon* put donner à l'Émilie de Corneille, qui, depuis sa naissance, dormait dans cette mince fillette pour y éclater un beau soir?... Samson donnant des leçons à Rachel, c'est aussi absurde que si elle, Rachel, en avait donné à Samson !!!

Et si Samson, le Préville de notre âge, a cru être pour quelque chose dans le génie et la gloire de Rachel, s'il a cru réellement pareille chose, qu'il

a peut-être laissé dire, c'est qu'il aurait été, certes !
bien moins spirituel que son jeu !

III

Malheureusement, les artistes comme Rachel
sont infiniment rares, et il est bien probable que
nous n'en aurons aucun, d'un sexe ou de l'autre,
qui puisse occuper et passionner nos oisives vacances. Nous aurons des messieurs ou des demoiselles qui viendront nous rabâcher plus ou moins
ennuyeusement leurs professeurs ! L'art de l'acteur dramatique, s'il n'est pas inventé sur place,
dans un jeu originalement supérieur, n'est plus,
en somme, qu'un exercice de singes ou de perroquets bien appris. J'ai vu, hier soir, au Cirque,
des éléphants marcher sur les goulots de douze
bouteilles en enfilade, sans en faire tomber une
seule. C'étaient de bons acteurs sortis probablement d'un Conservatoire d'éléphants, qui répétaient
très bien ce qu'on leur avait, à force de professeurs
et de moyens d'éducation inconnus, patiemment
appris. Seulement, ils n'inventaient pas, en mar-
chant sur leurs goulots de bouteilles, tandis que
l'acteur, s'il est un grand acteur, invente en mar-

chant sur les siens !... On sait le cas immense que je fais d'un grand acteur. Je l'ai assez dit, dans ces feuilletons de théâtre, le grand acteur ajoute au génie du poète, quand il a du génie, et s'il en manque, il en a pour lui. Talma, le Talma de *Manlius* et de *Sylla*, n'était jamais plus grand que dans des pièces médiocres. L'acteur opère ce phénomène d'entrer dans un homme qui a le génie de la lettre morte, pour en faire le génie de la lettre vivante et en réaliser les conceptions aux sens ravis comme à la pensée. Et si l'art dramatique est fini, comme je l'ai affirmé à toute page dans ces feuilletons du *Triboulet*, et ne peut plus se renouveler, tout le temps, au moins, qu'on jouera les pièces *anciennes* ou *nouvelles* de cet art en ruines, l'acteur, lui, pourra, s'il a du talent, se renouveler et vivre encore sur les débris de cet art croulé... et enterré sous la rabâcherie universelle, le radotage des vieilles sociétés comme des vieilles gens.

Il est bien là-dessous, à cette heure, et les efforts qu'on fera pour l'en arracher ne l'en arracheront pas !

IV

On a essayé, mais faiblement encore. De soi-disant novateurs, très hardis dans de vantardes théories, ont reculé devant la pudeur qu'ils supposaient au public et que, dans leur conscience, ils méprisaient comme une bégueulerie; mais devant laquelle ils se sont sentis sans audace; car, lorsqu'il s'agit du succès de leurs pièces, les auteurs dramatiques lécheraient les pieds du public. Mettre à la scène le naturalisme comme on l'avait déjà mis dans le roman, c'était là (pensait-on) une grande nouveauté, si c'était là un grand scandale ! On s'imaginait que dans la veine du théâtre épuisé, infuser de la boue vaudrait du sang qu'on ne savait d'ailleurs où prendre pour l'y infuser, et que de cette façon on redonnerait de la vie au théâtre; mais on se trompait, et c'était là une vieillerie et une rabâcherie encore !

Deux volumes de littérature dramatique publiés récemment, l'ont prouvé. Un écrivain de fine érudition, M. Georges d'Heilly, vient de réimprimer le *Théâtre du Boulevard* au dix-huitième siècle, et ce *Théâtre du Boulevard*, il aurait pu tout aussi bien l'appeler le Théâtre du Naturalisme au dix-huitième siècle. Les naturalistes du dix-neuvième ne feront certainement jamais mieux ! Comme les érudits ressemblent aux chimistes, — lesquels ramènent tout à des gaz qui sont des renseignements et qui ne puent pas pour les nez scientifiques, l'érudit de ces deux volumes n'a pas été dégoûté des bassesses d'idées, de style et de mœurs, dont ils regorgent. Sorti des parades en plein vent, dues à l'imagination des plus grossiers bateleurs, ce *Théâtre du Boulevard* eut pour arrangeur, et quelquefois pour auteur, un grave et *sévère* magistrat (dit sans rire M. Georges d'Heilly), fils du doyen des procureurs au Châtelet, avocat lui-même et procureur du Roi, du nom expressif de Gueullette, — un nom fatidique pour un homme qui a écrit de tels engueulements !

C'est vraiment un malheur qu'il soit impossible de rien citer d'une littérature si fortement stercoraire, c'est cruellement regrettable; car si l'on pouvait en citer seulement quelque chose, on prouverait avec une nauséabonde évidence combien les naturalistes du passé sont supérieurs, par leur courage dramatique, aux naturalistes du temps présent. Du moins, eux, ils osèrent leurs ordures, et le dix-huitième siècle, qui aimait les porcheries de toute la force de sa corruption, en eut l'amour et l'enthousiasme. On joua Gueullette presque autant que M. Sardou, et ce fut même la bonne compagnie qui le joua ! Comédienne encore plus que la nôtre, quoique la nôtre pullule en ce moment de théâtres de société, la bonne compagnie de ce temps-là se donna le plaisir assez déshonorant de jouer les malpropretés de Gueullette. Mais, il faut bien le dire, cette littérature dramatique ramassée aux ruisseaux, et qui y retourna, et que le naturalisme contemporain voudrait aller y chercher encore, cette littérature n'a pas renouvelé le théâtre dans ce bain de boue qui devait le ranimer et le réconforter, et ce n'est, certes pas le naturalisme de ce temps, qui n'a pas eu à la scène le courage du cynisme de ses romans, qui pourra jamais faire ce que ses précurseurs du dix-huitième siècle n'ont pas fait !

Et par ce côté-là, comme par les autres, le théâtre périra par les rabâcheurs.

BÉNÉFICE DE Mlle ROUSSEIL

18 Juillet 1881.

I

Bénéfice, non! Maléfice plutôt! Il a eu lieu, ce maléfice, à la Porte-Saint-Martin, cette semaine, et dans des circonstances qui pouvaient le faire prévoir, par cette désertion universelle des théâtres, qui se sont mis au vert, et une chaleur à cuire un bœuf, quoique la salle, où ce bœuf pouvait cuire, fût, hélas! presque vide. Pour comble, c'était la veille d'un autre bénéfice aussi, — la comédie du 14 Juillet, jouée au bénéfice de la République, qui faisait accourir à Paris toutes les imaginations bêtes de France, et fuir en masse de Paris toutes celles qui n'aiment que les spectacles spirituels... Ce soir là, nous pouvions donc chanter à la Porte-Saint-Martin, comme dans la ballade :

> Dans la galère capitane,
> Nous étions quatre-vingts rameurs !

Mais nous, les quatre-vingts, nous avons eu

beau ramer du cœur et de nos deux mains, paf! la galère capitane n'en a pas moins sombré avec ses galions et ses espérances, malgré la bravoure de la capitano. Car c'est bien une capitane que mademoiselle Rousseil! il y a vraiment du capitan dans cette fière et belle personne, d'autant d'audace que de talent et de talent que de malheur, et qui, ce soir-là, résolue comme elle l'est toujours, a bravé tout, conseils et circonstances qui menaçaient son bénéfice, et n'ayant voulu ni entendre, ni attendre, a été battue, encore une fois, par ce démon de la Mauvaise Chance qu'elle connaît bien, allez! qu'elle n'a pas cessé de prendre courageusement par les cornes depuis qu'elle existe, et à qui elle finira bien peut-être un jour par les arracher.

Un jour, parbleu! elle allongera bien, sur le nez de ceux ou de celles qui lui trouvent trop de talent pour ne pas lui barrer la route, ce fameux coup de lorgnette que dernièrement elle allongea si virilement sur le nez de cet insolent garçon qui la trouvait trop belle, et ce coup de lorgnette vengeur fera le bonheur de la mienne!

II

Oui! ce sera un bonheur pour moi, puisque ce sera là une justice pour elle, et une justice ayant, comme toujours, mis du temps à venir; car si la Prière boite d'un pied, la Justice boite des deux, quand elle n'est pas cul-de-jatte. Mademoiselle Rousseil, la maléficiée, ne l'est pas, en effet, que de mardi soir. Son mal vient de plus loin, comme Phèdre. D'où vient-il? On ne sait. Qui expliquera cette chose étrange?... Mademoiselle Rousseil a toujours été à part du personnel dramatique de son temps... Elle n'a pas été au théâtre, avec tout ce qu'il faut pour y réussir, de celles-là qui y font un si joli escadron et qu'on pourrait appeler l'escadron volant de la fortune! Et cependant elle a un talent que personne, je crois, n'a été assez hardi pour nier, et qui sait même si ce n'est pas ce talent qui l'a empêchée d'y trouver sa place? On n'a souvent pas de place, quand on pourrait en prendre trop... Chose incroyable! Dans cette civilisation comédienne, qui raffole des théâtres et qui fait tout, même des bassesses, pour ses acteurs et ses actrices, mademoiselle Rousseil n'est qu'une actrice errante, comme Homère, le poète, était un poète errant dans un temps qui ne faisait rien pour les siens, et ceux qui la voient par hasard jouer, un jour, avec le talent qui les frappe, et qui ne la retrouvent plus le lendemain, tant on la garde peu et tant elle passe vite sur ces théâtres ingrats qu'elle honore, se demandent quel sort est donc sur elle puisque des directeurs de théâtre qui ne devraient être ni des Quinze-Vingts, ni des sourds-muets, ne l'arrêtent pas au passage ?...

Mais, voilà le fait, ils ne l'arrêtent pas. Je ne parle que de ce que j'ai vu. Ils ne l'ont pas arrêtée quand elle a joué avec tant d'éclat et de profondeur la maîtresse de Mirabeau dans le drame de *Mirabeau* de M. Clarétie! Ils ne l'ont arrêtée ni quand elle a joué dans l'*Idole*, ni quand elle a joué dans l'*Attila*, ces deux pièces qu'elle nous a données en fragments dans son bénéfice de mardi soir... Elle a eu, en ces pièces, du talent pour des prunes, et nous qui l'aimons nous n'en jetterions pas les noyaux à la tête des directeurs de théâtres, comme ces boulettes de papier que, d'une chiquenaude, Danton envoyait à l'imbécile président qui le condamnait à mort. A quoi la condamnent-ils donc, elle ?... Ils la mettent *hors la loi*, et une loi qu'ils ont faite! Mademoiselle Rousseil est présentement l'*outlaw* incompréhensible des théâtres de Paris ; mais c'est un *outlaw* qui n'a pas, comme *Robin Hood*, des forêts et des flèches ; elle n'a que la mienne pour la venger. Et, tenez! je ne suis pas un bien méchant sagittaire. Je ne veux la mort de personne. Et si, comme l'archer antique, je tire à *l'œil droit de Philippe* de ces Philippes de directeurs qui ne voient pas le talent où il est, c'est pour les punir de ne pas l'avoir vu, et surtout pour leur faire ouvrir l'autre œil que je leur laisse, afin de désormais le voir!

Il faut, en effet, qu'ils le voient, — qu'ils le voient comme moi! Selon moi, cette femme, mise au ban des théâtres, mademoiselle Rousseil, depuis les Georges et les Rachel est la personne la mieux faite, avec madame Marie Laurent, pour jouer la tragédie ou le drame. A mettre en comparaison de ces deux femmes, il n'y a personne qui ait le corps et l'âme qu'il faut pour les jouer! Sarah Bernhardt, qui prend dans l'imagination publique la place de ces deux autres qui valent mieux qu'elle, Sarah Bernhardt, le caprice de cette nation capricieuse, Sarah Bernhardt, qui n'a qu'une voix sans corps, comme Écho, quand elle est actrice, — et elle l'est quelquefois, — ne l'est jamais que sous une espèce, et il faut l'être sous les deux! Mademoiselle Rousseil, qui n'est pas une beauté très fine, mais qui est une beauté très forte, ayant sa proportion et son point d'optique, exact et vrai, dans les perspectives de la scène, y devient aisément superbe, et quoique ses formes, comme celles de madame

Marie Laurent, soient plus plébéiennes qu'aristocratiques, elle en fait tout à coup des formes impériales ou royales, au théâtre, et d'autant plus que la force, en bas comme en haut, c'est toujours naturellement une royauté ou un empire.

Tel est le caractère le plus apparent et le plus permanent du talent de mademoiselle Rousseil. C'est cette métamorphose immédiate de la beauté plébéienne en beauté patricienne par le mouvement, la démarche, le geste et l'air, et toute l'âme jetée au dehors et tout autour d'elle. Dès qu'elle est en scène, la noblesse, lui pousse de partout, à cette plébéienne découplée si hardiment et si robuste, et cette noblesse, que les passions diminuent toujours dans les intensités de leur délire, elle la garde entière en ses élans de passion les plus désordonnés! Dans les fragments qu'elle a joués mardi soir, elle a été aussi noble en saisissant la hache qui doit tuer Attila, qu'en prenant avec ses deux mains le diadème qu'elle ôte de sa tête et qui est demeurée aussi noble que si elle ne l'avait pas ôté!

C'est cette noblesse, qui transfigure ce bloc magnifique de beauté plébéienne dans lequel se sculpte l'actrice idéale, dans tous les détails de la passion et de la vie, c'est cette noblesse continue sur laquelle je dois et veux insister, parce qu'on l'a vue mardi soir bien plus que toutes les nuances et les développements d'un rôle coupé à chaque instant par les nécessités d'un spectacle spécial comme l'est un bénéfice. Je ne sais rien, pour mon compte, de plus absurde et de plus odieux que cet éparpillement par petits paquets d'une pièce dont on n'a plus l'ensemble et dont on a distrait quelques situations. Si c'est là un bénéfice pour la bourse du bénéficiaire, ce n'en est pas un pour l'acteur, et ce n'est pas dans son bénéfice que, quand il est grand, on peut le juger. J'avais vu, il est vrai, dans le temps, mademoiselle Rousseil dans *Attila*, et je savais comme elle y détaillait son rôle et comme elle le *parlait* par son silence et par toute une série d'ineffables attitudes, ce rôle simple et profond, bien plus silencieux que sonore ! Mais dans l'*Idole*, je ne l'avais pas vue, et je ne connais encore de la pièce que ce que la représentation de bénéfice m'en a montré ; seulement, la manière dont elle a joué le dénouement m'a donné une idée de ce qu'elle doit être dans le cours de ce drame, et, si j'ai regretté de ne pas l'y avoir vue, grâce à son talent et à l'imagination qu'elle excite en moi, du moins, je n'ai pas tout perdu.

IV

Ce n'est plus la femme d'Attila! Ce n'est plus la chaste Barbare aux longues tresses blondes! Ce n'est plus cette fille de chef qui ressemble, pour Attila, à la Vierge de la cathédrale de Trèves, qui tient un serpent sous le pied comme elle tient Attila sous le sien! C'est une femme de ce misérable temps-ci, sans idéal et sans grandeur, ni dans ses mœurs, ni même dans ses costumes. C'est une femme tombée et trahie, et que le goujat de cœur qui l'a trahie n'a pas ramassée, et qui le trouve marié, quand elle s'en vient à lui, du bout du monde, croyant bêtement l'épouser, elle, la bête de l'amour, cette bête éternelle!!! Est-elle assez connue, assez vulgaire, cette situation? Est-ce assez usé, est-ce assez trimbalé partout, ce dénouement qui traîne dans la littérature comme dans nos mœurs? Eh bien, de cela, mademoiselle Rousseil a fait, l'autre soir, une chose sublime! Elle est en noir, la robe de tout le monde; elle n'y a plus ses tresses d'or, elle a ses cheveux noirs; et quand elle parut, nous disions, en la regardant: « Ah! elle n'est plus si belle! » et comme nous nous trompions! car elle l'est devenue tout de suite, et même beaucoup plus belle!

Elle a joué la passion de la femme trahie, qui sent le mépris pour l'homme qu'elle aime lui manger le cœur et lui dévorer son amour ! Elle a piétiné le voile de mariée qu'elle trouve sur un meuble, oublié dans cette chambre, et qui lui apprend qu'elle arrive trop tard, et elle pleure, et elle crie, de colère ! et elle parle de jeter du vitriol à la figure du traître, immobile et froid devant elle, la main prise dans sa trahison, et j'ai cru, Dieu me damne ! qu'elle allait lui en jeter, du vitriol, à la figure, mais je suis bien sûr que si elle lui en avait jeté, c'eût été avec cette noblesse, cette incomparable noblesse qui ne la lâche plus, quand elle est en scène, et qu'elle ne pourrait pas arracher de son jeu quand elle le voudrait, idéale tunique de Nessus ! Mais ce n'est pas du vitriol qu'elle y jette, c'est le couteau dont elle se frappe et qui la tue ; car elle se tue comme Marie Dorval se serait tuée, et je me disais en sortant : « C'est bien là de la Marie Dorval, mais de la Dorval ennoblie ! »

Et si le bénéfice de cette grande actrice délaissée n'a pas été ce soir-là pour elle, il a été pour moi !

LE DUEL DE PIERROT

25 Juillet 1881.

I

Ce *Duel de Pierrot* qu'on a joué vendredi soir au Gymnase, — commençons par le dire, — le Gymnase n'en est pas responsable. Il faut l'en décharger !... Vendredi dernier, quoique dans la salle du Gymnase, nous n'étions pas au Gymnase. Nous n'étions pas chez M. Koning. Nous étions chez une femme, — un bas-bleu, connu par plusieurs romans, — qui, littérairement, s'appelle d'un nom d'homme, pour montrer à quel point elle est homme par le talent, quoique, ce soir-là, elle n'ait été qu'une femme et même une *faible* femme dans sa pièce ! Assez riche pour se passer cette fantaisie de louer une salle de spectacle et pour dire aux directeurs dont elle a peut-être à se plaindre : « Vous voyez bien que je peux me passer de vous ! », madame Gustave Haller, pseudonyme percé à jour comme tous les autres ! — quand on est si gourmand de publicité il conviendrait de l'avaler tout entière ! — madame Gustave Haller, dite *Monsieur* à la fin de la pièce, a voulu avoir son théâtre à elle et s'est donné la joie d'ouvrir enfin un bazar d'exposition pour ses marchandises intellectuelles accumulées ; car on disait autour de moi qu'il n'y avait pas à déballer que le colis qu'on nous déballait ce soir-là. Cette exposition ressemblait un peu, il est vrai, à ce salon des *Refusés*, en peinture, qui démontre toujours comme on a eu raison de les refuser ! Mais n'importe ! une telle nouveauté ne me déplaisait pas. C'était une impertinence, pour les directeurs de théâtre, qui ont tout mérité ! et je ne hais pas l'impertinence, même dans Turcaret... Seulement, pour qu'elle fût plus piquante, il aurait fallu faire à ces clôturiers, qui ferment chaque année leur boutique, la petite malice d'une bonne pièce, et malheureusement la pièce du *Duel de Pierrot* n'en est une — mais très grande, celle-là ! — que pour son auteur.

Il s'était pourtant placé, cet auteur qui allait se jouer lui-même, dans des conditions exceptionnelles et charmantes. Il avait été le roi absolu de sa chose... Il avait choisi son public, un public à lui, où, à en juger par les figures, le bas-bleu dominait et devait de son esprit de corps (son seul esprit !) animer la salle. Il avait choisi ses acteurs, les prenant où il avait voulu, en inventant quelques uns, les mêlant à d'autres, les rétribuant, les habillant, les toilettant, ce somptueux fournisseur! ce satrape qu'ils ont attrapé... Il avait attendu, pour se jouer, l'heure propice. Le lever du rideau, annoncé pour huit heures, n'a eu lieu qu'à neuf, — à la fin des dîners qui sont pour les théâtres des rivalités dangereuses. On ne se gêne pas quand on est chez soi et avec des amis! Et, d'ailleurs, pour nous faire prendre patience et nous disposer à une bienveillance indulgente, on avait, rénovation heureuse, placé un orchestre dans cette salle veuve, qui depuis longtemps n'en a plus. Et, ma foi! ils ont fait plaisir à revoir, ces vieux ménétriers!... Eh bien, malgré tout cela, malgré toutes ces dépenses, malgré toutes ces audaces de nouveautés, malgré le tableau de Gérôme, dont on a fait une réclame et qu'on a reproduit sur la scène comme on en avait fait une affiche en le barbouillant sur les murs, la pièce de madame Gustave Haller, dite *Monsieur*, n'a eu que le très petit succès de deux coups de sifflet à l'endroit le plus ineffablement absurde de la pièce, mais elle en méritait dans tous!

C'est peut-être la première fois qu'au théâtre deux coups de sifflet aient constitué un succès!

II

Et encore, ce succès — relatif — est-il bien pour elle ?... Je le croyais, en entendant sa pièce, mais il paraît qu'on peut en douter. Il paraît que ce drame du *Duel de Pierrot* n'appartient pas plus à madame Gustave Haller que le tableau de Gérôme, qu'elle a copié, — une copie mise dans une copie ! Il paraît que ces deux honorables coups de sifflet — honorables parce qu'ils ont été tous deux les seuls, quand ils auraient dû être plus de cinquante, — n'appartiennent pas à madame Haller et qu'il faut les restituer, *rétrospectivement*, à un autre. Un homme plus fort que nous tous en littérature dramatique, M. Auguste Vitu, l'érudit toujours sûr de ce qu'il avance, s'est souvenu, lui, quand tout le monde l'avait oublié, que la pièce de madame Haller est une pièce d'un M. Georges Richard, intitulée les *Enfants*, et qui a cascadé de chute en chute du Théâtre-Français, où elle tomba, pour rebondir au Gymnase, où elle tomba encore, et où elle est retombée vendredi sous le nom d'emprunt de madame Gustave Haller et sur des matelas prêtés par ses amis. Stérile qui n'en a pas moins des instincts et des besoins de mère, madame Gustave Haller volerait, par amour maternel, des enfants quand elle n'en peut pas faire... Intellectuellement, elle serait donc une voleuse d'enfants ! Pour mon compte, je n'en sais rien. Mais M. Auguste Vitu l'affirme, et il est une autorité, et je regrette même qu'il en soit une. Je ne puis m'empêcher de regretter que ce *Duel de Pierrot* ne soit pas de madame Haller, non pour l'honneur de sa moralité littéraire, qui ne me regarde pas, mais pour le plaisir de mes idées, à moi, sur ces faiseuses en littérature qui ne sont pas des faiseuses d'enfants littéraires, et qui ne sont pas capables d'en faire honnêtement et proprement un !

Oui ! il me plairait infiniment, à moi, que madame Gustave Haller eût fait celui-là ! Il me plairait de lui devoir les idéales absurdités de cette pièce ineffable, qui ne l'a tentée, peut-être, pour en faire la sienne, que par son incompréhensible absurdité. Allez ! croyez-le bien, cela ne fait pas du tout mon compte de n'avoir à examiner qu'une vieille pièce, deux fois tombée, qu'on nous donne pour neuve aujourd'hui parce qu'on en a changé le titre, et au lieu de tenir devant moi un bas-bleu à hautes prétentions fulgurantes de l'armée des femmes littéraires qui nous dévorent, de ne plus y avoir qu'un pauvre homme, enseveli dans l'obscurité de ces deux chutes, et qui va, malgré lui, en sortir !

III

Car il faut bien que je vous dise ne fût-ce que deux mots de cette pièce, de M. Georges Richard, *rejouée* vendredi au Gymnase, sur le théâtre particulier de madame Gustave Haller. Je conçois que cette pièce ait fait la conquête du bas-bleu, qui à son tour a fait la conquête de la pièce, si elle ne l'a pas louée comme la salle... C'est, en effet, la déraison même que cette pièce, faite en l'honneur des jeunes gens qui ont bamboché dans leur jeunesse et contre les vieillards qui ont travaillé dans la leur ! Il y a là des pères singuliers : il y en a un qui physiquement n'est pas père, mais qui l'est moralement, et qui raffole du bâtard de sa femme. Il y en a un second, d'un optimisme baveux, que, par parenthèse, l'acteur Tallien a très bien bavé, qui trouve exquis tout ce que fait mademoiselle sa fille, même quand elle souscrit le plus extravagant des billets qui doive la perdre à un homme qui, de but en blanc, vient pour la violer dans une maison où, comme dans la *Princesse de Bagdad*, il n'y a ni domestiques, ni sonnettes pour les faire venir ! C'est à ce moment-là que sont partis ces deux coups de sifflet solitaires, mais aigus, qui ont prouvé que tout le monde n'était pas de l'avis de l'excellent père, dans la salle. Il y a enfin un troisième père, le père du bâtard, qui, sans le savoir, tue son fils dans un duel de jalousie et d'amour.

Après tous ces pères, il y a une mère qui adore son fils (bien entendu, comme toutes les mères au théâtre), et qui, lorsque son fils se tord dans une sanglante agonie, au lieu d'être auprès de ce fils adoré qui se meurt, s'attarde à dire les plus furieuses injures à l'homme qui l'a tué et qui est son père, amoureux de la même femme que son fils, et à lui répéter : « Je veux que tu le voies mourir, regarde-le ! regarde-le ! », et, contrairement à ce qu'elle dit, elle le pousse derrière un rideau qui va l'empêcher de le voir !!! Tout le monde, en ce drame, a perdu la tête. Rien de plus confus et de plus incompréhensible que cet arrangement manqué, qui voudrait bien être tragique et qui ne l'est pas ; car le jeune blessé ne doit pas mourir, à ce qu'il paraît, en cette pièce incertaine... qui ne s'appelle le *Duel de Pierrot* que parce que cela a plu à madame Gustave Haller !

Cette forte tête, aux conceptions puissantes, se souvenait du *Duel de Pierrot*, un tableau peut-être de sa jeunesse, qui l'avait probablement remuée, et frappée d'une lueur de génie elle s'était dit que ce serait là toute l'invention qu'elle introduirait dans le drame de M. Georges Richard, et que cela suffirait pour prendre possession de ce drame et pour exécuter haut la main M. Georges Richard, qui pour jamais disparaîtrait. Dans le drame de M. Richard, le père et le fils pouvaient très bien se battre *incognito*, sans se mettre en masque; mais c'était le bal masqué qu'il fallait pour la gloire de l'imagination de madame Haller. C'était le Pierrot, c'était le duel de Pierrot, c'était le tableau de Gérôme qu'il fallait exactement représenter. Alors, rien n'a coûté à cette femme d'idées pour réaliser la sienne. Elle a été sublime. Comme elle avait loué magnifiquement un théâtre pour jouer ses chefs-d'œuvre, elle n'a pas hésité une minute pour faire la dépense des costumes du bal masqué; et, sur le fond éclatant des masques, on a vu se détacher pour le duel l'Arlequin et le Pierrot du peintre admirablement contrefaçonnés. Pour les amateurs qui aiment ces rapprochements, on peut maintenant comparer la vie dramatique du *Duel de Pierrot*, de madame Haller, à la vie pittoresque du *Duel de Pierrot*, de Gérôme, et qui sait? On dira peut-être qu'imiter ainsi, c'est, ma foi! aussi fort que d'avoir inventé.

IV

Le dira-t-on? Malheureusement on n'avait pas, vendredi soir, cette idée très nette. On doutait que l'originalité de madame Gustave Haller égalât l'originalité de Gérôme. Évidemment, le drame de M. Georges Richard faisait tort au *Duel de Pierrot* par madame Haller, et peut-être faudrait-il le détacher de ce diable de drame, qui n'est pas digne de l'encadrer, et nous le donner seul, dans sa beauté pure et simple de tableau vivant. On verrait, d'une vue qu'aucun voisinage ne troublerait, la force du talent de madame Gustave Haller pour mettre à la scène les choses déjà peintes! L'autre soir, parmi ces spectateurs dévoués qui étaient les convives intellectuels du régal que madame Haller leur donnait, il y en a eu beaucoup qui n'ont pas été retenus jusqu'au *Duel de Pierrot*, qui est la pièce de madame Gustave Haller dans l'autre pièce. Ils s'ennuyaient du drame de M. Richard, sans savoir qu'il était de M. Richard. Je les voyais qui peu à peu s'égrenaient et s'en allaient de la salle dont madame Gustave Haller leur faisait les honneurs.

Ils s'en allaient avant le tableau, le tableau qui est toute l'œuvre de cette femme inventive et féconde! Nous connaissons Gérôme, disaient-ils, pour justifier leur fuite. Peut-être le *Duel de Pierrot* de madame Haller est-il mieux que le sien, mais nous le connaissons, et c'est assez pour imaginer l'autre. Nous sommes chassés par l'ennui de ce mauvais drame... sur lequel elle l'a collé.

Ils le croyaient de madame Haller. C'est le lendemain que M. Vitu les a détrompés, et nous avons perdu cette idée que madame Haller était un grand bas-bleu dramatique, mais nous avons gardé celle-ci : c'est qu'elle entendait le costume et qu'elle était une glorieuse Babin parmi les bas-bleus !

ŒDIPE-ROI

15 Août 1881.

I.

Mardi soir, au Théâtre-Français, nous avons eu la volupté d'un bain grec. On nous a donné une douche de Sophocle!... Cela nous a changés de sensations... Avec le théâtre auquel nous sommes accoutumés, nous en avons peu de cette force-là. Shakespeare seul, Shakespeare, le Sophocle moderne, pourrait peut-être nous en donner de pareilles, si on le mettait à la scène dans sa *genuiness* respectée ; mais quel directeur oserait l'y risquer, dans ce temps sans initiative ?... L'*Oedipe-Roi* de Sophocle qu'y voici n'y aurait probablement pas été mis aujourd'hui s'il n'avait été une reprise. C'est une reprise, en effet, mais au moins intelligente, celle-là ! et qui vaut bien, en somme, si elle ne vaut mieux, une première représentation. Il n'y avait pas, mardi soir, au Théâtre-Français, beaucoup de spectateurs qui eussent assisté à la représentation de l'*Oedipe-Roi* en 1858. Pour la plupart de ceux qui étaient là, c'était donc réellement une *première*... Aussi, avant le lever du rideau, sentait-on passer dans la salle le frémissement de curiosité des premières représentations... Et cette curiosité frémissante n'a pas été trompée ! et elle a été suivie de bien d'autres frémissements ! L'impression de la pièce de Sophocle, jeune pour nous à force d'être vieille, a été aussi neuve que si la pièce eût été nouvelle. Malgré la longueur du premier acte, véritablement accablante pour nos petites personnes modernes et nos routines dramatiques, elle a été écoutée avec une attention passionnée, et elle a eu le succès d'une pièce faite d'hier par un génie contemporain, — s'il y en avait.

Savoureuse soirée ! La salle était elle-même un spectacle dans un spectacle. Elle réfutait la vieille sottise : « Il n'y a plus personne à Paris », dite par les fats qui partent aux imbéciles qui restent et qui le croient ! La salle du Théâtre-Français était pleine comme en ses meilleures soirées. Seulement, on n'y voyait plus ces figures qui forment ce que l'on appelle le public des *premières*, ces espèces de cariatides, clichés vivants, de toute première représentation, et, croyez-moi ! on s'en passait très bien. Ceux qui étaient là étaient venus, non pour se montrer et étaler les grâces de leurs vaniteuses personnes, mais pour le grave plaisir que devait leur donner une pièce dont la veille, à la répétition générale, l'effet avait été — disait-on — très inattendu et très grand.

Et il a été aussi grand, le lendemain, quoique le public ne fût plus le même et que l'imagination fût prévenue, — l'imagination dont le rêve est si redoutable et se retourne si vite contre la réalité qu'elle a rêvée! L'*Oedipe-Roi*, qui nous vaudra peut-être d'autres représentations du théâtre grec, l'*Oedipe-Roi* joué mardi soir ne nous a pas seulement intéressés comme un spectacle ethnographique et littéraire, offert aux raffinés et aux curieux, mais comme un spectacle vivant et poignant, qui fait même perdre, dans l'émotion qu'il cause, toute idée de littérature... Je ne sais pas combien il y avait de pédantisants dans la salle. Le nombre des Trissotins et des Vadius qui s'y trouvaient m'était inconnu. Mais ce que je sais, c'est que la toute-puissance du drame qu'on nous jouait, de Sophocle, était la toute-puissance du génie humain sur l'âme humaine, et non pas la toute puissance du génie grec sur des lettrés qui, par la pensée, — pour une minute, — se faisaient grecs!

Tout disparaissait, en effet, de ce théâtre grec qu'on ressuscitait au Théâtre-Français ce jour-là; tout disparaissait dans le pathétique *humain* et *universel* de la sublime tragédie de Sophocle. Ils ont fait, je le reconnais, tout ce qu'ils ont pu, au

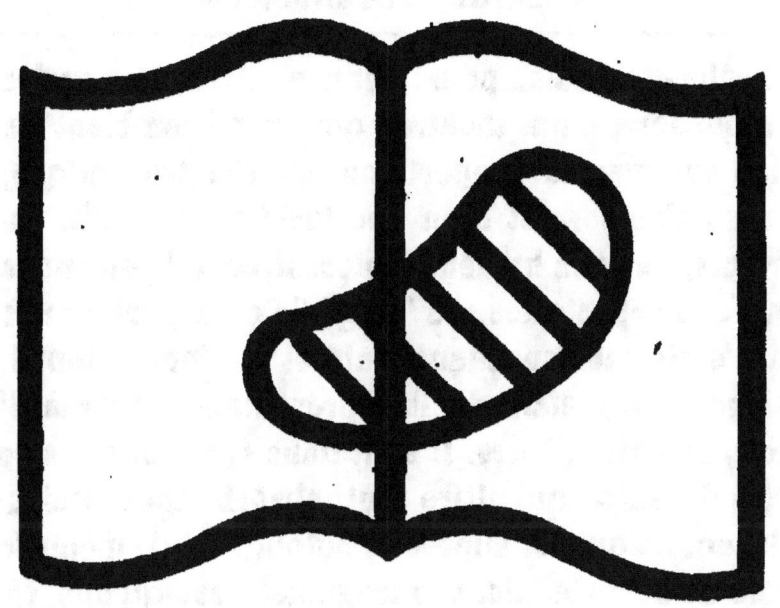

Illisibilité partielle

VALABLE POUR TOUT OU PARTIE DU DOCUMENT REPRODUIT

Théâtre-Français, pour donner, dans les grêles proportions d'un théâtre, qui ne ressemblent en rien aux vastes proportions du théâtre antique, l'ensemble correct d'un spectacle qui mariait, autrefois, dans un hyménée colossal, ce qui pour nous fait deux spectacles : la Tragédie et l'Opéra ; mais là n'était pas cependant l'intérêt profond, étonné, presque stupéfait de la représentation de mardi soir. Il était ailleurs. Il était dans Oedipe, dans ce rôle d'Oedipe qui attire tout, absorbe tout, anéantit tout ce qui est auprès et autour de lui, même le rôle de Jocaste, dont le tragique n'est qu'une répercussion du sien... *Oedipe-Roi* est bien le *roi* de toutes les terreurs et de toutes les pitiés de cette prodigieuse pièce, qui n'est que terreur et pitié, comme il n'en fut jamais sur aucune scène du monde, et qui, l'autre soir, a enfoncé ce qu'on appelle le théâtre classique et le théâtre romantique du même coup, et d'un coup qui remonte en arrière à plus de deux mille ans de distance.

L'*Oedipe-Roi* est du Shakespeare anticipé et même du Shakespeare supérieur à Shakespeare ; car le *Roi Lear* est au-dessous d'*Oedipe*. Ce n'est qu'un Oedipe innocent ! Il n'a pas le poids de l'inceste et du parricide sur sa conscience épouvantée... C'est du Shakespeare, mais dans la simplicité d'un art accompli que Shakespeare ne connaissait pas et qui a fait traiter ce grand homme, au dix-huitième siècle, de barbare. Voltaire, qui l'insulta de ce mot-là, a touché, un jour, à cet *Oedipe-Roi* qu'on nous donne, et de sa lâche main, qui voulait le succès à tout prix, il en affaiblit l'énergie et il en compliqua la simplicité. Mais, aujourd'hui, nous pouvons juger de cette incomparable énergie et de cette simplicité grandiose, devant lesquelles Voltaire a tremblé, et qui ont manqué au génie et à la fortune de Talma !

II

Car Talma, le grand, le sculptural Talma, n'a joué que l'*Oedipe* de Voltaire, et il a fallu qu'il se lassât, l'immense acteur, dans le rôlet extrait du plus grand rôle du Théâtre antique et qu'il débordait de son génie. Talma, qui eut toujours, pour expier sa gloire et ses bonheurs enivrants d'artiste, l'amère tristesse de jouer des rôles étouffants dans lesquels il ne pouvait tenir tout entier ; Talma, qui, après l'*Oedipe* de Voltaire joua l'*Hamlet* de Ducis, où Sophocle et Shakespeare ne sont pas plus l'un que l'autre, aurait trouvé dans l'*Oedipe-Roi* tel que l'a traduit M. Jules Lacroix la grandeur d'un rôle dans lequel il aurait eu les aises de la sienne. M. Jules Lacroix a traduit Sophocle avec la fidélité du plus noble esclave d'un texte qui aurait exigé pour l'exprimer le talent poétique d'un André Chénier; mais, quoique Chénier manque à cette traduction, elle aurait suffi au bonheur de Talma et aux ambitions de son génie. On peut, certes! regretter de n'avoir pas vu le plus grand des acteurs dans un rôle qui semble fait pour lui, mais, disons-le avec justice, l'acteur qui a joué mardi soir le rôle qu'aurait joué Talma s'il eût été vivant, a mérité l'honneur et le bonheur de le jouer...

C'est Mounet-Sully, — Mounet-Sully, qui sera peut-être, qui sait? le Talma de l'avenir... Je ne le connaissais pas avant mardi soir. J'avais entendu parler de lui comme d'un extravagant d'audace et d'enivrement d'une beauté que les hommes, pires que les femmes, ne pardonnent jamais à un homme, même au théâtre et dans les rôles où le talent n'existe pas sans la beauté. Mounet-Sully est entré dans ma tête pour la première fois en Oedipe-Roi, et ç'a été une entrée triomphale et de bon augure pour le talent futur qu'il va montrer. Il n'a point dans la beauté l'aristocratie que les portraits du temps donnent à Talma, mais il a la beauté forte, qui fait dire aux chétifs jaloux de ce temps éreinté ce mot (que j'ai entendu) : « Trop de plastique! » comme s'il y en avait jamais assez!

Chez Mounet-Sully, les bras sont d'un grand développement de biceps, la stature est robuste, et si la voix n'est pas le *tonnerre de velours* de la voix de Talma, elle n'en a pas moins été dans l'*Oedipe-Roi* un tonnerre, qui a roulé en éclats depuis les premiers vers de la pièce jusqu'aux derniers, avec une puissance de sonorité qui s'est brisée enfin — était-ce art ou fatigue ? mais, ici, la fatigue ressemblait à l'art ! — dans ce flot de larmes et de pitié qui finit par noyer toutes les horreurs de ce drame splendidement horrible.

Organiquement, je ne crois pas qu'il y ait un second acteur au Théâtre-Français capable de porter avec cette vigueur et cette vaillance le fardeau d'Atlas de ce rôle, qui est à lui seul toute la pièce extrahumaine et pourtant si réellement et si profondément humaine de Sophocle... Mounet-Sully a été de taille avec ce palais, avec ces colonnes, avec ces marches qu'il descend et qu'il remonte dans des majestés si différentes, — la majesté de la royauté orgueilleuse et la majesté d'un malheur fatal, qui le hausse presque au rang des dieux qui l'ont accablé ! Il a mugi, avec sa seule voix, ce rôle auquel le Théâtre antique attachait un masque qui doublait le volume de la voix, et il en a varié les diverses physionomies comme l'acteur antique, avec son masque immobile, ne pouvait pas, lui, les varier ! Il a été sans exagération, sans trompe-l'œil, sans le masque et le cothurne antiques, l'Oedipe-Roi du théâtre grec comme on le jouait à Athènes, — et de plus il a été l'Oedipe-Roi *pensé* et *réalisé* par un moderne, à qui deux mille ans de Christianisme ont appris toutes les expressions de la douleur humaine que ne savait pas la société antique comme nous, chrétiens, nous la savons, et cela aurait certainement étonné comme nous Athènes et Sophocle, si mardi soir, ils l'avaient vu !

III

Et c'est là-dessus que je veux insister. Des critiques, demain, insisteront peut-être sur tous les détails d'un rôle très compris par ce jeune acteur, qui n'était pas classé encore, mais qui, à partir de mardi, doit l'être très haut. Moi je n'insiste que sur la beauté *chrétienne* de cette tête douloureuse d'Oedipe, que les acteurs du temps de Sophocle auraient été impuissants à trouver. Sans le Christ et les images de son agonie qui sont partout et qui ont *typisé* la plus grande des douleurs humaines, puisque la Passion du Christ renferme toutes les douleurs de l'humanité, jamais Mounet-

Sully ne se serait *composé une tête* comme celle qu'il a sur les épaules pendant toute la durée d'*Oedipe-Roi*. Ceci n'est plus l'antique, mais c'est autrement sublime que l'antique ! C'est le Crucifié, — l'inévitable Crucifié, que nous portons tous en nous depuis qu'il est mort pour nous et qui a passé dans le talent de l'acteur, soit qu'il l'ignore, soit qu'il le sache, quand il a eu à exprimer la plus inconsolable de toutes les douleurs. Seulement, dans mon admiration pour l'acteur, je ferai une réserve.

On m'avait dit qu'à la répétition du drame, lorsqu'Oedipe s'est crevé les yeux avec les agrafes de son manteau, Mounet-Sully, qui descend, tâtonnant contre les colonnes, les marches du palais, et qui va tomber sur la dernière, le visage caché de son manteau dans un entortillement tragique, en avait découvert un qui avait fait faire, d'horreur, un soubresaut à toute la salle, tant il était sanglant, dévasté, et jusque sur la poitrine et la robe pleurant du sang ! Eh bien, je m'attendais à cela ! Je m'attendais au coup atroce de cette figure ravagée d'un homme qui vient d'accomplir sur elle la vengeance des Dieux. Déception ! La seule de la pièce ! Le visage de Mounet-Sully, cet intense qui aurait dû résister aux conseils, si, après la répétition générale, on lui en a donné, n'était pas ce que j'imaginais. Une couture sanglante et séchée bordait seule les yeux aveuglés. Mounet avait économisé l'horreur : — il a eu tort, elle doit être immense, — tandis que moi, dans ma soif de pathétique, j'aurais voulu plus de sang partout. Sur le visage, sur la poitrine, sur les mains, sur la robe, — les mains et la robe, qui doivent tacher du sang de leur père les enfants, quand il les touche, en ses derniers adieux, et qu'il les presse encore une fois sur son cœur !...

IV

— Les autres acteurs de l'*Oedipe-Roi* ne sont pas à la hauteur de leurs rôles, qui sont pourtant fort beaux, excepté Silvain, qui a dit avec beaucoup de talent le récit de l'arrachement des yeux d'Oedipe et du suicide de Jocaste. Quant à la Jocaste de ce soir-là, elle est bien heureuse que l'écrasante supériorité de Mounet, quand elle est en scène avec lui, la fasse disparaître. Bouffonnerie mêlée à une grande chose ! c'est une Jocaste du Palais-Royal. Elle pourrait jouer là et s'appeler « Jocastine » ; mais, pour le Théâtre-Français, et quoique sortie — m'a-t-on dit — du Conservatoire, de cette cage où l'on apprend à parler aux perroquets et aux merles, elle n'a ni âme, ni visage, ni taille, ni geste, ni voix. Les Dieux changèrent Hécube en chienne ; mademoiselle Lerou en a le profil, qui n'est pas tragique.

Jocaste, la vraie Jocaste de l'*Oedipe-Roi*, n'était pas sur la scène, mardi soir; elle était dans la première loge du côté droit, — tout en noir, — en deuil peut-être du rôle qu'elle n'avait pas. C'était mademoiselle Rousseil.

La ferez-vous descendre de cette loge, où elle n'est pas à sa place, sur la scène, où elle prendrait la sienne, monsieur le directeur Perrin ?...

UN PATRIOTE

24 Août 1881.

I

Enfin, voici un théâtre qui rouvre et une pièce neuve ! La Gaîté, ce théâtre si mal nommé, où l'on joue, d'ordinaire, des choses si tristes, a daté sa réouverture avec un drame d'une incontestable puissance dramatique et d'un succès qui n'a pas été contesté. Les auteurs, dont l'un efface l'autre, comme il arrive toujours en cette duperie qu'on appelle une collaboration, les auteurs d'*Un Patriote*, qui ne sont pour tout le monde que M. Armand d'Artois, cavalier seul, ont donné au public vibrant d'un théâtre dans lequel l'émotion est plus que la littérature, une robuste pièce, comme il en faut au populaire, et qui devait, pour cette raison, plus frapper sur les muscles que sur les nerfs... Les nerveux de la salle (s'il y en avait, il y en avait si peu !) on   vé peut-être que c'était par trop long, ce spectacle qui a duré jusqu'à une heure et demie du matin, et que la force de cette grande machine n'avait pas eu, toujours et partout, dans son jeu, l'harmonie et l'unité nécessaires. Mais, à la Gaîté, c'est l'amour de la force, quel que soit son emploi, et les muscles, qui font le succès, et, lundi soir, ce sont les muscles qui ont applaudi.

Donc, ce soir-là, affaire de muscle à muscle ; car M. Armand d'Artois en a dans le talent, à coup sûr, et il l'a prouvé. Je ne connais pas son collaborateur d'aujourd'hui, qui restera, je le crains bien, dans sa pénombre, le Grippe-Soleil qui ne grippera rien d'une collaboration, dans laquelle c'est toujours peine perdue que de se faire de *la suite de Monseigneur*. Mais je connais M. Armand d'Artois, et je vous assure que s'il y a un homme fait pour le théâtre, c'est celui-là, pour peu qu'il y ait un théâtre encore et que l'art dramatique, qui ne tient plus ni à clou ni à cheville, en trouve un pour retenir sa chute. M. Armand d'Artois, qui est peut-être capable de trouver ce clou, M. Armand d'Artois ne débute pas aujourd'hui dans *Un Patriote*. Il a été le collaborateur de M. François Coppée (toujours cette malheureuse collaboration, indigne des esprits fiers qui ont conscience d'eux-mêmes !) et ils ont fait de moitié deux pièces, la *Guerre de Cent Ans* et le *Petit Marquis*, glorieusement sifflé à l'Odéon, le *Petit Marquis*, par des bouches imbéciles, il y a quelques années ; car la gloire à la *renverse* du sifflet, c'est l'imbécillité du siffleur. Ce drame, dont le public avait fort applaudi le premier acte, qui en était l'exposition, fut, au second, tout à coup troublé dans son développement et dans sa logique par ce même public, bêtement inconséquent, qui se déjugeait! Pour moi, une telle chute valait un succès et même mieux, tant j'ai de dégoût pour un art qui s'adresse particulièrement aux foules et qui est obligé de compter avec leur bassesse! M. Armand d'Artois, qui n'a pas mon dégoût, et qui croit, lui, au théâtre, puisqu'il continue d'écrire pour le théâtre, est, selon moi, très au-dessus de la pièce qu'il a fait représenter à la Gaîté lundi soir. C'est un lettré de distinction et d'avenir. Seulement, il faut une clef pour entrer *chez soi* au théâtre et pour y montrer impunément plus tard sa valeur et son originalité, et peut-être la pièce d'aujourd'hui de M. d'Artois n'est-elle pour lui que cette clef-là...

II

Ainsi, la force, — une force à laquelle il aurait fallu plus de règle et de mesure, — voilà la caractéristique du drame nouveau de M. d'Artois, et, en effet, cette force indisciplinée est telle que, dans sa pièce, au lieu d'un drame, elle nous en donne presque deux. Il y a bien là un patriote qui finit par l'emporter, et qui est le vrai sujet et le grand intérêt de ce semblant de double pièce, mais il y a aussi un ivrogne qui, certainement, y est de trop... Au lever du rideau et contrairement à la loi de tous les prologues, rien n'a indiqué qu'il allait être question d'un patriote sublime, et, sans le titre qui nous avertissait, on pouvait croire qu'on allait avoir sous les yeux le drame tragique de l'*Ivrogne*, sujet terrible, que le poète Baudelaire eut un jour le projet de mettre à la scène et qui avait tenté ce noir et cruel génie, ivrogne lui-même, mais d'opium, et qui savait les sinistres effets de l'ivresse ! Dès le début de la pièce, l'imagination est donc trompée... L'homme qui va devenir un patriote tout à l'heure n'est ici qu'un homme ruiné, ivrogne vulgaire, qui bat sa femme quand il est ivre, et qui ne se rattache au sujet d'*Un Patriote*, par aucun lien... Je sais bien que sans cet ivrogne, qui croit avoir tué sa femme et qui ne la tue même pas, il n'y aurait plus de petite fille enlevée, et que l'intrigue amoureuse et l'amour paternel, — pivots éternels, quoique usés, de toute action dramatique, — manqueraient dans ce drame d'une conception sans hauteur, où le patriote mêle à son patriotisme une inutile paternité. Sans cette complication du père, le drame trop touffu de M. Armand d'Artois, où les idées s'entrechoquent et empiètent confusément les unes sur les autres, aurait été plus clair, plus rapide et plus simple, et son patriote autrement grand.

Il ne fallait dans ce drame que le patriote !... Et puisque M. Armand d'Artois — que je blâme hardiment de ceci — avait pris le sujet de sa pièce au plus fameux des romans américains de Fenimore Cooper, il fallait, au moins, se faire pardonner cette piraterie d'idée en donnant à l'idée qu'on avait prise toute la beauté de sa profondeur.

III

Et, de fait, rien de plus profond que cette idée, rien de plus beau, rien de plus magnifiquement audacieux, avec nos préjugés et nos mœurs, que cette donnée d'un espion par patriotisme !... Seulement, quand un homme a une idée comme celle-là, elle devient, par ce qu'elle a de superbe et de hardi, sa propriété inaliénable, et il n'est permis à aucun autre homme d'y toucher... Si, comme je l'ai montré plus haut, je suis l'ennemi déclaré de toute collaboration en littérature, je suis plus implacablement encore l'ennemi de cette misérable coutume, d'un temps qui révèle par là son impuissance, de faire impudemment un drame avec un roman qu'on a désossé. Tant que j'aurai un souffle et une plume, je m'élèverai contre cette cuisine! même quand l'opérateur de cette triste opération opérerait sur lui-même. A plus forte raison quand il opère sur un autre qui n'est pas un vil cadavre, mais un homme de génie! car Fenimore Cooper, qui, jusque-là, n'avait eu que du talent, quand il *osa* son *Espion*, eut positivement du génie... Les auteurs d'*Un Patriote* ne sont pas plus excusables, à mes yeux, d'avoir voulu faire un drame avec le roman de Cooper, que ceux-là qui eurent l'insolence, il y a quelques années, de mettre à la scène le roman des *Treize* de Balzac. Et je le reproche d'autant plus à M. d'Artois qu'il n'a pas besoin, lui, de toutes ces manigances, qu'il pense par lui-même, et qu'il a l'étoffe de l'invention! Mais, enfin, puisqu'il s'est rendu coupable aujourd'hui de la faute de tout le monde, puisque le génie de Fenimore ne l'a pas arrêté, il ne devait pas diminuer l'idée grandiose qu'il lui avait prise en rapetissant cette idée, d'un sublime à faire frissonner de terreur la fierté humaine, par des sentiments à la portée de toutes les âmes! La grandeur de toute passion est d'être aveuglément et impitoyablement exclusive, et son patriote ne l'est pas.

Selon moi, c'est là le plus grand défaut de la pièce de M. d'Artois... Mi-parti d'ivrogne corrigé, qui ne boit plus que de l'eau et qui peut entrer dans une ridicule société de tempérance, et de père affolé de sa fille, son patriote d'entre deux devrait avoir un patriotisme qui ne laisserait de place dans son âme pour aucun autre sentiment, et c'est dans celui-là, qui lui donne la force de boire ce qui soulève le plus le cœur des hommes, — l'ignominie, — c'est dans celui-là seul qu'il fallait creuser !

Eh bien, c'est ce que M. Armand d'Artois n'a pas fait, et il est resté au-dessous de l'idée de Cooper, précisément parce qu'il a voulu y ajouter... Mais deux scènes, qui ont, aux yeux des connaisseurs, tout racheté des méprises d'un homme de talent et qui en a plus encore qu'il n'en a montré ce soir-là, c'est la scène où le *colporteur espion* (comme dans Cooper) a mieux aimé sauver Washington, caché, que l'amant de sa fille, caché aussi dans la même maison et qu'il dénonce, parce que Washington, c'est pour lui la patrie ! Et c'est l'autre scène, où la fille de l'espion veut arracher à la mort son amant qu'on va fusiller et où elle demande sa grâce à son rival, qui la promet et qui la reprend pour la promettre encore... Cette scène haletante, qui révélerait avec éclat l'auteur dramatique dans M. d'Artois, s'il avait besoin d'être révélé, a été jouée très pathétiquement et avec une incroyable chaleur par une actrice de province qui, certes! n'y retournera pas, mademoiselle Largilière (les théâtres de Paris feront bien de la garder), et cette scène n'a pas décidé le succès du drame, — il l'était dès le prologue dans les impressions de la salle, — mais il l'a poussé jusqu'à l'enthousiasme et un enthousiasme mérité.

Oui! il l'était, grâce à Dumaine, l'adoration du public des boulevards, qui en fait une idolâtrie. Dans ce prologue, où l'espion n'est encore qu'un ivrogne, Dumaine a joué l'ivresse comme il sait la jouer, et plus elle est basse, mieux il la joue. Je me rappelle une pièce déjà ancienne (c'était, je crois, les *Bohémiens de Paris*, mais je n'en suis pas bien sûr), où il faisait le rôle d'un chiffonnier ou d'un commissionnaire, renversé ivre-mort au pied d'une borne quand la toile se lève, et il y était sublime de la plus crapuleuse abjection, cet homme au noble et aimable visage et à la taille colossale, devenu, à force d'art, le plus monstrueux des crapauds qui ait jamais sillonné la fange. Dumaine, dans les ivrognes, est le tragique affreux dont Vernet, qui les jouait si bien aussi, mais dans une autre note, était le comique délirant... Cet homme, qui n'a qu'un ennemi sur la terre, l'embonpoint, et que César aurait aimé s'il eût été un homme politique, a montré dans son rôle d'espion, et surtout quand l'espion a été encore plus père qu'espion, une violence de sensibilité qui a enlevé la salle. C'était, il me semble, le duc de Lévis que le Prince de Ligne appelait le plus sentimental des hommes gras. Dumaine est le plus gras et le plus sensible des acteurs. Il y a une âme dans ce ventre, et qui ferait oublier jusqu'à la voix éreintée de cet Hercule, au timbre malheureusement défoncé! Mademoiselle Largilière et lui ont été très beaux et très éloquents de sanglots et de larmes quand ils se sont retrouvés, père et fille, sur le cœur l'un de l'autre, et il fallait réellement se tenir à quatre pour garder l'opinion littéraire que le père, dans le *Patriote*, est de trop...

IV

La nouvelle Direction de la Gaîté s'était mise en frais pour fêter le drame de M. Armand d'Artois, sur lequel elle comptait avec juste raison. Décorations et costumes, tout était bien. Nous avons eu même un *soupçon* de ballet entre vivandières en jupes rouges et soldats anglais, qui sera certainement une attraction de plus pour ceux qui aiment la grâce ineffable des ballets, cette chose charmante! La soirée de lundi, quelque longue qu'elle fût, ne nous a point pesé, à nous. Mais, le lendemain, quelle dégringolade dans le plaisir! Le lendemain, on donnait au Gymnase : les *Élections*, de madame Gustave Haller, ce bas-bleu aux coins d'or, la locataire de M. Koning! Nous n'avons pas de place aujourd'hui pour elle, ce sera pour lundi prochain. Par ce temps de vacances dramatiques, on ne doit mépriser personne. La pièce de madame Gustave Haller est pour nous du fruit sur la planche ; vous y goûterez, mais nous vous prévenons que ce n'est pas de l'ananas!

LES ÉLECTIONS

29 Août 1881.

I

Nous les avons eues sous les deux formes, — politique et littéraire, — et cela ne fait pas deux bonnes pièces !... Je n'ai aujourd'hui à rendre compte que d'une seule, celle de madame Haller. Car, enfin, on est fixé. On dit madame Haller, et non plus monsieur Gustave Haller. L'aimable femme, qui, depuis le *Duel de Pierrot*, se croit spirituelle, comme on se croit jolie, a déchiré son petit loup de monsieur postiche. On ne lui chantera plus : *Ah ! c'en est fait, Gustave, tu m'entraînes !* Gustave ne nous entraînera plus ! Après le *Duel de Pierrot*, madame Haller a cru pouvoir se montrer dans sa gloire de femme, qui fait tant d'honneur à son sexe ! Après le *Duel de Pierrot*, où elle se fit nommer, si je me souviens bien, monsieur Gustave Haller encore, elle a fait comme les soupeuses de bal masqué, qui flanquent leurs masques sur la table au dessert. Il est vrai qu'il n'y avait pas de dessert à ce maigre souper du *Duel de Pierrot*, que nous ne lui avons pas donné, à elle, et qu'elle nous a donné, à nous, renversement charmant ! Mais elle n'en a pas moins été si contente et si fière, qu'elle nous en a donné un second, cette Trimalcionne! — et c'est *les Élections*, — et qu'elle nous en prépare un troisième, dit-on, avant la fin du présent mois ; après quoi M. Koning reprendra son théâtre et fermera le restaurant.

Et ce sera fini alors des petites fêtes dramatiques qu'elle se sera données à elle-même et qu'elle a payées des propres deniers de sa pochette, comme Lucullus payait les dîners de chez Lucullus!... Cette fastueuse Luculla littéraire saura juste ce que lui auront coûté les succès qu'elle ne pouvait pas avoir pour rien, et qu'elle n'a pas eus davantage pour l'argent qu'ils lui ont coûté. Madame Haller, qui fait des romans comme elle fait des drames et comme on a deux chevaux à sa voiture, retournera au roman, qui la mènera seul à la gloire ! Nous aurons encore des bouquets de *Bleuets* et des *Vertus*, — pour exercer les nôtres : la patience et la résignation ! Si la pièce que madame Haller nous a gardée pour la bonne bouche est dans le même goût que les deux qui l'ont précédée, l'épreuve dramatique et féminine sera faite. L'essai pimpant et despotique d'un théâtre à soi, avec des acteurs à soi, pour jouer ses pièces à soi, — cet essai de gouvernement personnel et absolu par ce temps égalitaire de république, — aura piteusement et définitivement raté. Le coup d'épée de cette héroïne littéraire restera un coup d'épée dans l'eau, et jusqu'à la garde dans l'eau! Le théâtre du Gymnase sera nettoyé à fond du bas-bleuisme. Les bas-bleus de la salle s'en iront avec le bas-bleu de la scène, et ce théâtre du Gymnase, qui a vu tant de bouquets de violettes et de pièces spirituelles, reviendra à ses pièces d'esprit et à ses bouquets!

II

Pendant le *règne* de madame Haller, il aura cruellement perdu de ses élégances, et jamais pourtant nous n'en aurions eu plus besoin. L'intérêt était alors si mince sur le théâtre qu'on s'y détournait volontiers de la pièce pour se retourner vers la salle et y chercher ce qu'on ne trouvait pas sur la scène! Mais on cherchait vainement. On n'y trouvait rien qui attirât et retînt l'œil, comme sur la scène on ne trouvait rien qui attirât et retînt l'esprit. C'était deux riens face à face, une émulation de riens ! A tous les visages de cette salle azurée, on reconnaissait la couleur des bas.

On reconnaissait les bas-bleus, les mesdemoiselles Hubertine Auclerc de la littérature.

A la première représentation des *Élections*, je n'ai vu qu'une seule tête charmante, sous un chapeau charmant, qui avait une plume tombant sur l'épaule, et ce n'était pas une plume bleue! C'était une plume rouge. Rougissait-elle pour la plume bleue de madame Haller, cette spirituelle plume?... La tête charmante ne s'amusait pas plus que moi, et c'était pour moi un charme encore ! Nous sympathisions dans l'ennui. Elle avait pitié de moi, et moi j'avais pitié d'elle, et tous deux, en nous regardant et en écoutant cette inepte pièce, nous nous épousions, sans nous connaître, au triste autel de la pitié !

Car il faut bien le dire, il faut bien s'arracher cette vérité, cette pièce des *Élections* est positivement inepte, et elle l'est tellement qu'on regrette le *Duel de Pierrot* ! Elle fait songer, en l'écoutant, que le *Duel de Pierrot*, oublié déjà, mais rappelé par la comparaison avec ces *Élections*, n'était pas, après tout, une si mauvaise pièce qu'on avait cru ! Les *Élections* poussent à cet effet rétrospectif que le *Duel de Pierrot*, cet escamotage de la pièce d'un autre que madame Haller n'a pas écrite, et du tableau d'un autre que madame Haller n'a pas peint, pouvait être, quand on n'y pensait plus que de loin, une chose pas mal exécutée et par l'exécution intéressante. Les *Élections* allaient faire peut-être une petite fortune au *Duel de Pierrot !* C'était toujours cela ! Malheureusement, madame Haller a eu la maladroite idée, après la première représentation de ces *Élections*, qui ne la feront pas une députée dans la littérature, de les faire jouer conjointement avec le *Duel de Pierrot*, qu'on croyait fini et enterré et descendu dans le repos introublé des morts, et pour lequel, comme pour les morts, on se sentait de l'indulgence !

Or, la distance entre les deux pièces supprimée, voilà que le *Duel de Pierrot* a reparu ce qu'il était et ce qu'il avait paru à la première représentation, — un tour assez hardi de passe-passe littéraire, qui n'a amusé personne et qui pouvait scandaliser. Imprudence de la Trimalcionne des petits soupers dramatiques du Gymnase, de nous faire servir le *Duel de Pierrot* dans la même soirée et sur la même table que les *Élections !* C'était, en effet, trop du même coup. L'amphitryonne a trop compté sur l'estomac romain de ses convives. Elle les a bourrés à outrance et elle en est punie par l'indigestion qu'elle leur a donnée, et qui fera peut-être tort au troisième souper qu'elle prépare et les empêchera de s'y exposer !

III

Sera-ce encore une pièce prise à quelqu'un ?... Car le procédé de madame Haller me fait l'effet d'être toujours un procédé de captation sommaire, le procédé de cet impayable Caleb Baldistone, dans la *Fiancée de Lamermoor* de Walter Scott, qui débroche les canards rôtis du tonnelier, mais pour le dîner de son maître, et qui, n'ayant pas le temps de les débrocher, les emporte triomphalement, broche et tout, sur l'épaule, avec le plus bel aplomb qu'on ait vu, avant madame Haller ! Elle aussi, cette débrocheuse de pièces de théâtre, avait débroché le canard de M. Richard et le canard de M. Gérôme pour son propre souper à elle: cela faisait déjà deux canards! Eh bien, ce n'était pas assez ! Aujourd'hui, dans les *Élections*, c'est un bien autre canard qu'elle débroche et qu'elle emporte ! C'est une oie dodue des marais d'Angleterre. La pièce des *Élections* de cette délicieuse dramaturge, qui prend les drames à tout le monde : c'est là sa manière de les faire! est un drame anglais joué, dit-on, à Londres, quatorze cents fois, — ce qui enfonce onze cents fois le *Divorçons* de M. Sardou, qui n'a été joué que trois cents, — et dont elle a cauteleusement changé le titre. Ah ! nous sommes rusée, quoique bas-bleu !...

Elle en a fait les *Élections*, parce qu'on était dans un temps d'élection en France, et que les allusions, c'est le liége qui empêche les plus mauvaises pièces de couler et d'aller au fond. De cette fois, il n'empêchera pas celle-ci d'y descendre ! Malgré cette *ficelle* des *Élections*, que madame Haller croyait une corde qui sauverait son drame de l'engloutissement définitif, cette corde ne sauvera rien, et elle se la sera mise au cou !

Et de fait, la pièce est de poids pour sombrer. Elle a le poids de deux bêtises : la bêtise anglaise avec la bêtise française par dessus le marché ! Le *Hoax* anglais et la *Blague* française ! Je ne sais pas, comme on dit maintenant (cette litote de rhétorique pour esquiver parlementairement le mot vol), quelle est dans son détail l'*adaptation* par madame Haller du drame anglais sur la scène française; mais ce que je sais bien, c'est que j'ai reconnu dans cette *adaptation*, quelle qu'elle soit, les vieilles et grimaçantes caricatures anglaises qui défraient le théâtre anglais depuis Hogarth et Fielding, et les plaisanteries plates et vulgaires qui traînent partout dans cet original pays de France, où, à propos de tout, tout le monde chante la même chanson !

Les *Anglaises pour rire* du temps passé ont fait

plus rire que les Anglais de madame Haller doublée de son anglais. Je ne sais pas non plus si cette pièce, qu'elle est allée chercher à Londres, se tient debout sur le théâtre de Londres, mais au théâtre du Gymnase, elle ne s'y tient pas... Les scènes, qui ne sont que des exhibitions de grotesques, ne s'enchaînent que par le misérable fil d'un amour entre un journaliste vertueux (un roman de *Vertu* encore !) et une jeune fille, la petite fille romanesque de tous les théâtres depuis qu'il y a des théâtres, et ce pauvre fil est rompu vingt fois par madame Haller, ce qui m'a prouvé une fois de plus que les bas-bleus, qui ne savent pas coudre dans le linge de la maison, ne savent pas coudre davantage en littérature. Autour de cet amour, tournent toutes les caricatures de la pièce, dont la visée et le sujet sont une élection.

Ce Grandisson de journaliste vertueux et pauvre, au milieu des électeurs qui l'entourent, opposé *socialistement* (encore une ficelle !) à un candidat aussi riche qu'imbécile, c'est-à-dire colossalement, a été joué par un acteur sirupeux dont les lèvres sont éternellement relevées aux commissures par un sourire immobile, — un sourire de masque, — en contradiction avec ses yeux qui se donnent un mal du diable pour être passionnés en regardant son amoureuse. Malgré ce défaut, dont il n'est peut-être pas coupable, il a presque du talent au milieu des autres, qui ne méritent pas l'honneur d'être nommés !

Ces acteurs, que madame Haller a seule élus pour jouer sa pièce des *Élections*, seront encore une élection perdue. Parmi tous ces coquins électoraux qui s'agitent dans le tohu-bohu de son drame, madame Haller a inventé (l'a-t-elle inventé ? avec elle on doute perpétuellement,) un sénateur (troisième ficelle) qui dort toujours. On voudrait faire comme lui... Sur cet horrible fond se dégage mademoiselle Raynard, qui fait l'amoureuse du journaliste vertueux, et dont les bras sont plus gros que la taille, laquelle attend d'être comme eux. Elle serait même jolie sans son nez, qui est un peu comme ses bras. Telle qu'elle est néanmoins (pardon !) elle peut être enrégimentée dans le bataillon des blondes de M. Koning, — *retour des Indes*, — car, ma parole d'honneur ! il faut qu'il soit aux Indes pour ne pas résilier son bail avec madame Haller et pour ne pas la poursuivre en dégradation de son théâtre, après tout ce qu'elle s'y permet.

Drôle de chose, si ses rapports avec cette femme timbrée de littérature finissaient par du papier timbré !

LA JOIE DE LA MAISON

5 Septembre 1881.

I

C'est par cette pièce, vieille de je ne sais combien d'années, que le Gymnase a fait cette semaine sa réouverture... Ah ! la *Joie de la maison !* C'était pour moi d'être débarrassé des drames de madame Gustave Haller, dont le bail expirait le 1er de Septembre et qui ne nous a pas donné ce qu'on nous promettait, — la troisième pièce de venaison de ses braconnages littéraires. La *Joie de la maison*, c'était, pour le Gymnase lui-même, beaucoup plus cela que la pièce rance de MM. Anicet Bourgeois et de Courcelles, qui, ce soir-là, aurait pu s'appeler l'*École des vieillards*; car cette pièce, vieille de trente ans, devait être jouée par deux acteurs — le mari et la femme — qui, depuis vingt-quatre ans, n'étaient pas montés sur une scène française. Et telle même était la réelle et seule attraction d'une pièce retirée du Cabinet des Antiques parce qu'on n'en avait pas d'autres sous la main. Cela valait du reste presque du neuf, tant cela était vieux !

M. Koning, qui est un directeur de ressource, mais qui, après tout, n'est pas un Dieu et ne crée pas avec son petit souffle des auteurs d'esprit pour les besoins de son théâtre, n'en trouvant pas, se retourne comme il peut, dans la détresse dramatique où nous sommes... Il s'est dit avec juste raison que le seul moyen qu'il y ait maintenant de faire du neuf, c'est d'en faire avec du vieux, et que plus le vieux serait vieux, plus il paraîtrait neuf, et il en a fait de cette manière. Seulement, la pièce de MM. Anicet Bourgeois et de Courcelles n'est pas encore assez vieille de cette vieillesse-là qui donne des sensations nouvelles ! Depuis eux, elle a été trop recommencée. On l'a faite et refaite, cette pièce. On n'a que trop vu au théâtre la petite fille perfection, qui résiste à toutes les gâteries, qui ramène ce mauvais sujet de papa à maman, et maman la désolée à papa, et qui répare les sottises de tout le monde, et on n'y a que trop entendu aussi ces éternelles plaisanteries sur les belles-mères qui font *la joie de la maison*, mais qui, certes ! n'ont pas fait la nôtre. De *joie dans la maison*, ce soir-là, il n'y en a eu que pour les petites filles de la salle et leurs mères, lesquelles, trois ou quatre fois, ont poussé de petits rires approbatifs... Les hommes, eux, ont eu peu de *joie* de cette *joie*, et ils ont écouté les vieilles fadaises qu'on leur débitait avec une placidité ennuyée.

Pour eux, évidemment, l'intérêt de la soirée n'était pas là. Il était dans ce ménage de comédiens qui revenait de Saint-Pétersbourg, et qui en revenait dans les mêmes rôles qu'il jouait à Paris il y a vingt ans, et qui croyait nous donner le même plaisir qu'il y a vingt ans! Certes! cela ne manquait pas de hardiesse. Cela méritait d'être vu!

II

Pour moi, qui aime l'audace et qui trouve qu'en art dramatique, sauf les exceptions de génie, et elles ne sont pas de notre temps, les acteurs sont bien au-dessus des pièces qu'ils jouent, c'était intéressant et cela me passionnait. J'étais curieux de voir le talent faire la nique au temps, et s'en venger en se montrant plus fort que lui... Cette crânerie me plaisait dans une femme ; car il n'y avait ici que la femme qui fût crâne. L'homme ne l'était pas et ne pouvait pas l'être. Il était, lui, pour un homme, jeune encore. Il est brun, il a les traits réguliers et le sourire fin ; il est un peu gros peut-être pour un jeune premier, mais, dans la pièce de ce soir-là, il ne monte pas sur l'échelle de Roméo : c'est un amoureux de terre ferme. Il ne courait donc devant la critique de danger que pour son talent, tandis que sa malheureuse femme en courait également pour son talent et pour sa beauté.

Elle, il faut bien le dire, — dans le langage du monde, non pas dans le mien ! — elle n'était plus jeune. Elle avait passé quarante ans, disait-on, — ce n'est pas moi qui le disais ! Elle était blonde, et les blondes passent si vite ; c'est un déjeuner de soleil, qui les lape avec sa langue de feu. Et elle allait jouer une ingénue de dix-sept ans. Mais elle était brave comme le grand Condé, cette petite femme ! Elle allait jouer une ingénue devant le préjugé incorrigible qui veut que les ingénues aient une figure à elles, et elle allait être épluchée par une critique vulgaire et féminine; car s'il s'agit du *physique* d'une actrice, la Critique est tout cela, et elle n'a pas manqué de l'être. Elle a répétaillé l'idée commune qui est de faire croire que le talent ne peut pas tout et qu'il y a une figure pour les ingénues impossibles à un certain âge, — quand, selon moi, tout convient au talent et rien ne lui est impossible quand il est grand. Baron, à près de quatre-vingts ans, Baron tombait, dans le *Cid*, aux pieds de Chimène, et on était obligé de l'en relever, et c'était ridicule peut-être ; mais ce qui n'était pas ridicule, ce qui était sublime, c'était d'y tomber comme il y tombait !

J'ai vu mademoiselle Mars, à soixante ans passés, jouer *Mademoiselle de Belle-Isle* en robe blanche, et on oubliait son âge, *même en la regardant*, et ce qu'on entendait était plus beau que la jeunesse. Mais c'était mademoiselle Mars, et madame Lagrange n'est pas mademoiselle Mars, mais n'importe ! Je n'imiterai pas la Critique qui l'a tracassée sur son âge, lequel ne fait pas, dans le rôle qu'elle a choisi pour redébuter au Gymnase, l'illusion nécessaire aux imbéciles qui vont au théâtre chercher l'illusion, et non le plaisir relevé du talent dans la difficulté vaincue !

Or, c'est là ce que j'y cherche, moi ! — et j'y ai trouvé, en même temps, ce qu'assurément je n'y cherchais pas. Madame Lagrange, qui fut autrefois mademoiselle Bellecour, est encore assez jolie pour que l'on comprenne qu'elle ait été charmante. Ses cheveux blonds n'ont pas bruni, — ce qui est leur manière de devenir blancs, aux cheveux des femmes blondes ! Ses yeux noirs, riants comme s'ils étaient bleus, sont restés très humides et très lumineux, très matin se levant dans la rosée. Sa taille est mince et flexible, et la jeune fille s'y balance encore ; mais c'est le talent qui n'a pas passé, comme la flamme légère sur le front d'Iule, c'est le talent qui a retenu la jeune fille dans la femme, qui devait l'étouffer... Elle y est toujours.

Madame Lagrange est une ingénue, malgré le temps qui emporte avec lui nos innocences et nos ingénuités ! Je ne sais pas comme elle les jouait, les ingénues, à dix-sept ans. Je n'étais pas à ce lever d'Aurore, mais j'ai entendu dire que c'était adorable et que, depuis, on envoyait par la figure à ceux qui vantaient les ingénues venues après elle : « *Si vous n'avez pas vu la petite Bellecour !* » comme une estaflilade de sabre turc. Alors, on l'appelait : « *La petite Bellecour* », par admiration et pour la rendre plus phénoménale encore. Mais, à présent, quand nous l'aurons vue dans tous les rôles qu'elle a joués à Saint-Pétersbourg, nous dirons peut-être à Paris : « la grande Bellecour ! »

Et que Dieu nous entende ! Nous avons, pour l'heure, diablement besoin de cette grande-là !

III

En attendant, disons ce qu'elle a été l'autre soir.

Eh bien, elle a été exquise et naturelle, et précisément exquise parce qu'elle a été naturelle ! Elle n'a pas minaudé une seule fois. Elle a été vraie de la vérité de la jeune fille qu'elle avait à jouer. Elle a été plus vraie même que son rôle ; car son rôle, joué par une autre qu'elle, qui les efface, aurait de faux plis... Elle a joué d'ensemble encore plus que de détail, quand on joue, dans cette époque de bric-à-brac littéraire, beaucoup plus le détail que l'ensemble. Elle n'a rien souligné dans ce qu'elle a dit, parce que, dans sa manière de dire, tout était souligné déjà. La perfection de son jeu avait l'*uni* et le *simple* de la perfection accomplie, et voilà pourquoi cela n'a pas été senti ce soir-là ; voilà pourquoi ceux qui étaient préoccupés de la femme d'autrefois, en voyant l'actrice, et voulaient retrouver la femme au fond de leur sac à souvenirs, ne l'ont pas goûtée comme ils la goûteront à coup sûr un jour, quand ils seront accoutumés à elle, quand ils ne verront plus que ce qu'elle est et ce qui vaut ce qu'elle a été...

Dans la pièce, où elle joue une jeune fille, elle qui ne l'est plus ! elle a esquivé ce qui est l'écueil d'un pareil rôle, elle a esquivé l'affectation et la niaiserie. Elle a eu la pudeur et elle a eu la malice des jeunes filles aimées qui ont conscience de l'affection qu'on a pour elles, et elle a envoyé lestement et gaîment promener la pruderie, qui n'est pas la pudeur, mais qui est l'hypocrisie de la pudeur ! Elle a donc joué la *Joie de la maison*, et elle en a été la seule joie ! Elle a dû être la joie aussi de son mari, qui jouait avec elle et qui faisait son amoureux. Délicieux contraste ! Le mari faisant l'amoureux ! et le jouant avec sa femme ! C'était piquant, et cela m'a plu. Il a joué naturellement aussi, comme s'il se fût inspiré d'elle, ce qui prouve qu'il faut des *unions assorties*, au théâtre aussi bien qu'ailleurs ; Philémon et Baucis à la scène s'ils ne le sont pas hors de la scène, ce que j'ignore. Seulement, je ne sais pas si c'est l'homme qui trouve cela en moi, mais c'est Baucis qui, en talent, je ne dis pas en amour, l'emporte ici sur Philémon !

IV

A eux deux, ils ont été la pièce, avec Landrol, qui a été excellent dans le père mauvais sujet ramené par le bout du nez par la petite fille à sa femme, ce qui fait trois, si je compte bien, — un succès à trois pieds, comme un guéridon ! Donc, à eux trois, ils ont été le triomphe et le tremplin d'une pièce qu'ils vont faire ressauter dans la vie, quand elle était à peu près morte dans l'indifférence et l'oubli. Ils seront les trois Spallanzani de cette grenouille ! En mettant la main sur cette bonne fortune d'une actrice comme madame Lagrange, qui pourrait recommencer le succès russe de madame Allan au Théâtre-Français, que M. Koning ne se la laisse pas prendre par M. Perrin ; qu'il reste le Roland de cet Olivier, et qu'il fasse défiler à sa nouvelle actrice tout son répertoire, pour que nous puissions intégralement la juger !

Elle, son mari et Landrol, nous auraient suffi, jeudi soir, pour l'honneur de la réouverture du Gymnase, mais M. Koning y a ajouté un monologue d'un homme malheureusement sans esprit, mais auquel Saint-Germain, à l'inflexion si comique, a prêté le sien. Cela s'appelle la *Première querelle*, et que cela soit la dernière, mon Dieu !... On avait commencé par l'*Alouette*, qui a cela de neuf et de bon qu'elle nous réconcilie avec les belles-mères dans la personne de madame Pasca, qui en fait une charmante, avec ce talent consommé qu'on lui sait. Elle a, dans l'*Alouette*, une belle-fille qui adore son mari, mais pas *contre* elle... Le rôle est tenu par mademoiselle Brindeau, — un nom célèbre dans l'art dramatique. Mademoiselle Brindeau sera-t-elle un jour une grande comédienne ? Elle a le bonheur que madame Lagrange n'a plus, de commencer la vie. En espérant le *feu sacré* qui s'allumera peut-être en elle un jour, l'encensoir où il doit s'embraser est de la plus magnifique beauté. Il y a très peu de temps, cette fille d'un homme qu'on a trouvé beau n'avait encore que la beauté des lignes.

Elle avait, jeudi soir, la beauté des contours qui commencent à venir. (Je) l'ai trouvée radieuse de jeunesse dans sa robe rose aux touffes de rubans noirs, et dont, en se retournant, elle regardait la traîne avec la grâce languissante du cygne qui regarde l'eau qu'il vient de fendre et par laquelle il a passé. Cette jeune fille, si elle continue de grandir encore dans la beauté, sera bientôt l'Océana du Gymnase, — une Océana qui ne dansera pas sur le fil d'archal comme l'autre, mais qui dansera sur les cœurs.

L'AVENTURIÈRE

12 Septembre 1881.

I

La Comédie-Française, qui a eu la dignité de ne pas fermer ses portes, par ce temps de sordide fermeture universelle, vient d'inaugurer la nouvelle saison théâtrale par la reprise de la comédie de M. Émile Augier, l'*Aventurière*. Aux yeux de ceux qui aiment le théâtre de M. Augier, classé très haut par l'opinion, c'est la maîtresse pièce de cet *immortel* d'Académie, — son chef-d'œuvre dramatique et poétique, disent-ils ; car l'*Aventurière* est écrite en vers. M. Émile Augier, l'auteur des *Pariétaires*, a toujours eu la prétention d'être un poète à ses heures, et voilà pourquoi, dans l'*Aventurière*, il a voulu nous donner une fois de plus cette chose difficile qu'on n'avait pas vue depuis le *Méchant* et l'*École des Vieillards*, une comédie en vers, ce luxe inutile, méprisé de tous les impuissants en vers, qui font la théorie de leur impuissance. Certainement, c'est honorable à lui de n'admettre pas cette théorie d'imbéciles ; mais il n'a pas malheureusement assez prouvé qu'il n'en eût pas besoin.

Les vers de sa pièce de l'*Aventurière* ont tous les défauts de la prose, et de cela seul ils sont pires que la plus mauvaise. On peut même se demander si ce sont là des vers... Écrite en prose, la pièce de M. Émile Augier aurait peut-être mieux valu. Elle aurait été une comédie moderne, comme il en a écrit tant d'autres, et, au fait, il n'avait pas plus besoin de l'écrire en vers que d'affubler cette comédie de mœurs des costumes du seizième siècle. Pourquoi ce costume, en effet, dans une comédie où il n'y a pas un détail qui ne puisse être actuel, dans ce temps qui, certes! ne manque pas d'aventurières, — pas même celui du frère, le ruffian qui vit de la beauté de sa sœur, et qui est le *placier* de son infamie ? Tout le monde de la comédie de M. Émile Augier pouvait donc s'habiller comme nous, et c'est ce qui saute aux yeux tout d'abord ; mais M. Augier a probablement cru rendre sa comédie plus piquante, en la faisant plus pittoresque. Spirituelle manière de comprendre le piquant au théâtre ! Seulement, avec le respect que l'on doit à M. Augier à la Comédie-Française, il pouvait exiger mieux que les tristes costumes qu'on nous a déballés l'autre soir.

M. Perrin n'est donc pas aussi grand tailleur

qu'il est grand tapissier? Les habits de ses acteurs dans l'*Aventurière* sont pitoyables d'indigence et de mauvais goût. On aurait dit un vestiaire d'acteurs de province. Historiquement, cela pouvait être exact, mais c'était pleutre, et la pleutrerie du costume était égale à la pleutrerie des vers que ces gens costumés disaient. Le croira-t-on? Jusqu'à mademoiselle Croisette, qui abordait, avec un aplomb qui ne doute de rien, le rôle de l'*Aventurière*, et qui n'avait pas la magnificence de son vice, se contentant de la simple robe bleue d'une femme vertueuse. Ah! les très petites *aventurières* du samedi soir, au Cirque, sont, à leur manière, mieux mises que cela!

Il est vrai que, dans son rôle, l'aventurière veut prendre rang parmi les femmes vertueuses, et croit-elle peut-être commencer sa conversion en avançant l'heure de sa robe? C'est peut-être là — qui sait? — de la profondeur... Dans la pièce de M. Émile Augier, il faut bien le dire à ceux qui la croient une découverte, l'aventurière n'est pas autre chose que Tartuffe en femme, dont le vieillard amoureux est l'Orgon, et qui veut *la maison*, et, par dessus *la maison*, la considération, exactement comme la veut Tartuffe! Mettre en masque les idées des hommes de génie, c'est la manière de s'en faire quand on n'en a pas. Mais pour ceux qui ne sont pas dupes de la mascarade, l'*Aventurière* de M. Émile Augier, c'est, qu'on le sache bien ! le *Tartuffe* de Molière, auquel il a mis des jupons !

Et ce n'est absolument rien de plus... Car l'intrigue convenue et tissée en famille contre l'aventurière, est d'une simplicité presque puérile et d'une transparence à travers laquelle on *voit l'imprévu qui va suivre...* l'imprévu nécessaire à toute pièce de théâtre. Le Tartuffe en femme de M. Émile Augier est un Tartuffe diminué, rapetissé dès l'exposition de la pièce, et finalement anéanti. Où le Tartuffe est profond dans Molière, l'aventurière est, dans M. Augier, étourdie et sotte. Dans Molière, il ne faut rien moins qu'une passion plus forte que l'hypocrisie pour que Tartuffe se trahisse, dans cette admirable scène où Elmire fait la madame Putiphar avec une prudence si audacieuse et si surveillée !

Mais dans M. Augier, quelle invincible passion fait commettre à l'aventurière la faute qui va la démasquer ? Cette faute inouïe de l'aventurière, c'est de traîner à sa suite son ignoble frère, et cette faute est si grande qu'il n'y aurait que l'inceste seul qui pourrait jamais l'expliquer. Sans la monstruosité d'un inceste, qui n'est pas ici, il est radicalement incompréhensible que l'aventurière, cette coquine posée tout d'abord comme une retorse d'habileté perverse, introduise et souffre avec elle dans la maison du vieillard qui l'aime et qui veut faire l'immense folie de l'épouser, un frère aussi dangereux pour elle, aussi menaçant pour ses ambitions, et d'une ignominie si visible qu'il est impossible de ne pas la voir, même à l'amour, même aux yeux les plus crevés par l'amour ! Annibal, le crapuleux Annibal, ce ribaud ivrogne et fanfaron, qui n'a même pas le courage d'être un spadassin et qui maquignonne cyniquement le prix de sa sœur jusqu'à la dernière extrémité de la pièce, Annibal réduit à néant, dès qu'il paraît, le personnage tout entier de l'aventurière, — et par conséquent toute la pièce, qui n'est que le développement de ce personnage, faussé ici jusqu'à la plus inadmissible absurdité.

Et Coquelin, qui jouait cet Annibal, n'a pas diminué cette absurdité inadmissible d'un pareil frère avec une pareille sœur. Il ne le pouvait pas. Il y a des absurdités au théâtre qu'un grand acteur peut diminuer, à l'aide de son jeu, et c'est un mérite dont il faut lui savoir d'autant plus gré que c'est souvent pour lui un sacrifice. Mais, dans l'*Aventurière* de M. Augier, nul sacrifice ne pouvait sauver la pièce de la faute énorme qui la tue, et Coquelin, qui le savait, a pris le rôle d'Annibal à son compte, et il l'a joué pour lui, avec une intensité de talent qui a été le seul intérêt de la pièce...

Car je suis persuadé que, sans Coquelin, elle n'aurait pas été jusqu'au bout, l'autre soir. Sans Coquelin, on ne l'aurait pas écoutée.

III

J'ai critiqué quelquefois Coquelin, supérieur toujours dans les Crispin et les Scapin, médiocre dans les Figaro; je l'ai critiqué dans ses prétentions à jouer les rôles à sentiment, avec un visage dont il ne fait jamais oublier le comique; mais aujourd'hui, il faut être juste, je n'ai qu'à le louer, et chaudement encore ! Dans cette *Aventurière*, il s'est montré vraiment grand acteur. Ce rôle d'Annibal est un de ses triomphes, et de ses triomphes mérités. Il y a résolu le problème, ou, pour mieux parler, il y a accompli le tour de force d'être *charmant dans le dégoûtant*, ce qui n'est pas une mince affaire ! Dans l'*Aventurière*, il est de figure, de moustache retroussée, de geste, de *pointu dans le jeu*, un vrai type de Callot, quand Callot, le plus noble des artistes, se permet d'être bas dans une de ses figures, et Coquelin a été une de ces figures-là. Les gens qui font la petite bouche en matière de tout art, les bégueules de goût, ont pu trouver qu'il chargeait trop. Charger trop ! Préjugé dramatique ! Pour moi, je ne crois pas qu'on charge jamais trop, quand on charge bien ! J'aime cette outrance de la charge !

Au théâtre, c'est comme à la bataille ; la charge emporte tout dans son impétuosité, et c'est ainsi que Coquelin a, l'autre jour, tout emporté ! La scène (disons le mot) de la saoûlerie, arrangée et combinée pour faire parler le frère de cette sœur, cette scène si grossière et si facile d'invention qu'elle est presque déshonorante pour l'esprit qui l'a inventée, Coquelin l'a jouée et composée avec un art profond et un comique irrésistible... Il n'y a pas été que l'ivrogne en bloc. Il a été l'ivrogne en détail. Il y a fait voir toutes les physionomies de l'ivresse dans leur plus étonnante progression. Il en a monté et descendu toutes les gammes. Il a exécuté tous les arpèges de l'ivresse comme une musique compliquée et il en a donné l'ut de poitrine, qui casse le chanteur de cette musique-là, quand il l'a donné.

Dans sa manière de tenir son verre, de trinquer, de boire, de se renverser dans son fauteuil, et dans le bonheur d'avoir bu, il a été le plus abominable, mais le plus divertissant ivrogne, et toujours spirituel, même quand il est le plus hébété !... Il est resté toujours la petite lueur inextinguible de l'esprit au fond du regard atone de cet ivrogne, ivre-mort, qui m'a fait penser à Shéridan, le plus glorieux ivrogne qu'ait vu l'Angleterre. Seulement, ivre à tomber, quand il commençait un de ses discours à la Chambre des Communes, Shéridan se dégrisait tout à coup par on ne sait quel phénomène sublime, et il devenait, l'homme embrouillé, aux hoquets confus, clair, chaud et exquis comme le Porto qu'il avait bu ; tandis que lui, Coquelin, dans l'Annibal de l'*Aventurière*, ne se dégrise pas. Il est vaincu et terrassé par ce qu'il a bu, dans cette saoûlerie, à sa façon non moins sublime que la dégriserie de Shéridan, et il reste, statue de l'ivresse, dans une immobilité de sommeil sur laquelle le rideau d'un acte fini tombe et se relève le rideau de l'acte suivant. Il n'a pas bougé.

Quant à mademoiselle Croizette, qui joue l'Aventurière, elle s'est dissoute dans le néant de la médiocrité, en face de cet acteur complet dans un rôle qu'elle aurait dû dominer par le sien. Cette grosse beauté lourde a disparu comme une vapeur, dans le vide du talent qu'elle n'a pas. Un jour, je l'ai dit (l'a-t-elle entendu ?), elle s'est ajustée à un rôle, comme beaucoup d'êtres médiocres qui jouent très bien un rôle en rapport avec leur système

physiologique, et puis après qui n'en jouent plus !
C'était le rôle de la *Princesse de Bagdad*, de M.
Alexandre Dumas. Le succès lui donna un sourire
charmant en saluant le public qui l'applaudissait.
Mais l'autre soir, dans l'*Aventurière*, je n'ai pas retrouvé la Croizette au sourire, sur laquelle j'avais
exprimé des espérances ; et pourtant ce sourire
eût été à sa place sur les lèvres de la courtisane
fascinatrice qu'elle jouait, et j'aurais voulu le
revoir !

Je ne l'ai pas revu. Avait-elle alors la conscience
de n'être pas bonne, ce soir-là, et en avait-elle de
l'humeur ? Ce qu'il y a de certain, c'est qu'elle était
aussi mauvaise dans son rôle que Coquelin était
excellent dans le sien. On disait autour de moi qu'on
s'était littéralement mis en quatre pour lui faire
comprendre ce rôle de Clorinde, dans lequel madame Arnould-Plessy s'était fait accepter et applaudir du public. Je n'ai pas vu madame Plessy dans
le rôle de Clorinde de l'*Aventurière*, mais, selon
moi, madame Plessy était une actrice sans naturel et de prétention puante, comme le serait de
musc un vieux manchon... Seulement, quelque inférieure qu'elle fût, elle ne pouvait pas l'être plus
que mademoiselle Croizette, ce soir-là, avec sa vulgarité effrontée, dans un rôle qui, de vice, devait
être impérial ! La bouche que j'avais vue si suavement sourire au succès n'était plus, d'expression,

qu'insolente, et ce cou, qu'elle a beau, et qui aurait pu être fier, distordu par l'affectation n'avait plus que le torticolis de l'orgueil.

Quelle Clorinde, donc, pour ce vieux Tancrède qui l'adore, mais qui finit par la chasser ! On le comprenait en la regardant. Encore une fois, Coquelin est tout dans l'*Aventurière*, et mademoiselle Croizette, sur laquelle on avait compté, n'est positivement rien. Et cette pièce, qu'on devrait débaptiser pour la manière dont elle est jouée, ne devrait plus s'appeler l'*Aventurière*, mais l'*Aventurier !*

IV

Et puisqu'il s'agit de Coquelin, un mot encore. En le voyant si bien jouer l'autre jour dans l'*Aventurière*, je pensais à la décoration donnée récemment à Got, à qui, certes ! je ne la voudrais pas ôter, et je me disais : Pourquoi pas à Coquelin, maintenant ? La République, qui n'a pas le courage de l'égalité qu'elle proclame, et qui décore lâchement le professeur officiel pour éviter de décorer l'acteur seul, est ridiculement inconséquente au principe même de la Légion d'honneur, créée pour égaliser tous les mérites devant la même récompense. Sera-t-elle donc moins forte que cette grande Église romaine, qu'elle méprise, et qui a reconnu l'égalité chrétienne des acteurs avec nous, lorsqu'ils veulent être chrétiens comme nous? Les raisons qu'on a données contre la décoration des acteurs sont toutes misérables, même les plus spirituelles.

Il n'y en a qu'une qui soit péremptoire, et la voici : Les acteurs sont des artistes autant et plus que les autres... Ils sculptent avec leurs corps comme les sculpteurs avec leur marbre ; ils peignent avec la physionomie et le geste comme les peintres avec leurs pinceaux ; ils chantent avec leur voix et leur âme comme les musiciens : ils doivent donc être décorés comme les musiciens, les peintres et les sculpteurs. Et, tenez! un argument encore, qui m'est venu en écoutant l'*Aventurière*.

On donnerait la Légion d'honneur à M. Augier qui a fait une pièce qui m'ennuie, et on ne la donnerait pas à l'homme qui l'interprète, et qui, à force de talent, me la fait, même avec plaisir, écouter !

LE VOYAGE DE NOCES

19 Septembre 1881.

I

Eh bien, l'Odéon — pour sa réouverture — a fait les choses en *Cadet de famille!* Il a enfoncé son aîné. Le Théâtre-Français ne nous avait donné, il y a huit jours, pour pièce de rentrée, qu'une vieille pièce, l'*Aventurière*, de M. Augier. Lui, l'Odéon, en a bravement dégaîné deux, flambant neuf ! La première — *un lever de rideau,* que j'aurais mieux aimé *un baisser de rideau,* — n'est qu'une vulgarité, qui n'a pas, du reste, menti à son titre : *Un rival pour rire* ; car elle a fait rire tous les esprits vulgaires de la salle, et je vous assure qu'ils étaient nombreux ! La seconde, en cinq actes et en vers (peste !), a été le *Voyage de noces,* de M. Tiercelin, qu'on disait autour de moi un Parnassien, mais qui m'était inconnu, et dont je n'ai connu les vers que par ceux de sa pièce. Ce *Voyage de noces,* que je rêvais une comédie, m'a réveillé drame, selon l'usage des pièces modernes, qui ne peuvent plus être des comédies et qui tournent au drame, tout de suite, tant nous sommes gais, nous qui le fûmes ! On n'est pas gai quand on est impuissant, et c'est la meilleure explication à donner de la tristesse de notre pauvre littérature dramatique !

Or, M. Tiercelin, qui est un esprit plus honnête que puissant, n'a pas vu dans le sujet de sa pièce — le *Voyage de noces* — la nette comédie que j'y voyais. Il n'est pas né plaisant, ce monsieur Tiercelin ! C'est un grave. C'est un Parnassien... Les Parnassiens ne savent pas rire... Le *Voyage de noces*, cette idée anglaise, qui est devenue un des bons ridicules français, le pudibond *Voyage de noces*, cette pudibonderie d'un temps si peu pudibond, qui galope sa lune de miel dans toutes les auberges et dresse malproprement son lit conjugal sur la banale paillasse où tout le monde a couché, n'a été pour M. Tiercelin que l'occasion d'un drame sentimental et moral. Moral surtout ! mais qui pourrait s'appeler d'un autre nom que le *Voyage de noces*, lequel ne dit qu'un accident de la pièce, et qui dirait mieux ce qu'elle est si elle était intitulée, par exemple : Les *Femmes qui pardonnent*. Les *Femmes qui pardonnent*, dans un temps où elles ne pardonnent plus et où elles se vengent avec le vitriol et les coups de revolver dans le dos, telle est l'originalité de visée dans la pièce de M. Tiercelin, qui a évité, du moins, l'idée commune, au théâtre, de l'adultère, et les *justices* conjugales de M. Alexandre Dumas. M. Tiercelin, lui, a mieux aimé nous donner cette idée calmante et rafraîchissante de la rivalité des femmes dans le pardon, comme dans l'amour, et il nous en a exhibé deux, dont l'une pardonne à l'amant qui l'a trahie et abandonnée, et dont l'autre, qui n'est pas trahie, pardonne à son mari, coupable d'un petit bâtard avant son mariage, et adopte le petit bâtard !

Il est vrai que le petit bâtard est une bâtarde, et que les petites filles réussissent toujours au théâtre, quand on les y met. Elles sont le liège qui empêche les pièces de sombrer. M. Tiercelin n'a pas manqué sa *petite fille*... A elle seule, ce joli petit perroquet aurait probablement sauvé la pièce ; mais elle avait pour auxiliaires toute la franc-maçonnerie des Parnassiens, ce soir-là sous les armes, et surtout mademoiselle Tessandier, qui jouait la mère naturelle, et mademoiselle Suzanne Pic, qui jouait la mère adoptive, et qui ont enlevé, de très haut, le succès, sans avoir besoin de personne. En effet, le drame de M. Tiercelin, dont je ne hais pas la conception, est malheureusement d'une exécution assez faible. Cela veut être élevé, j'en conviens, et littéraire. Mais les intentions ne sont pas réputées pour les faits en littérature. L'auteur, naïf et juvénile, est moins jeune que sa pièce. Il a trente-trois ans, m'a-t-on dit. Sa pièce a dix-huit ans.

II

Mais toute cette jeunesse et cette débilité de pièce en l'honneur des femmes et des vertus dont elles sont capables, ont été renforcées par la manière dont la pièce est jouée. Les deux actrices principales s'y sont montrées, par leur interprétation, très supérieures au texte qu'elles interprétaient. Un peintre français a épousé une jeune fille et il la promène, selon l'usage, par le monde, cherchant toujours, ce peintre enragé, des paysages encore ailleurs que dans les yeux aimés, qu'il devrait uniquement regarder. Au lever du rideau, ces mariés d'hier arrivent dans un paysage d'Italie, et ce paysage d'Italie est, par le fait de ces hasards, imprévus comme des combinaisons, le pays d'une fille séduite et abandonnée par le peintre, il y a plusieurs années, et qui vit là, sauvage et pauvre, avec son enfant, dans le désespoir de l'amour. Cette fille est un ancien *modèle*, et elle en porte le costume. Pour donner du pittoresque à son drame,

M. Tiercelin a compté sur le costume italien, comme M. Augier, dans l'*Aventurière*, sur son très inutile costume du seizième siècle. Hélas ! c'est toujours les mêmes procédés. L'Italienne va donc se trouver face à face avec la femme que l'homme qu'elle aime toujours a épousée, et on voit tout de suite, et beaucoup trop, ce qui va suivre. La jeune mariée, qui est dans les meilleures conditions pour être bonne, puisqu'elle est heureuse, se prend de pitié et de sympathie pour la fille abandonnée, qui lui raconte la séduction dont elle a été victime. Mais comme, si le voyage de noces continuait, il n'y aurait plus de pièce, l'auteur fait louer à sa mariée un chalet à côté de l'habitation de cette pauvre fille, au cœur outragé, qui la touche. Un album qu'elle feuillette un jour, et dans lequel elle retrouve le portrait de sa fille, fait par son père, autrefois, lui apprend que son séducteur est le mari de sa bienfaitrice. Foudroyante découverte. Cette scène de l'album est, selon moi, la meilleure de la pièce. Mais ce n'est pas l'auteur qui a fait la beauté de cette scène, c'est le jeu de l'actrice, qui a été superbe. Le reste devient de plus en plus facile à deviner. Tout le drame est la lutte entre l'amour fou de l'Italienne et sa reconnaissance pour sa généreuse bienfaitrice ; et c'est la reconnaissance qui l'emporte. Elle se tue pour la lui prouver.

Tout le monde est vertueux dans cette pièce,

excepté le loueur du chalet, qui est le plus cynique des drôles. L'Italienne est vertueuse au fond, quoique séduite, car elle montre le plus grand cœur, et elle expie la faute de sa jeunesse dans l'amour maternel et dans la reconnaissance qui la fait se sacrifier à la fin de la pièce; la mariée est vertueuse; l'homme même, le coupable, est presque vertueux. Il l'est, du moins, depuis qu'il a épousé sa femme, qu'il ne trompe pas; car il dit à la petite fille, dans sa révolte contre la lâcheté d'un silence qui le déshonorerait, s'il le gardait : « Appelle-moi ton père ». Ce *Voyage de noces* est donc une vraie *noce* de vertus ! Et la *noce* du talent y est aussi, mais c'est mademoiselle Tessandier et mademoiselle Suzanne Pic qui l'ont faite et qui nous l'ont fait faire, à nous qui les regardions, ce soir-là !

III

Elles y ont été l'une terrible et l'autre charmante. Je connaissais déjà mademoiselle Tessandier, mais je ne l'avais vue que dans une petite pièce du Gymnase où elle faisait, je crois, un rôle dont l'étroitesse strangulait son talent, mais dans laquelle, pourtant, elle fut insolente et farouche, et me fit penser alors qu'il pourrait bien y avoir de la tragédienne dans cette femme-là. Il y en a une, et l'autre soir, à l'Odéon, je l'y ai vue. Elle y était, je ne me trompais pas ! Cette femme qui, au Gymnase, m'avait paru laide, mais d'une de ces laideurs qui valent la beauté, tant elles sont énergiques, dans ce *Voyage de noces* n'a pas cessé d'être énergique, mais a gagné d'y être belle. Est-ce le costume italien, aux couleurs voyantes, qui allait bien à cette brune pâle aux yeux de flamme, ou la manière dont elle était coiffée, car elle l'était avec poésie, qui la faisaient belle ce soir-là ? mais elle avait l'irréprochable beauté d'une méduse qui n'aurait pas besoin de serpents autour de son visage pour être terriblement belle, et qui l'est simplement parce qu'elle l'est ! Mademoiselle Tessandier a mis, dans ce rôle qu'elle jouait de femme jalouse et ulcérée, une profondeur de passion qui n'était pas seulement l'amour de l'homme qui la trahit, mais aussi la profondeur de la passion dans l'amour de l'enfant qu'il lui a laissé. Italienne vraiment italienne dans son costume italien et sous cette coiffure napolitaine, — qui n'est pas romaine, — et qui disait si bien qu'elle était la fille du Vésuve ! Elle a joué, en effet, comme le Vésuve jaillit, par éruptions sublimes. Cette femme de tant de feu dans le regard, mais dont la voix est malheureusement un peu sourde, a suppléé à cette voix qui lui manquait par la voix de ses yeux ; et en les regardant on croyait l'entendre et qu'elle vibrait avec l'éclat de la puissance ! Ajoutez au don de ces yeux tragiques le génie des attitudes qu'elle a eu et qu'elle a déployé à tous les moments de la pièce, et vous aurez une grande idée de ce talent destiné aux rôles les plus violents du drame. Pour le rôle qu'elle jouait ce soir-là, elle n'avait pas besoin de la noblesse de mademoiselle Rousseil, toujours noble, même quand la force de la passion ne l'est plus, et qui l'est encore ! Mais ce que son rôle demandait d'attitudes animalement éloquentes, elle l'avait, cette maigre louve, jusque dans les caresses ardentes et fauves de sa dévorante maternité.

L'autre *noceuse* de talent, dans le *Voyage de noces*, a été mademoiselle Suzanne Pic, — qui débutait à l'Odéon, et cela était bien un début pour moi, car je ne l'avais vue ni à l'Ambigu, ni à Cluny, où elle s'était, je crois, essayée. Elle n'a plus besoin de s'essayer. Elle vient de faire son premier pas d'actrice avec une sûreté de pied étonnante dans une femme qui paraît si jeune. Elle jouait la mariée, et quand, au lever du rideau, elle a paru avec ses cheveux vénitiens, d'un bronze d'or, sur cette fine tête d'où elle vient d'ôter son chapeau de voyage, elle a semblé doter d'un rayon de plus ce ciel d'un printemps d'Italie, dont elle redoublait l'or printanier avec l'or de ses cheveux ! Ç'a été d'un effet délicieux... Elle a commencé ce rôle qu'elle allait si bien dire par le silence, et s'est endormie de fatigue dans les bras de son mari ; mais elle s'est bientôt réveillée, et elle a parlé son rôle avec une voix qui exprimait l'amour et qui l'inspirait. Ce qui distingue le talent de mademoiselle Pic, c'est ce qui est si rare dans les jeunes, qui ne sont presque jamais simples : c'est la mesure et la justesse dans la simplicité, qui promettent, pour plus tard, l'actrice accomplie.

Et je veux finir mon article par cette espérance. Elle est probablement blasée déjà sur les admirations de ceux-là qui la trouvent jolie. Moi, je veux être le premier qui lui dise qu'elle sera un jour, peut-être, une grande actrice, et qui sait si je ne l'aurai pas, en lui disant cela, flattée davantage ?

LA BELLE AFFAIRE
SUITE D'UN BAL MASQUÉ

26 Septembre 1881.

I

La *Belle Affaire*. Ah ! bien oui ! En sera-t-elle une pour son auteur, cette pièce, qui d'abord en a été une si mauvaise ? Vous en savez l'histoire... L'auteur, M. Cadol, l'auteur aussi des *Inutiles*, l'avait *inutilement* portée de porte en porte de théâtre, et l'avait fait prendre enfin au Château-d'Eau, où elle avait été jouée *inutilement* ; car, si elle n'y tomba pas, elle y fût abandonnée et ensevelie. Et il ne fallait rien moins que les embarras actuels des directeurs de théâtre sans auteurs, pour pouvoir être reprise par un théâtre comme une *utilité*. Vendredi donc, ils l'ont reprise à l'Odéon, — vendredi, un jour funèbre, — dans cette maison funèbre, où ils ont dansé cette *danse des morts* de deux trépassées : cette *Belle Affaire*, morte depuis dix ans et plus, et la *Suite d'un bal masqué*, morte depuis soixante ! On a cru, sans doute, — ce qui n'est pas trop bête, — que la petite vieille de M. Cadol (j'aime mieux celles de Baudelaire) paraîtrait plus jeune si elle avait pour repoussoir la petite momie de la très oubliée madame de Bawr, et, ma foi ! on ne s'est pas trompé. La pièce de M. Cadol a paru vivante et gaie après les élégances mornes et ratatinées de cette *Suite de bal masqué*, qui a trop de suite ; car il serait bien temps de couper cette traîne de mademoiselle Mars, que personne ne peut traîner comme elle... Mais parlez donc de mademoiselle Mars et du respect qu'on doit à sa mémoire à des directeurs dans l'embarras ! Ils arracheraient tous les clous du cercueil de la grande comédienne, pour en faire un à une mauvaise pièce qui ne vaudrait pas le plus mauvais de ces clous-là.

II

Et c'est ce qui vient d'arriver. Si M. Cadol n'a pas fait la belle affaire qu'il avait, une première fois, manquée, il en a fait une autre. Il a fait, au moins, sa *petite affaire*, avec madame de Bawr. La décrépitude de la pièce de cet antique bas-bleu a porté bonheur à la jeune vieillesse de la pièce de M. Cadol, cette fleur dramatique défraîchie, cette belle d'onze heures du soir, dont à minuit, depuis des siècles, il n'avait plus été question! M. Cadol, du reste, dans sa vie, ressemble à sa pièce. Il n'a été, non plus, que la gloriette d'un soir, le soir de ses *Inutiles*, et il a vécu immobilement, quoi qu'il ait fait, sur ce soir-là. Sa belle affaire, à lui, ce n'est donc pas la *Belle Affaire*, ce sont les *Inutiles!* Mais je crains bien que ce titre de l'auteur des *Inutiles* ne soit à poste fixe sur son nom, et, qui sait? il le croit peut-être aussi... Dans la préface de sa *Belle Affaire*, imprimée, il me fait l'effet d'avoir la modestie inquiète. Il nous affirme qu'il n'a eu d'autre prétention que de recommencer un *Beau Mariage*, de MM. Augier et Foussier, et de retourner l'habit de ces messieurs, qui est le triste habit noir de l'époque, et d'en montrer la doublure jaune, pour l'égayer. La doublure jaune est, en effet, l'éternelle doublure de l'habit des Georges Dandin de toutes les époques, quand ce n'en est pas le dessus; et le mari de la pièce est un Georges Dandin opprimé par sa femme et soumis, et qui ne se révolte qu'au dénouement, grâce à son amour paternel. Il rentre dans le sérieux et l'habit noir de M. Augier plus souplement que M. Augier lui-même n'y rentrerait, s'il avait pu en sortir. Assurément, c'est trop humble, cela, pour que, s'il n'a pas tremblé devant le solennel triste à pattes dramatique qui règne au théâtre, j'y croie, de la part de ce joyeux retourneur d'habit, qui n'a voulu que mettre le rire là où le bâillement avait déjà passé...

Car il est gai, M. Cadol, et c'est là son affaire dans sa *Belle Affaire!* Et je crois qu'il le serait même sans le contraste de l'ennuyeuse madame de Bawr. Seulement, sa gaieté est vulgaire, et vulgaire jusqu'à la tristesse, pour ceux qui ne rient pas de ce rire bête qu'on entend souvent au théâtre et qui seraient honteux d'en partager la contagion. Ici, on est à l'Odéon, et c'est, tout le temps de la pièce, le ton des Variétés et du Palais-Royal, sans les salaisons, à cela près d'un mot très ignoble, de ces deux boutiques de charcuterie... Voilà le défaut, l'insupportable défaut de cette *Belle Affaire*, dans laquelle il n'y a pas une seule plaisanterie qui soit distinguée et de bonne compagnie. C'est du commun le plus épais, et d'un bourgeois qui n'est jamais à son dimanche... L'invention de la pièce ne rachète pas cela, que rien, d'ailleurs, ne saurait racheter. L'invention est absolument nulle. L'idée de la pièce, je l'ai dit, est du Georges Dandin, avec une madame de Sottenville qui finit par casser son bonhomme à force de taper dessus !... L'adultère, que le dix-septième siècle appelait de ce drôle de nom que notre siècle de drôles et de drôlesses n'ose plus dire, l'adultère n'est nulle part dans la pièce de M. Cadol, — ni dans la mère, ni dans la fille. Il n'y a qu'un mari dominé, aplati, — non trompé, mais foulé aux pieds et devenu le tabouret de sa femme, plus plat que *l'autre*; car, pour tromper son mari, — à moins qu'il ne soit d'une débonnaireté supérieure, — il faut se donner une peine du diable, tandis que, pour mettre les pieds dessus, il ne s'agit que de les lever. Tel fait la madame de Sottenville de M. Cadol, qui n'est plus la femme d'un hobereau entichée de sa qualité, et la faisant tomber comme un pilon sur la tête roturière de son gendre, mais une femme moderne, entichée de son droit de femme supérieure, bas-bleu pris au tas de bas-bleus littéraires et politico-socialistes qui ont transporté leur risible orgueil du rang à la race, mais qui attendent toujours leur Molière, que M. Cadol, certainement, ne sera pas.

III

Ni M. Cadol, ni personne! Ni parmi ceux-là qui font les pièces, ni parmi ceux qui recommencent les pièces faites, personne à présent n'est capable de faire, avec ce dernier ridicule du temps, une comédie, et pourtant c'est la seule profonde et réelle comédie qui nous reste encore à écrire, dans ce temps où l'égalité a fait néant de tout. En supprimant les rangs et leurs empiètements les uns sur les autres, sources inépuisables de comique, l'égalité faisait déjà écrire, en 1839, à Stendhal, le grand observateur, que la comédie était à présent impossible; mais il oubliait la seule chose qui soit encore debout au milieu de tous les ridicules mis à bas autour d'elle, le ridicule de la femme prétendant être l'égale de l'homme, le ridicule du monde renversé. Avant M. Cadol et autrement que M. Cadol, beaucoup avaient touché à ce sujet. Nous avions eu des Philamintes. Mais ce n'était encore là que la grammaire des bas-bleus. Nous en avons maintenant l'encyclopédie. Nous avions vu des femmes qui voulaient être maîtresses à la maison et jeter le pot de chambre à la tête de Socrate. Nous n'en avions pas vu qui voulussent être les *maîtres* partout, parmi les plus insupportables pécores des comédies, mais nous les voyons à présent! Nous voyons le comique monstrueux de la femme moderne! Seulement, ce que nous ne voyons pas et ce que nous ne verrons probablement jamais, dans ce siècle de roitelets de théâtre que notre petitesse relative et naïve prend pour des rois, c'est la main dramatique en proportion avec ce monstre de comique auquel même le nom de bas-bleu, par lequel il a débuté, ne suffit plus !

En attendant, nous aurons des pièces comme la *Belle Affaire*, de M. Cadol, de petites pièces sans le type supérieur qui est à venir, et sans aucune originalité. La pièce de M. Cadol rappelle toutes les pièces quelconques où il y a des femmes, à prétentions exorbitantes, qui veulent confisquer leur mari au profit de leur gouvernement. C'est la pièce de tout le monde, jouée, comme elle est écrite, par des acteurs qui, en talent, sont aussi presque tout le monde. Le rôle qui devrait être un type, et qui n'est qu'un personnage, était tenu par mademoiselle Raucourt. Elle y a été mordante, je le reconnais, mais elle a mordu en faisant trop de grimaces. Elle jouait madame Langelois, la femme du mari confisqué, qui veut aussi confisquer sa fille et son gendre, et le rôle avait assez d'emphase naturelle sans y ajouter. Mademoiselle Raucourt est tombée dans la caricature de toute la lourdeur de son respectable poids. C'est une assez belle femme encore, que j'ai vue très belle il y a quelques années, et qui s'achemine vers ce qu'on appelle le soir d'un beau jour, à travers l'embonpoint. Son mari, le poltron révolté, qui devient formidable comme tout poltron révolté, — la colère de l'agneau, et de l'agneau tondu jusque dans la peau! — était joué par un acteur que je voyais pour la première fois (il s'appelle Cornaglia) et qui a fait rire de sa colère contre sa femme comme il avait fait rire de sa résignation devant elle. Il a été la plus grande gaieté de la pièce. Porel, lui, en a été la convenance, la finesse et l'agrément.

Il était le comte de Bliac, le mari de mademoiselle Langelois, qui fait rentrer avec tant de sang-froid, d'adresse et de mesure, dans le devoir conjugal, sa petite femme légèrement insurgée sous l'influence de sa très diabolique maman. Il y a bien dans un coin de la pièce une sœur de Bliac, absolument inutile, qui rappelle les *inutiles* de l'auteur; il est donc inutile d'en parler. Quant à mademoiselle Sisos, qui s'appelle Raphaële et qui porte bien son nom, je ne l'ai pas trouvée digne de son nom, ce soir-là. Elle était toujours jolie, mais elle a minaudé dans le sourire et dans les larmes et jusque sur le cœur de son père. Elle a eu dans la voix, le croira-t-on? des intonations qui rappelaient celles de mademoiselle Chaumont, adorable dans la polissonnerie, mais détestable dans les angéliques.

Que mademoiselle Sisos, qui porte un nom d'ange, n'oublie plus que les Raphaël ne doivent jamais minauder.

MALHEUR AUX PAUVRES

3 Octobre 1881.

I

Mais non ! mais non ! pas à tous ! En voici un (de talent s'entend) qui, l'autre soir, a été heureux comme un riche. Il a réussi. Sa pièce a été applaudie comme si elle tenait les promesses de son titre, et pourtant la malheureuse ne les tenait pas ! *Malheur aux Pauvres !* un mot de tribune, creux comme une cruche, mais qui beuglait convenablement à la tête d'un drame de boulevard, semblait, n'est-il pas vrai? nous promettre un peu de littérature insurrectionnelle. Pour ma part, j'y comptais. Oui! par ce temps de République qui souffre tout et qui nous fait tant souffrir, je m'attendais à un fort drame socialiste, insolent et menaçant pour tout le monde, et montrant à la société, qui l'a mérité, le poing de goujat sous lequel elle doit mourir. Franchement, je n'aurais jamais imaginé que l'auteur de cette pièce, qui met si crânement sa casquette à *trois ponts* sur l'oreille, aurait eu peur de sa casquette! Je n'aurais jamais cru qu'après avoir fait cette brave pièce de *Malheur aux Pauvres!* il eût tremblé de l'avoir faite... Il paraît cependant que c'est la vérité.

Il paraît qu'aux répétitions, en s'entendant si terrible, il s'est épouvanté de lui-même, et qu'il a craint, toute réflexion faite, pour ses *pauvres*, un *malheur* de plus.

Il pouvait, en effet, y avoir des riches dans la salle du Château-d'Eau ce soir-là... et dans la poche de ces gueux de riches, qui ont toujours tout, un sifflet.

M. Alexis Bouvier, l'auteur de *Malheur aux Pauvres!* et qui les exploite contre les riches en des romans qui, dit-on, lui rapportent gros, n'a pas voulu exposer ceux de sa pièce, et dans sa prudence alarmée (le lièvre qui avait peur de ses oreilles ne les coupait pas), il a coupé, lui, stoïquement, des tranches entières dans le succulent et truculent socialisme dont je croyais me régaler... Il en a coupé, coupé, coupé des quantités, m'a-t-on conté; car je n'y étais pas. A chaque répétition nouvelle, on trouvait toujours trop de ce diable et dangereux socialisme, et il en recoupait une tranche encore; et il en a tant coupé et recoupé qu'il n'est resté que l'os innocent de la pièce et la pauvreté de l'autre soir.

Car c'est une pauvreté, — et non point à cause de ses pauvres. Ce n'est pas moi qui méprise les pauvres! Ce n'est pas moi qui n'en veux point sur le théâtre, et dans les romans, et partout, et même dans la vie; car il faut être bête comme un socialiste pour croire à la suppression possible de la pauvreté, qui serait la suppression de l'énergie et de la vertu sur la terre! Shakespeare, qui n'était pas un socialiste, dit quelque part qu'il n'y a que deux situations dans le monde : le roi et le mendiant. Et je suis assez de l'avis de Shakespeare. Les pauvres, dans ce siècle de pourriture par l'or, sont la seule poésie qui nous reste et le seul noble enseignement qui remue encore un peu de pitié dans nos misérables cœurs. Seulement, à la scène, quand on y en met, je veux des pauvres qui ne soient pas de vieux poncifs. La guenille du pauvre ne me fait pas peur, mais je ne veux pas de la guenille connue, traînée, usée et rafistolée sur tous les théâtres depuis des siècles ; je ne veux pas de la même manière de toujours se draper dans les mêmes haillons! Tels sont les pauvres de M. Bouvier. Ils n'expriment que sa pauvreté d'invention, et on ne pense qu'à elle en les regardant, ces vieilles marionnettes, à la voix fêlée à force d'avoir parlé pour dire les mêmes choses, et dont le fil est cassé à force d'avoir remué de la même façon.

Caractères, — si cela peut s'appeler des caractères,

— exécution, mise en scène, cabarets, ivrogneries, mansardes (la vertueuse mansarde); j'ai vu tout cela, non pas hier, mais je ne sais combien de fois, avant l'*Assommoir*, bien avant M. Zola, qui n'a pas l'originalité qu'il se croit et qu'on lui trouve. Avant l'auteur de l'*Assommoir*, il y eut Eugène Sue, qui remua cette matière des pauvres et des *déshérités*, comme disent les convoiteurs d'héritages, avec une main tout autrement puissante que la main de M. Zola et de M. Bouvier, qu'on dit, en littérature, son enfant, à M. Zola, et qui pourrait être également très bien son père. Je n'aperçois guères de différence entre eux. Bien avant l'*Assommoir* et *Malheur aux Pauvres!* on avait vu de ces mœurs canailles; on avait eu les *Bohémiens de Paris*; on avait eu des descriptions de cette jolie société, comme disait, avec une inflexion si comique, Vizentini (dans *Léonard*), qui jouait le rôle d'un riche tombé dans l'égout (naturellement), car il était devenu égoutier, — un rôle, par parenthèse, qui valait à lui seul toute la pièce de l'autre soir de M. Bouvier.

Ce M. Bouvier, qu'on impute à M. Zola, procède de bien d'autres... Il nage, à plat ventre, dans la tradition du rabâchage et de l'argot, cette bourbe des théâtres du boulevard; il pratique de bonne foi les crimes et les assassinats, copiés servilement les uns sur les autres, et ce viol, ordinaire et prolifique, consommé toujours par les riches sur les filles des pauvres, et qui, chose physiologique singulière! produit toujours des enfants utiles à la pièce, sans y manquer jamais!! Tous ces *malheurs aux pauvres*, c'est aussi, de toute éternité, la faute aux riches, quoiqu'il n'y ait pourtant, dans la pièce de *Malheur aux pauvres!* un seul crime qui appartienne plus en propre à la classe des riches qu'à la classe des pauvres. Les pauvres violent autant que les riches, et je pense même qu'en fait de viol, les pauvres pourraient bien être les plus forts! Enfin, ce n'est là, encore comme toujours, que la vieille fantaisie révolutionnaire, demandant bassement aux mauvais instincts, dans lesquels elle trifouille, des applaudissements pour une pièce qui n'a pas même eu le courage d'être révolutionnaire! pour une pièce châtrée par son auteur de son socialisme primitif, — le bœuf de ce Bouvier! — et qui, à coup sûr, ce soir-là, ne les méritait pas.

Il est vrai que, ce soir-là, ce n'est pas des applaudissements de socialistes qu'elle a eus, mais des applaudissements de bourgeois!

II

Le bourgeois a été la bonne dupe de cette pièce, grattée et regrattée de sa couleur rouge, aux répétitions. Il a été l'Orgon de cette tartuferie dramatique. Il a été trompé, mais touché et content aussi, comme Sganarelle. Ah! content, je vous donne ma parole qu'il l'a été! plus content que Monsieur *le maire*, comme disait Bilboquet dans les *Saltimbanques*; car nous avions, en loge, Monsieur le Maire de la Démocratie, le citoyen Rochefort, mais qui n'avait pas l'air, ce soir-là, d'être dévoré de bonheur... A quatre pas de moi, l'auteur de la *Chanson des gueux*, ce connaisseur en pauvres, qui ne devait pas reconnaître les siens dans les pauvres pauvres de M. Bouvier, faisait une mine moins miséricordieuse que son feuilleton du lendemain. Excepté ces deux têtes, — et la mienne peut-être, — il n'y avait dans cette vaste salle du Château-d'Eau, où les socialistes étaient noyés dans un flot de bourgeois, que figures toutes à l'intérêt et à l'admiration de la pièce. Elles n'étaient pas précisément belles, ces figures-là. Elles étaient rougeaudes et tuméfiées par la digestion du dîner et de cette pièce qu'il fallait suivre et qui les passionnait. Elles transpiraient d'admiration et en luisaient. Elles s'essuyaient avec des mouchoirs à carreaux, et attrapaient également une larme des yeux et une autre du nez.

De place en place, dans cette foule pressée de gros ému, à grosses mains, qui applaudissaient comme on bat la lessive, il y avait quelque tête d'actrice, sous son chapeau Gainsborough, qui piquait d'une figure lumineusement jolie ce champ de laiderons des deux sexes, sur lequel le souffle de M. Bouvier passait, en les émoustillant. Ah ! ce soir-là, j'ai vu plus que jamais combien il est facile de remuer et de faire tourner ce moulin à claquer qu'on appelle le public ! Les détails ignobles de la pièce étaient, pour ces gens-là, touchants. Ils ne se contentaient pas d'applaudir, ils faisaient des réflexions aimables. J'avais un voisin qui ne pouvait pas se tenir d'aise et qui bavardait, et, à chaque mot que disait l'acteur sur son malheur de pauvre, convenait, tout haut : « qu'il avait raison, bien raison » ! Ces badauds, flexibles comme la colle à bouche, se collaient à tous les personnages qui étaient en scène et ne faisaient qu'un avec eux. Ils trouvaient leur argot plaisant, et plus le mot d'argot était bas, plus ils riaient... Plus ils riaient, pour s'attendrir plus tard sur le *malheur aux pauvres* de cette pièce, où le pauvre ouvrier, honnête comme on l'est dans une civilisation sans Dieu, devient, du chagrin de croire, sur des apparences, sa femme infidèle, l'ivrogne accoutumé des théâtres du boulevard et l'*entretenu* d'une horrible blanchisseuse jalouse de sa femme, et finit la pièce par ce qu'on peut appeler la danse de Saint-Guy des coups de couteau !

Est-ce assez benêt, dans l'horreur ?... La seule nouveauté de cette vieillerie atroce est l'habit d'une sœur de Saint-Vincent-de-Paul introduit dans une scène d'hôpital. J'ai cru, en le voyant, qu'on allait l'insulter ; mais le bourgeois qui s'intéressait à la pièce a été bon prince et a laissé passer en paix ce saint habit qu'on outrage maintenant, et qu'il faudrait adorer !

J'avoue ma faiblesse, ou ma force (comme on voudra), mais je suis sorti avant la fin de ce spectacle. J'ai fait ce que je ne fais jamais ! Au dernier tableau, vaincu par l'ennui et par le dégoût, je m'en suis allé, et ce sont les journaux du lendemain qui m'ont appris que ce drame « *d'étripeur de gosses* » s'était terminé par un cancan et une chanson de blanchisseuses dignes d'un café chantant, — d'un de ces cafés chantants qui doivent, sous peu, remplacer en France le théâtre, pour jamais avili !

Malheureusement, cette platitude du Château-d'Eau est bien jouée. Il faut plaindre les acteurs d'avoir à jouer de ces choses-là, que, sans eux, on ne voudrait pas écouter. Presque tous sont bons dans l'interprétation de cette rengaîne, sans talent et sans style, qui n'a qu'une phrase qui ressemble à une phrase : « Quand on n'a pas de cœur pour tra- « vailler, on n'en a pas pour se défendre. » Cette phrase a été bien dite par l'ivrogne de beau-père, dégrisé tout à coup par l'infamie de son ivrogne de beau-fils, et c'est la seule chose de l'auteur qu'on ait à ramasser sur cet abominable fumier !... Une actrice qui m'était jusqu'ici inconnue, mademoiselle Marie Laure, en est la perle, mais il est instant qu'elle n'y reste pas. Elle est digne des plus beaux écrins de théâtre, s'il y avait maintenant, en fait de théâtre, des écrins. Elle a l'énergie dans les larmes, et, dans le désespoir, une variété d'expressions désespérées qui sortent d'elle comme d'un puits artésien d'émotions inépuisables... Cette jeune fille, qui sait ? est peut-être l'aurore d'une autre Marie Dorval.

LA SOUCOUPE
LEA

———

10 Octobre 1881.

I

Le croirez-vous? Toute la littérature dramatique de la semaine tient dans cette soucoupe ! Une soucoupe dépareillée, encore ! car toute soucoupe devrait avoir sa tasse et celle-ci n'a pas la sienne ; mais, par la platitude, elle est parfaitement une soucoupe ! Nous la devons, cette platitude, jouée vendredi soir au Gymnase, à M. Busnach, qui dans le temps décrotta si courageusement l'*Assommoir*, et qui aujourd'hui, travaillant pour son compte, met la faïence à la scène comme s'il était le faïencier Champfleury. Le public, moins friand qu'un chat, a bu, sans trop faire de grimaces, le lait frelaté qu'on lui a versé dans cette soucoupe, et il ne l'a pas cassée sur le nez de l'auteur, qui le méritait bien ! Il est vrai que M. Koning a eu pudeur, ce soir-là, pour ne pas dire honte, de la bêtise sans feuille de vigne qu'il avait à nous offrir, et il n'avait pas fait de service à la Critique de théâtre, l'homme d'esprit ! Il craignait pour sa petite vaisselle ! Il ne s'était fié qu'au bon gros public, et encore préalablement macéré, hébété et préparé par les bâillements immenses du *Duel de Pierrot*, qu'on joue toujours, à tout avaler, — pour lui faire avaler sa *Soucoupe!*

Et elle a passé sans encombre, sans complications, cette pièce d'une soucoupe autour de laquelle l'auteur a tortillé la plus vulgaire des intriguettes, et dont l'idée est la supériorité de la faïence sur la porcelaine, en matière de soucoupes, et l'intérêt, celui d'un mari qui évite son aventure et d'un pot à cornichons cassé !

Dans cette misère sans esprit, qui a l'avantage de ne durer que dix minutes, les dix minutes de la littérature dramatique de cette riante semaine :

Amis, voici la riante semaine !...

il y avait un début d'actrice, mademoiselle Sigal, impossible à juger dans le rôlet niaisot qu'elle faisait. Elle a peut-être du talent, mais si elle en a, je suis sûr de ce qu'elle n'a pas. Elle n'a pas la beauté, si nécessaire à l'actrice, même de talent, et deux fois nécessaire à l'actrice qui manque de talent. Je souhaite à mademoiselle Sigal d'en avoir deux fois, mais, en attendant qu'elle en montre, elle nous a fait voir des dents qui faisaient bien vis-à-vis à celles de mademoiselle Marie Julien, qui a des dents aussi, mais avec du talent en plus. Quand elle lui donnait la réplique, ces deux formidables sourires, face à face, à l'orchestre, nous faisaient trembler.

Quant à M. Lagrange, qui jouait le maniaque à la soucoupe, il a joué avec beaucoup de verve et de mouvement son rôle de faïencier *contre* la porcelaine, et il a prouvé que sa faïence pouvait aller au feu : il en a réellement allumé dans sa soucoupe ! Seulement, quand on revient de si loin et qu'on est obligé, avec du talent qu'on rapporte, de se débotter dans de pareilles pièces, soi-disant françaises, comme on doit être tenté de s'en retourner à Saint-Pétersbourg !

II

J'aurais pu ici terminer mon feuilleton, qui, après tout, est une largesse, car la Critique ne doit rien du tout à un théâtre qui ne fait pas son service ; mais *Triboulet* est charitable, et j'ai voulu mettre dans la soucoupe de M. Busnach tout ce que je pouvais honnêtement et galamment y mettre...

En mettre davantage, c'eût été trop. Il ne faut

pas que jamais la critique soit disproportionnée avec l'œuvre. L'homme de la fable de La Fontaine qui demande la foudre de Jupiter pour tuer une puce, est un sot. Aussi, après l'avoir montrée, je laisse la sienne dans la chemise de M. Busnach... seulement, dans le rabâchage dramatique d'un temps où l'on répète des pièces qui *font de l'argent* (style moderne), quoiqu'elles soient de la plus affreuse médiocrité, parce que les peuples vieillis, ennuyés et épuisés, acceptent les plus indignes spectacles comme ils acceptent les plus indignes gouvernements, je me suis souvenu de ce drame de *Léa*, joué dernièrement à la Comédie-Parisienne, et que je n'avais pas vu, dans cette stupide bataille des premières représentations le même jour, et je suis allé la voir hier pour vous en parler aujourd'hui.

III

Eh bien, j'ai eu enfin une sensation dramatique ! Le drame de *Léa* est une œuvre, et, si ce n'est pas un chef-d'œuvre, c'est l'œuvre d'aujourd'hui qui promet peut-être le mieux un chef-d'œuvre pour demain. L'auteur de cette pièce, fermement établi sur des pieds robustes, dans ce sol amolli et crevé des théâtres, où tant de culs-de-jatte se traînent, croyant y marcher, est, dit-on, un soldat, et on le voit bien, à la décision de sa pensée, à la manière dont il fait marcher ses personnages et dont il commande l'action de sa pièce, et à son style surtout, net, bref et coupant comme l'acier. C'est le style qui m'a le plus frappé dans le drame de M. Malus. Des situations, on en attrape encore, — rarement, il est vrai, — mais on en attrape, au théâtre, où il y a parfois des carambolages de hasard; mais le style vraiment dramatique, mais le trait perçant, mais le mot qui fait balle, depuis longtemps perdus dans les drames contemporains, je les ai retrouvés dans *Léa*... Certes! l'idée de cette pièce n'est pas nouvelle, et comment le serait-elle, puisque c'est l'idée de la courtisane, enfoncée, jusqu'au cou, dans nos théâtres et dans nos mœurs?

Qui pourrait maintenant tirer une goutte de fange de plus de ce cœur de boue épuisé ?... Mais ce qui est nouveau, ce sont les combinaisons inventées autour de la courtisane au dernier degré de corruption pour la montrer dans la hideur de sa vie et la terribilité de sa fin, et ce qui l'est encore davantage, c'est la langue du drame tout entier, qui ne défaille pas une minute, qui ne déclame pas, qui ne flâne pas, qui ne peine pas et ne fait pas *la belle* dans des couplets de facture comme en construit M. Alexandre Dumas fils, mais qui est franche et directe, et porte à fond, à tous les instants de la pièce, comme un coup d'épée bien allongé !

Oh ! ceci m'a ravi, dans sa précision et sa force ! Quand je suis arrivé hier soir à la Comédie-Parisienne, le rideau était levé depuis quelques minutes et on en était à la scène de cette salle de jeu où l'on file et où l'on triche, et que nous avons vue partout, n'est-ce pas ? dans tous les théâtres ; mais aux premiers mots qui ont frappé mon oreille, avant même que je fusse assis, à ces mots dardant d'esprit qu'on se renvoyait de coquins à coquines, dans cette caverne, j'ai reconnu que je n'étais pas dans la caverne ordinaire, j'ai reconnu une langue supérieure, et qui m'a donné immédiatement l'idée du talent que j'allais trouver dans une pièce qui commençait ainsi.

Et mon idée n'a pas été trahie. Je n'avais plus affaire à un faiseur dramatique, mais à un écrivain qui, hors le théâtre, — si jamais il en avait le mépris comme il en a la puissance, — serait encore un écrivain ! Je n'ai ni l'espace ni la volonté aujourd'hui d'analyser une pièce qu'on joue depuis quelques jours avec éclat et dont tous les critiques, en avance sur moi, ont parlé... J'aurais trop à dire de cette pièce, qui n'est pas une pièce de la semaine, et pour en parler ici comme il faudrait, j'ai passé trop de temps à faire le petit lavage de la *Soucoupe* de M. Busnach.

IV

Je dirai seulement comme elle est jouée. En général, les acteurs sont meilleurs que les pièces qu'ils jouent, mais ici, non ! ils sont au-dessous de la pièce. La plupart des rôles de cette pièce sont très beaux, et ils n'ont pas des interprètes comme ils mériteraient d'en avoir. Le plus difficile est, à coup sûr, le rôle de la courtisane, parce qu'il porte au dedans au lieu de porter au dehors. C'est un rôle froid. Mademoiselle Colombier qui le joue en a bien compris la froideur, — mais elle l'a, selon moi, mal rendue. Il faudrait une actrice de premier rôle pour jouer Léa. Mademoiselle Colombier, qui l'ose jouer et que j'ai vue belle, mais dont la beauté s'est terriblement empâtée, empâte son rôle, et c'est là un double empâtement ! Elle s'est fait avec assez d'intelligence une face pâle, — de la couleur de pus de l'âme de cette Léa, de ce sépulcre blanchi de corruption que des hommes vivants adorent ; mais le monstre putréfié qu'elle exprime doit être beau, et la beauté, chez mademoiselle Colombier, est partie, et elle ne reviendra plus au colombier ! La démarche est lourde, de toute cette pâte. Les bras trop écartés du corps, — abominablement gantés, d'ailleurs. En voyant tout cela, on se demande comment Georges Derblin peut se tuer dès le premier acte pour cette grosse commère, qui sera madame Nourrisson demain.

Villeray, qui fait le faux prince russe, escroc au jeu, voleur, amant et complice de Léa, est, de tous les acteurs de ce drame où il y a de la pâture pour tous les genres de talent, celui-là qui a le mieux joué. Avec ses cheveux plaqués sur le front et sa lèvre pendante, il s'était fait une figure très réussie dans l'abjection, et il a eu des moments de passion d'une rage infernalement éloquente avant de tuer d'un coup de couteau ce vampire, auquel il est soudé par le vice de toute sa vie et dont il ne peut se détacher que par cet effroyable coup de couteau. Enfin, le rôle idéal et vengeur du mari de Léa, qui est le grand rôle de la pièce, ce rôle moral et à effet, a été joué par un acteur qui a fait tout ce qu'il a pu pour être au niveau de ce rôle accablant, mais dont les mouvements saccadés lui donnaient l'air d'une marionnette en délire.

Telle est l'interprétation incomplète et défectueuse d'une pièce difficile à jouer à tous les théâtres, mais qui a tant de vie en elle que cette interprétation de *Léa* n'est pas capable de tuer *Léa*

MONTE-CRISTO

17 Octobre 1881.

I

« Puisque, par ce temps d'anéantissement dramatique, les théâtres ne sont plus guères que des boutiques de marchands de *vieux habits, vieux galons*, il était fort à présumer qu'on reprendrait cette vieille défroque de *Monte-Cristo*, qui fut un jour si éclatante ; et ils n'y ont pas manqué ! Ils l'ont reprise ! Mais ils ont eu beau battre cette immense guenille pour en faire tomber l'implacable poussière du temps, ils ont eu beau la retravailler, la couper, la recoudre, la rapiécer, la vieille défroque n'a retrouvé, sous leurs plumes ou sous leurs ciseaux, ni sa forme, ni sa fraîcheur première. Cette semaine, ils ont étalé l'énorme haillon au théâtre de la Gaîté. Hélas ! ce n'a pas été gai ! La Gaîté a furieusement menti à son nom, ce soir-là. Cruelle épreuve rétrospective pour la gloire de Dumas lui-même, qui, chaque jour, du reste, s'enfonce dans le quatrième dessous de son théâtre, comme ce gigantesque Génie des Contes arabes, qui rentre peu à peu dans l'urne dont il était sorti, et que le pêcheur qui l'en avait tiré peut facilement rejeter à la mer ! Un jour viendra, lequel n'est pas loin, où le génie, qui parut gigantesque, de Dumas, sera jeté aussi dans la mer de l'oubli et qu'on ne l'y repêchera plus !

Cet homme si étrangement exagéré vit encore cependant sur l'exagération de sa renommée, et nous avons été victimes une fois de plus de cette duperie, l'autre soir. A cette pièce, mise au garde-meuble, de *Monte-Cristo*, et qui aurait dû y rester, on était venu en foule, et on a écouté en silence, et même on a applaudi ce qu'évidemment on ne devait pas applaudir. Les critiques immédiats du lendemain se sont raccrochés aux impressions et aux souvenirs de leur jeunesse ou... de leur enfance, pour *excuser* cette pièce de *Monte-Cristo*, tirée des six volumes du roman qui, comme la pièce, avait charmé l'ingénuité de leur premier âge. Ils sont redevenus enfants et très bons enfants, et ils ont mis la sentimentalité de leur esprit à atténuer l'effet d'une pièce qu'il est impossible de ne pas trouver détestable. Ames charmantes, que ces critiques attendris ! Ils n'ont pu s'empêcher d'être *retouchés* à la vue des grands polichinelles qui avaient touché leur imagination enfantine dans le théâtre de Séraphin-Dumas, et ils ont été touchants, à leur tour, au lieu d'être les critiques fermes qu'il fallait pour juger une pièce d'un ennui aussi grand.

Car l'ennui, c'est la chose et le mot terrible pour tout le monde ; mais pour Dumas, pour l'homme de ce siècle qui bâille et qui l'a trouvé le plus amusant de ses écrivains, et son *Monte-Cristo* la plus forte de ses amusettes, le reproche d'ennui, c'est le coup de massue mortel...

Si vous ôtez, en effet, l'amusement à Dumas, que lui restera-t-il ?...

II

Profondément et littérairement, je ne sais pas ce qui lui restera, car c'est, après tout, un amusant, et rien de plus, que ce grand Dumas, qu'on traite déjà avec le sans-cérémonie d'un amuseur, et qu'on appelle le père Dumas, avec l'insolente et caressante familiarité qui tape sur la cuisse de sa gloire.

Or, pour amuser le peuple de freluquets que nous sommes, il n'est besoin ni de littérature ni de profondeur. Quand cet homme, qui commença mieux qu'il n'a fini, débuta, on crut une minute qu'il avait l'une et l'autre. Sous le coup de soleil puissant du Romantisme, ce jeune étalon de tempérament intellectuel (il l'était), et d'éducation aussi (il ne savait rien), fit *Henri III* et *Antony*, deux beaux hennissements qu'il poussa dans ce temps ardent de jeunesse, qu'il ne devait jamais recommencer! Oui! on crut un instant, (dans ce temps-là, on croyait tout!) à une petite bouture de Shakespeare. Seulement, l'illusion fut de courte durée. La bouture mourut dans son pot. Dumas, au fond, n'était un poète ni en vers ni en prose, mais il fut un *faiseur* et même un faiseur étonnant de fécondité! Ce mulâtre à tempérament avait dans l'esprit, avec la superficialité, non sans grâce, du créole, la faculté d'invention, à fleur de terre, de l'improvisateur. Seulement, ce ne fut pas, comme les grands poètes, dans les caractères et dans les sentiments qu'il inventa; ce fut dans les faits et dans les aventures... genre d'invention le plus à portée de l'imagination commune des hommes. Il enleva, en effet, toutes les imaginations vulgaires avec ses romans et ses drames. Pas une seule ne lui résista! Il devint alors ce que nous l'avons vu toute sa vie : une espèce d'illustre Gaudissard inépuisable, un blagueur sublime à la table d'hôte de son siècle, un conteur à la Perrault, mais colossal, comme il est surtout dans son monstrueux *Monte-Cristo*, tout aussi incroyable que l'ogre du *Petit Poucet* et *Barbe-Bleue*, et tout aussi plat de style, mais malheureusement beaucoup plus long !

Cette longueur interminable, à laquelle les Allemands seuls, qui ont la patience d'écouter la même pièce, comme *Wallenstein*, qui dure trois jours, seraient capables de résister ; cette longueur de l'accablant roman, on a été obligé de l'abréger pour le faire entrer à la scène et on l'y a fait entrer, mais seulement par pièces et par morceaux. Ce travail, qui a été certainement très dur, a fait de ce roman de *Monte-Cristo* concassé une mosaïque folle de tableaux décloués et quelque chose d'absolument incompréhensible, pire encore que ne l'était à l'origine son insupportable longueur...

III

D'ailleurs, même abrégée, cette pièce de *Monte-Cristo*, par parenthèse sans Monte-Cristo, et qui s'arrête juste au moment où le matelot Dantès devient le comte de Monte-Cristo et où l'on croit voir entrer en scène le célèbre aventurier sur lequel on comptait, et dont les aventures *inventées* ne vont pas à la cheville des aventures réelles de Casanova, cette pièce n'a par elle-même aucun autre intérêt que l'intérêt momentané du tableau qu'elle offre et qui passe. Humainement, elle est aussi impossible que le roman, dont le moindre défaut est l'impossibilité absolue... Dans l'impossibilité même, elle est ridicule. — Par exemple, à la scène, y a-t-il un personnage plus incroyablement ridicule que ce Faria, — la clef de voûte du drame et du roman, — qui, comme tous les prisonniers, pourrait très bien percer les murs de sa prison sans être pour cela un alchimiste, un génie à pierre philosophale, qui, en attendant les chemins de fer, fait du papier et des allumettes, et qui meurt de catalepsie (en meurt-on ? car je n'en sais rien !) *tout exprès* pour léguer à son voisin de prison sept millions qu'il a, non pas en poche, mais au loin, dans l'île de Monte-Cristo, en vertu d'un testament qui remonte au temps d'Alexandre VI.

Ouf! quelle construction insensée! Souffre-t-on là-dessous ! Et faut-il avaler de telles bourdes ? Certes! je crois bien que la postérité, ne fût-ce que celle de demain, ne les avalera pas ; mais le public de l'autre soir les a, lui, très bien avalées. Le ridicule de si grossières inventions, sans lesquelles le drame ne serait pas, n'a choqué personne et a passé sans protestation. Le public de ce temps, dont le seul plaisir est la blague, a trouvé tout simple cette blague compliquée, tant il est accoutumé, depuis de longues années, à trouver charmantes ou puissantes les blagues atroces de son farceur attitré de Dumas!

Celle-ci — une des plus fortes qu'il se soit jamais permises — a été jouée par des acteurs aussi sérieux que l'était, ce soir-là, le public. La superstition de l'ancienne renommée de Dumas planait également sur le théâtre et sur la salle.

Les acteurs, qui auraient ri et fait des charges s'ils avaient osé, ont pontifié dans cette monumentale bourde. Ils ont joué solennellement, comme on dit la messe. Sera-ce la messe des morts, dite par son clergé dramatique, pour le repos de l'âme dramatique de Dumas, et la dernière marque d'une admiration qui va disparaître pour celui des deux Dumas qu'à présent on n'appelle plus guères le grand que pour faire pièce et être désagréable à son fils?

I

Il y a une quantité d'acteurs, dans ce drame de *Monte-Cristo*, pour en porter et en soutenir l'écrasante charpente, mais tous se perdent et disparaissent dans le vaste encombrement de la pièce, et plus encore dans leur propre médiocrité; trois seulement sortent de cette foule et méritent les éloges de la critique : Dumaine, d'abord, qui joue le rôle de Dantès, et qui porte et soutient la pièce dans les deux sens, au physique et au moral, comme Samson portait les portes de Gaza, et l'éléphant indien le monde. Je ne crois pas qu'il y ait dans les théâtres de Paris un autre acteur capable de ce tour de force... Sans Dumaine, pas de *Monte-Cristo!* Mais si c'est, pour lui, tant mieux, c'est peut-être tant pis pour nous qu'il y en ait un! Au premier acte, il a été très beau et très *marin*, dans son costume de matelot, avec son cou nu qui semble défier toutes les haches de l'abordage, et, au quatrième (?), encore plus beau, quand il arrive, déguisé en prêtre équestre qui descend de cheval en grosses bottes, traînant son manteau noir sur ses éperons. Et voyez l'influence de la beauté et de la force quand on se sent beau et fort ! il a mieux joué dans ces deux actes, parce qu'il se sentait fort et beau... Son visage a fait oublier son ventre, qu'on ne voyait plus dans la majesté de sa prestance de prêtre.

Il a eu un moment de sensibilité profonde, une superbe trahison de physionomie, quand, en s'informant de sa maîtresse qui s'est mariée, le croyant mort, il a dit le seul mot poignant de la pièce: « Donnez-moi un verre d'eau. » Cette maîtresse était jouée par je ne sais quelle fillette, timbalisée par les reporters qui vantent sa beauté ; mais, moi, je n'ai vu qu'un mouchoir de soie rouge, d'une nuance de rouge charmant, sur une tête brune, moins jolie que le mouchoir, mais rien dessous, ni rôle, ni actrice ! Le second acteur à citer après Dumaine, très dérouillé de voix et qui a tout bien dit de ses rôles dans la pièce, car il en a plusieurs, excepté l'accent anglais qu'il a manqué quand il fait l'Anglais, c'est un acteur qui s'appelle Noël, je crois, et à qui il faut chanter Noël; car c'est un acteur né de ce soir-là, et qui a mis des nuances de véritable artiste dans l'horrible accent marseillais.

Et j'ai gardé madame Honorine pour la dernière des artistes à citer dans cette représentation de *Monte-Cristo*. Je l'ai gardée pour finir mon feuilleton par elle et pour l'y faire briller comme une étoile, — une étoile qui ne sort pas assez souvent de son nuage et dont j'ai déjà vanté la lueur. Je ne l'ai vue encore que dans *Nana*, quand elle y joue la lorette devenue chiffonnière, si terrible et si menaçante, et qui étreint dans sa personne les deux génies de Frédéric Lemaître et de Gavarni... Je l'ai revue dans *Monte-Cristo*, vieille, car elle n'a pas peur d'être vieille, cette grande actrice qui a l'héroïsme de ses rôles, et tremblant la fièvre sous d'humbles habits qui sont presque des haillons. C'est dans la scène retournée, trop retournée de Macbeth, où la femme, devenue une scélérate tout à coup par la vue de l'or, se met à pousser des deux mains son mari au crime, et l'insulte parce qu'il n'a pas le courage, comme Macbeth, d'égorger un hôte endormi... Je souffre un peu en vous racontant cet encanaillement de Shakespeare, mais mademoiselle Honorine y est si magnifiquement belle d'énergie que je ne crois pas que la fameuse Siddons, jouant lady Macbeth, le fût davantage. Il faut la voir grimper l'escalier qui conduit au lit de l'homme qu'elle va assassiner ; il faut la voir brandir son couteau au-dessus de sa tête qui branlait de fièvre tout à l'heure, entrer dans la chambre fatale et en sortir avec deux coups de pistolet dans la poitrine, et tomber entre les deux barreaux de l'escalier, la tête pendante, un bras pendant, les cheveux défaits... sortant d'entre ces deux barreaux et vue de face, tête de Méduse à la renverse !

Ceci est simplement sublime, et, malgré la pièce, capable de faire retourner à Monte-Cristo !

LES PREMIÈRES ARMES
DE RICHELIEU

24 Octobre 1881.

I

Ravaudons, ravaudons, ma commère,
Ravaudons, ravaudons nos vieux bas !

Et ils l'ont ravaudé, ce vieux bas, qu'ils ont sorti de son vieux coffre. Il y était depuis bientôt trente ans. *Les Premières Armes de Richelieu*, rouillées maintenant et qu'aiguisa, dans son temps lointain, le talent de Déjazet, qui donnait le fil de son esprit et le feu de sa verve aux pièces les plus sottes, on a cru que mademoiselle Jeanne Granier, la chanteuse d'opérette à la mode, pourrait y redonner, à ces vieilles *premières armes*, un nouveau fil et un nouvel éclat. Et pourquoi pas ?... M. Koning, qui n'est point sans idée, a eu cette idée... Ce directeur, qui s'agite dans son théâtre sans pièces, comme le diable dans un bénitier sans eau bénite, M. Koning, le plus prestidigitateur des directeurs de théâtre, a cru que, d'un coup de baguette, il ferait passer de son gobelet du Théâtre de la Renaissance sous son gobelet du Théâtre du Gymnase, mademoiselle Granier, comme une muscade, et que ce serait là un triomphant tour de passe-passe. C'était difficile, à ce qu'il paraît, et il fallait un vigoureux coup de baguette !

La muscade résistait. La muscade rebelle ne voulait pas passer d'un gobelet sous l'autre, et voici pourquoi : Mademoiselle Granier craignait, disait-on, le souvenir de Déjazet, qui a timbré de son chiffre ineffaçable ces *Premières Armes de Richelieu*. Elle craignait la comparaison de la vivante avec la morte, et que, dans le souvenir de ceux qui avaient vu la morte, ce fût la morte qui parût la plus vivante des deux. Oh ! si elle n'avait joué que devant les lycéens de la critique ou de la République, elle n'aurait pas tremblé du tout ! Elle leur aurait toujours bien troussé un Richelieu assez bon pour eux, un Richelieu suffisant à ces républicains, peu difficiles en talons rouges et en grands seigneurs. Mais le souvenir du Richelieu de Déjazet était un pilon sous lequel on pouvait la broyer... et son tremblement respectueux et modeste devant ce souvenir, je l'avoue, m'a touché. Quoique je l'aie vue, Déjazet, dans ce rôle de Richelieu qu'elle avait créé, je ne serai pas si féroce que de la rappeler aujourd'hui. Dans le feuilleton qui va suivre, je donne ma parole d'honneur de ne pas dire un seul mot fendu en quatre de Déjazet !

II

Non ! j'y veux prendre mademoiselle Granier dans le rôle qu'elle joue en ces *Premières Armes de Richelieu*, et dire seulement ce que je pense d'elle, en l'isolant et en ne la comparant à personne. Cette pièce, telle qu'elle est, d'ailleurs, me paraît, à moi, très en proportion avec elle, et il n'y a pas là de quoi la faire trembler comme le spectre de Déjazet. La chanteuse d'opérettes et de leurs musiquettes était, je crois, en effet, très capable de chanter les couplets sans musique de MM. Bayard et Dumanoir, en leur vivant la petite monnaie de Scribe, les petits sous de ce petit louis d'or usé qui n'est plus de poids... Puisque ces braves, Bayard sans reproche et Dumanoir sans peur, avaient osé frotter leurs barbes de vaudevillistes au personnage d'un Richelieu de quinze ans pour lequel il aurait fallu la plume d'un Beaumarchais, quand ils n'avaient, les malheureux ! que chacun la sienne ;

puisque du joli scélérat en matière de femmes qui devint le plus affreux scélérat du XVIII° siècle, ils n'avaient tiré que l'innocente et impossible séduction de sa femme, de toutes les femmes de France la *seule* qu'il n'ait voulu jamais séduire, mademoiselle Jeanne Granier, qui jouait *Janot*, il y a quelques jours, pouvait très bien entrer dans le Richelieu de sucre candi qu'ils avaient inventé. Par Dieu! quand mademoiselle Reichemberg se permet les *travestis* et se fait applaudir en Chérubin à la Comédie-Française, mademoiselle Granier, qui est jeune, elle, pouvait jouer le Chérubin du Palais-Royal, deux fois travesti, et se faire applaudir par tous les libertins d'une salle, adorateurs du *travesti* quand même ! Le genre de la pièce comme sa médiocrité semblaient assurer son succès.

Eh bien, malgré tout cela, le succès n'est pas venu! Il n'a pas éclaté. A la *Renaissance*, on aurait applaudi mademoiselle Granier davantage, n'importe ce qu'elle aurait joué. Il n'y a pas eu d'enthousiasme pour elle dans ce rôle de Richelieu, lundi soir, franchement! par elle-même, en ne pensant *qu'à elle, qu'on voyait*, elle ne méritait pas d'en inspirer. D'enthousiasme, il n'y en a pas eu ; non ! même pour le *travesti!* L'habit n'a pas tenu ce que la robe, la menteuse de robe, promettait... Les quinze ans de Richelieu n'étaient pas là. Avec une jambe par trop robuste, un front bas, un nez court, mademoiselle Granier, qui n'a que la *beauté du diable* de la jeunesse, n'a pas l'autre beauté qui fit un diable de Richelieu. Elle ne rappelle nullement l'aristocratique et charmante poupée que toutes les femmes se passèrent, avant que lui se passât toutes les femmes ! Elle en a fait un gamin en habit brodé, qu'elle porte mal, mais pas de grand seigneur dans le gamin ! pas de grâce de couleuvre dans le reptile déjà serpent ! pas de fatuité, de cette grande fatuité qui, dans cet enfant de quinze ans, avait déjà cinq pieds six pouces ! pas de cette impertinence incomparable d'un homme né impertinent comme on naît Roi ! Il faut bien le dire : la gamine gringalette ou le gamin gringalet de l'Opérette n'a pas compris et ne nous a pas donné un pareil gamin, qui eût écrasé sa gaminerie, et Fronsac, l'étincelant et séduisant Fronsac, est resté dans le fond du sac !

Ce rôle de Richelieu, auquel il faudrait ajouter son esprit, si on en avait, et d'autant plus que les auteurs de la pièce n'en ont pas, n'a pris aucun relief sous la diction et l'inflexion de l'actrice, et les couplets, qui doivent être les flèches de l'esprit dans les vaudevilles, n'ont pas été lancés, par la bouche inerte et pâle de mademoiselle Granier, comme les eût lancés, par exemple, cet arc de corail rouge de la bouche de Thérésa, la sagittaire de la chanson et de la chansonnette ! Pauvre mademoiselle Granier ! quand on la compare à celle-là ! Les plats couplets des *Premières Armes de Richelieu* n'ont pas été tirés, par sa manière de les chanter, de leur platitude originelle. Elle n'a vraiment montré un peu de talent que dans la romance de Garat, cette sentimentalité d'épinette qu'on a fait entrer — quête d'applaudissements — dans une pièce où elle détonne, et qui devient un contre-sens dans ce rôle de Richelieu, — ce fat qui, toute sa vie, ne séduisit les femmes que par la fatuité et l'impertinence, et qui ne trébucha jamais dans cette imbécile et fade sentimentalité.

III

Voilà pour le rôle *parlé* et *chanté* de Richelieu, mais pour le rôle *gesticulé*, ce n'est guères mieux. Mademoiselle Jeanne Granier, qui le sautille, quand elle ne le sentimentalise pas, n'a qu'un geste, qu'elle répète sans cesse, c'est de s'éventer avec son mouchoir quand elle est très contente d'elle même, comme Sganarelle avec son chapeau. Le geste de Sganarelle, s'éventant avec son chapeau quand il veut faire croire qu'il a guéri la fille de Géronte, est un geste de tradition bête, que mademoiselle Granier a transposé du chapeau au mouchoir de poche, et qui ne coûte que la peine de le répéter. Mademoiselle Granier le répète à nous en donner des bluettes. La jeune actrice introduite au Gymnase n'a donc pas été, dans les *Premières Armes de Richelieu,* plus distinguée par le geste que par la diction et par le chant. Elle peut retourner à la Renaissance. Le Gymnase ne s'en pendra pas ! Le terne de son jeu, qui aurait dû être éblouissant pour qu'on ne vît pas le faux et le plat de cette pièce dans laquelle elle a joué presque *par ordre* (c'est son excuse d'avoir été mauvaise), a paru d'autant plus terne qu'à côté de son jeu il y en a eu un autre qui, par le brio, la gaieté et la vie, a contrasté avec le sien.

C'est le jeu de mademoiselle Magnier, qui a été délicieuse dans le rôle si amusant, grâce à elle, de la veuve Pottin, baronne de Belle-Chasse. Un rôle du Palais-Royal, celui-là, joué comme au Palais-Royal, par une femme qui a emporté le Palais-Royal dans un pli de sa robe, et qui sera toujours au Palais-Royal dans quelque théâtre qu'elle soit ! C'est comme Sertorius, qui, partout où il était, était dans Rome. Mademoiselle Magnier a été, lundi soir, d'un emportement de comique et d'un inattendu de physionomies qui s'interrompent, et produisent toujours un effet de gaieté irrésistible. Mademoiselle Magnier est la reine de la vulgarité comique, et il est incroyable qu'elle le soit avec sa figure charmante et régulière, et que cette aiglonne de beauté puisse tout à coup se plonger dans une vulgarité si plaisante et dans ce mauvais ton désopilant qui jure si prodigieusement avec elle ! Rien de plus étonnant que cette vulgarité sur des lèvres si nobles, et dont le sourire qui en sort, à certains mots audacieusement dits par elle, provoque le rire chez ceux qui, si ses lèvres restaient sérieuses, ne songeraient qu'à les admirer ! On dirait que le comique de cette jeune actrice résiste à tout ce qui diminue le comique dans les autres, et que rien ne peut diminuer en elle ni la beauté, ni la perfection de sa mise ; car elle était adorablement mise lundi soir, et elle n'en était pas moins grotesque...

Elle a été, du moins pour moi, tout l'intérêt et toute la couleur de cette blême représentation. Saint-Germain faisait son mari, le baron mésallié de Belle-Chasse, une espèce de Pourceaugnac silencieux, — malheureusement silencieux !... Il n'avait pour tout rôle que son chapeau blanc et vert, un extraordinaire chapeau, — un chapeau d'opérette, comme mademoiselle Granier n'est, non plus, qu'une chanteuse d'opérette. L'opérette, de partout, revenait sur nous ! Saint-Germain, cet homme voué à faire rire, comme mademoiselle Magnier, n'a fait rire, ce soir-là, qu'avec le son *seul* de sa voix. Avant qu'il eût paru en scène on l'a entendu à la cantonade et on a ri de confiance, et on s'est dit joyeusement : « C'est Saint-Germain ! » C'était comme une promesse d'amusement, cette voix ! On croyait s'amuser, mais il a fallu en rabattre. On en a rabattu de tout Saint-Germain ! C'était triste ! Pour boucher cette trouée, nous avons eu la verve de mademoiselle Magnier, et comme il est son mari, Saint-Germain n'a pas dû être mécontent de sa femme. Elle a montré du talent pour deux !

MARIE TOUCHET

LE DINER DE PIERROT

―――

31 Octobre 1881.

I

Je ne sais rien de plus petit et aussi de plus plat que le petit succès des deux très petites choses jouées à l'Odéon mercredi soir, et je trouve plus intéressante et plus gaie la chute grotesque de la polissonnerie de *Faublas*, au théâtre de Cluny, qui a été l'intérêt désopilant de cette semaine dramatique. Le *Faublas* s'est effondré, à ce qu'il paraît, dans le plus immense ridicule. Heureux ceux qui l'ont vu ! Ils ont pu rire. On rit si peu maintenant ! Tandis que la *Marie Touchet* de M. Gustave Rivet et le *Dîner de Pierrot* de M. Bertrand Millanvoye ont clopiné, sans tomber, et clopineront peut-être sur le théâtre de l'Odéon quelque temps encore, jusqu'à ce qu'il vienne quelque autre béquillard dramatique les en chasser... Ces deux pièces, si on peut appeler pièces de pareils riens, ces deux pièces, faites par des jeunes, comme ils s'appellent entre eux, et jouées devant des jeunes au théâtre des jeunes, — le porche du Théâtre-Français, — donnent une forte idée de la jeunesse dont ils se vantent! La *Marie Touchet* a la prétention d'être une tragédie en un acte, et le *Diner de Pierrot* d'être une comédie en une scène. Hein! quelle longueur de souffle, et, comme vous voyez, quel développement de poitrine dans ces lionceaux qui s'annoncent comme les lions dramatiques de l'avenir!

Autrefois, quand on était jeune, on se cavait plus ou moins crânement, dès qu'on sortait de rhétorique, d'une tragédie en cinq actes, et quand elle avait été jouée à l'Odéon, devant les jeunes de ce temps-là, on vous apportait sur la scène quelque Gustave Drouineau, évanoui de bonheur sous les applaudissements tonitruants d'une salle idolâtre. C'était la folie et l'illusion d'un soir, mais au moins il y avait l'étoffe d'une illusion dans cette folie! Le Drouineau mourait, je le sais bien, de l'effort de ses cinq actes, et bientôt on n'en parlait plus... C'était comme s'il n'eût jamais existé. Seulement, on s'était attesté jeune, un soir de ses dix-huit ans, quoiqu'on n'eût pas tant tapagé de sa jeunesse que les jeunes gens d'aujourd'hui, qui en ont trente-six! Maintenant, un seul acte suffit à ces asthmatiques de talent, qui toussotent et crachotent leur petite pièce et font gros dos; avec leur poitrine rentrée, sous des applaudissements sans vie et sans force, comme eux!

Tels ces messieurs de l'autre soir. Les pauvres petites pièces ont été petitement et pauvrement applaudies, mais enfin elles l'ont été, et, malgré son titre historique et féminin, ce n'est pas *Marie Touchet* qui l'a été le plus... C'est le *Dîner de Pierrot*. Après *Marie Touchet*, ce thème aux plus fastidieuses déclamations, qui ne sont pas jeunes, elles! sur la Saint-Barthélemy et sur Charles IX, et qui pourtant n'a ramassé des battements de mains qu'à *deux seuls* vers contre les Rois, et dont l'un des deux (tous deux vulgaires) exprimait (j'en demande pardon à l'auteur!) cette généralité bête:

Les rois! cela ne sait jamais ce que ça veut (?);

après *Marie Touchet*, le *Dîner de Pierrot*, cette *parnasserie* qui voulait être une gauloiserie et marcher sur les petites indécences d'une aimable grivoiserie, sans trop appuyer, a paru, par le contraste, d'un ragoût assez piquant et qui réveillait... On en avait tant besoin! Mais si ce *Dîner de Pierrot* était venu immédiatement après la *Gageure imprévue*, qui avait ouvert le spectacle (et qui, par parenthèse, avait été enlevée avec une lestesse et un naturel étonnants par les anonymes de l'Odéon, les X... de la troupe, qui ont joué, ce soir-là, mieux que ceux-là qui ont des noms), croyez bien que les hémistiches de M. Millanvoye, cueillis sur toutes les tiges de la poésie moderne et jetés dans sa pièce, comme des pointes d'asperges dans des œufs brouillés, n'auraient pas été aussi savoureux qu'ils l'ont semblé... Cette vieille pièce de la *Gageure imprévue*, ce charmant caprice de Sedaine, digne de Marivaux, est, en effet, très supérieure aux jeunes pièces du moment, et je crois qu'on pourrait défier vingt têtes étincelantes de jeunesse de la génération présente de se mettre dans le même bonnet et d'en faire autant à elles toutes !

II

Ce ne serait pas M. Gustave Rivet, d'ailleurs, le petit Poinsinet tragique qui laisse la comédie à M. Bertrand Millanvoye et qui nous invente une Marie Touchet dont le nom n'est écrit dans l'histoire que pour procurer l'occasion, à lui, M. Rivet, de faire de petits drames de vingt minutes ! M. Rivet a attaché une préface à sa pièce pour dire ce qu'il a voulu faire à la Critique, qui ne l'aurait peut-être pas compris... L'auteur de *Marie Touchet* méprise l'histoire, comme Mirabeau, politiquement, et, littérairement, comme M. Vacquerie, lequel a posé ce principe sur lequel s'appuie M. Rivet : « *qu'on peut défigurer pour peu qu'on transfigure* », comme s'il ne fallait pas garder et respecter la figure pour, ainsi que le mot le dit, du reste, la transfigurer. Dans le tableau de la *Transfiguration* de Raphaël, par exemple, Notre Seigneur Jésus-Christ ne cesse pas, pour transfiguré qu'il soit, d'être la figure de Notre Seigneur Jésus-Christ. Mots superficiels et étourdis, dont M. Rivet a été dupe. Dans sa *transfiguration* de Marie Touchet, il n'y a plus de Marie Touchet du tout. Il n'y a plus là que la première venue. Il n'y a plus là qu'une demoiselle Rivet, fille de M. Rivet, placée tout exprès ici pour le *bon motif* de nous ramener le Charles IX de la grosse légende révolutionnaire, — un Charles IX qu'il n'a pas inventé non plus, car nous l'avons vu dans les cinq actes détestables de Marie-Joseph Chénier, — et il ne l'a pas transfiguré !

M. Rivet, qui nous a ramené ce Charles IX du vieux jeu et de la vieille arquebuse, dont il tuait les protestants par une fenêtre qui n'existait pas, lui a donné, à ce Charles IX, et de sa propre et privée générosité, l'ordre du Saint-Esprit, qui fut, comme tout le monde le sait, créé par Henri III, son successeur, mais que, dans la pièce, Charles IX devait tirer de son pourpoint et exhiber, comme un commissaire de police exhibe son écharpe, pour se faire reconnaître... Ce Charles IX de M. Rivet, qui va chez sa maîtresse pendant la nuit de la Saint-Barthélemy, entre deux coups, sans doute, de sa fameuse arquebuse, la trouve éplorée au berceau de son enfant, que M. Rivet (et je lui en fais bien mon compliment!) n'a pas, du moins, sorti de son berceau, dans un temps où les enfants, même ceux qui tètent, font au théâtre des effets d'attendrissement irrésistibles... Or, chez cette maîtresse de Charles IX, il y a un capitaine huguenot qui s'y est réfugié, une espèce de frère de lait de Marie Touchet, qui sort impétueusement de sa cachette et, après un sermon protestant, pour péroraison tire l'épée contre le Roi et veut la lui passer au travers du corps. Vous voyez d'ici la scène.

Ce n'est pas compliqué! Marie Touchet fait l'entre-deux. Elle demande la grâce du furieux capitaine au Roi, qui reste inflexible dans sa justice, et Marie Touchet (qui aime pourtant Charles IX!) se TRANSFIGURE tout à coup en protestante, et elle souffle sur son amour comme on souffle sur une chandelle. Voilà toute la pièce. Voyons! de bonne foi, est-il possible d'être plus puéril d'invention, pour un homme dont la fonction est de transfigurer les figures?... Il y a huit ans, nous dit M. Rivet dans sa préface, que cette pièce de *Marie Touchet* a été écrite. Je ne sais pas quel âge il avait il y a huit ans, mais ce n'est pas ici la pièce même d'un jeune, c'est la pièce d'un enfant, et le rapetissement universel des hommes! Il faut que le directeur qui accepte une pareille pièce, et qui la joue, ne soit aussi qu'un vieil enfant !

Quant à cet autre enfantillage qui s'appelle le *Dîner de Pierrot*, je l'ai dit plus haut, c'est bien moins qu'un acte, c'est une scène, — un couplet de facture, à deux voix comme un nocturne, — chanté, oui ! car cela a la prétention d'être poétique. Pierrot, ce masque enfariné de Pierrot, que Deburau a ressuscité et que Paul Legrand n'a pas encore enterré, quoiqu'il pût en être le croque-mort, rentre chez lui, un soir, pour dîner avec sa femme Colombine, et en attendant que le dîner, qui tarde, vienne, l'affamé, qui n'a, pour l'heure, qu'un ventre, se met à taper sur l'amour... Les vers qu'il débite contre la première des poésies humaines ont fort réjoui, quoique ce fussent des vers, antipathiques aux bourgeois, les bourgeois qui les écoutaient, et ces vers, sans originalité et sans mordant, ces vers mouillés de Banville et ruisselants d'Hugo, qui parlaient de *grignoter l'azur* et de *manger un morceau du ciel*, ont, malgré le sens grossier qu'ils voulaient cacher sous ces préciosités insupportables, séduit les spectateurs, qui ne voient que les mots et qui les prennent pour toute la poésie... Ces tristes vers, grossiers pour les uns, poétiques pour les autres, ont raflé la salle.

Pierrot, dégoûtant de matérialisme tout le temps qu'il a faim et soif, une fois repu et abreuvé redevient amoureux, tendre, idéal et clair de lune! Il a bu son saoûl. Il veut voir la Ménade. Mais sa femme, qui voulait bien être la Ménade avant dîner, se retourne et ne veut plus l'être, la diablesse! Et c'est cette contradiction entre le mari et la femme, c'est cette conversion abjectement physiologique de Pierrot, qui a paru délicieuse aux... délicats de la salle, qui ont reniflé à ces grivoiseries avec des petits hennissements d'ânes qui sentent leur avoine. Une telle situation, à la scène, ne pouvait pas être longue. Elle ne l'a pas été non plus. Pierrot, une fois bondé de victuailles et mis en train par le vin qu'il a bu, a fini par entraîner Colombine, et ils sont allés fêter l'hyménée du ventre plein et... du reste; et la toile s'est baissée sur cette poétique malpropreté!

III

Les deux acteurs qui jouent dans ce *Dîner de Pierrot* sont mademoiselle Chartier et Porel, la grande Utilité de l'Odéon. Mademoiselle Chartier est un peu épaisse pour une Colombine, et a moins de la colombe que de la pigeonne... Sa figure est spirituelle, mais ses maxillaires sont lourdes et sa bouche, qui rentre, présentera quelques difficultés aux baisers de l'amoureux Pierrot qui l'en menace, après dîner... Elle affecte trop de bon vouloir quand elle veut bien, et trop de mal vouloir quand elle ne veut pas, dans un rôle de nuances très difficiles où il faut, par son jeu, couvrir les hardiesses de l'auteur. Porel, aussi, souligne trop ce qui n'a pas besoin d'être souligné. Il distille son rôle goutte à goutte. Il en perle les indécences, quand il devrait les emporter dans la verve et la rondeur de son jeu. On sait si je mets le plus souvent les acteurs au-dessus des pièces! Ce sont, pour moi, les Lords protecteurs de ces Angleterres. Et puisqu'on nous donne à présent des pièces d'enfants, graves comme l'auteur de *Marie Touchet*, légers comme l'auteur du *Dîner de Pierrot*, il faut que les acteurs qui savent leur métier soient, pour bien faire, les tuteurs de ces enfants-là !

LA SOIRÉE PARISIENNE

LE PETIT JACQUES

14 Novembre 1881.

I

Deux fortes surprises que ces deux pièces de la semaine ! Deux fortes claques sur la joue badaude de cet enflé de gros public qui ne s'attend jamais à ce qui arrive, et qui ne s'attendait, certes ! guères, ni aux sifflets de l'une de ces deux pièces, ni aux applaudissements de l'autre... La *Soirée Parisienne*, jouée aux Variétés, est une comédie de M. Gondinet rallongé de M. Blum, ou de M. Blum rallongé de M. Gondinet ; car, dans l'art dramatique de ce temps, pauvre en pièces et riche en auteurs, si on cherche un auteur pour une pièce, on en trouve toujours deux, et on ne sait jamais lequel est la rallonge de l'autre ! Le *Petit Jacques*, joué à l'Ambigu, est un drame de M. William Busnach tout seul, — étonné, cette fois, d'être tout seul, — sans aucune rallonge; car M. Claretie, qui a *fourni* (le style de ces *entrepreneurs* !) son sujet de pièce à M. Busnach, lequel l'aurait pris dans un de ses romans, M. Claretie a fait le grand seigneur, et n'a pas voulu, étant table, n'être aux yeux du public qu'une simple rallonge... La *Soirée Parisienne*, jouée par les acteurs les plus drôles de Paris, devait être, disaient les amis de M. Gondinet, qui en a plein les salles où on le joue, un chef-d'œuvre, et le *Petit Jacques* de M. Busnach, qui n'est pour personne capable d'en faire un, — et qui ne l'a pas fait non plus ! — n'était, lui, qu'un grand diable de drame écrit pour les acteurs les plus notoirement et déclamatoirement gémissants et redondants de tous les théâtres de drame... C'était à faire trembler! Avec ces acteurs et ces genres de pièces, dites-moi, pour qui des deux auriez-vous parié ?

Moi, j'eusse parié pour Gondinet. Lui, du moins, M. Gondinet, sait l'orthographe littéraire. C'est même le Lépide du Triumvirat qui se partage présentement la scène française, tandis que M. Busnach, le frotteur de M. Zola, n'est qu'un faiseur de drames à la douzaine, peinant, je ne sais depuis combien de temps, dans cette triste besogne de pacotilles. Eh bien, j'aurais perdu! Étonnez-vous si vous voulez ! Busnach a enfoncé Gondinet ! C'est M. William Busnach qui a eu les honneurs de la semaine. C'est lui qui a été applaudi, avec des mains mouillées de larmes et ruisselantes comme les battoirs des blanchisseuses ruissellent de l'eau des lavoirs, et c'est M. Gondinet qui a été sifflé... Mais comme on l'aime, même quand il ennuie, les sifflets ont été très doux.

Pour M. Gondinet, la salle des Variétés, accoutumée à rire et ne riant pas, — déception qui eût pu la rendre féroce, — a eu le coup de sifflet attendri... Elle a été une bonne fille pour ce bon garçon. Quant à M. Busnach, c'est autre chose. C'est l'attendrissement qui a fait son succès... La salle de l'Ambigu a été fluviale de larmes ; lui en a-t-elle assez lavé *son petit !*...

II

Je ne voudrais pas cependant que le souffle qui a passé dans ces doux sifflets emportât tout à fait mon feuilleton. Je dois plus à M. Gondinet que le coup de sifflet, velouté par la tendresse mécontente... Tout n'est pas absolument mauvais dans cette pièce, qui n'a pas fait rire même ses amis, et surtout ses amis ! Il y a un premier acte bien tourné, qui promettait tout ce qu'il n'a pas tenu. J'ai cru presque, une minute, à une comédie. Elle allait, il est vrai, chevaucher sur une idée qui n'était pas bien forte. Aussi l'a-t-elle mis bientôt par terre. La voici. Un ancien viveur, jeune encore, qui s'est marié et s'est fait nommer préfet en province, revient, destitué, vivre à Paris avec sa femme au bras, et au pied le boulet de la préfecture qu'il n'a plus, mais qu'il traîne toujours; car partout c'est *Monsieur le préfet*, c'est *l'ancien préfet*, — et partout où l'on est le moins préfet, il l'est toujours... Or, ce préfet qui n'a plus pour toute préfecture que sa femme, et qui s'ennuie de cette administration conjugale, après l'avoir endormie, un beau soir, avec un feuilleton, remet son habit noir et sa cravate blanche et retourne chez les cocottes de sa vie de garçon faire toute autre chose que le préfet, et c'est là précisément qu'on le crible de ce nom : « le préfet », quand il fait les choses les moins préfectorales...

Telle est la pellicule d'idée avec laquelle M. Gondinet a cru pouvoir faire une comédie ; mais à tirer dessus, la pellicule s'est vite déchirée, et il n'est resté rien de ce qui semblait quelque chose. Au second acte, on était chez les filles, et la pièce est devenue aussi commune qu'elles... Le premier acte est très chauffé par la voix tympanisante et mordante de Baron, qui fait le rôle du propriétaire du préfet, — un rôle de fat cynique qui ne tient à ses maîtresses que pour qu'on dise qu'il les a. Mais cette impertinente voix de tête, d'un effet comique toujours si sûr, n'a eu bientôt à mordre que dans des choses tellement rebattues et tellement plates, qu'on en a regretté la stridence et qu'on eût voulu qu'il les barbouillât comme Dupuis, lequel, par parenthèse, ne savait pas son rôle... On aurait moins entendu ce qu'il disait, et c'était autant de gagné pour l'avoir perdu !

Du reste, la pénurie du comique, dans cette comédie, est si grande, que pour combler son vide d'idées et celui de sa pièce, M. Gondinet a introduit un spectacle de la foire au milieu de sa comédie, se fiant plus aux yeux qu'à l'esprit, comme s'il avait ses raisons pour cela... Nous avons eu miss ou mistress Ænea, la Mouche d'or, le *clou*, comme ils disent dans leur admirable langue, auquel on accroche le public ! et des danses de clowns deux fois affreux, et par les danses et par les costumes. Nous étions au Châtelet... La bêtise aspirante du Châtelet pompait l'esprit des Variétés. Je permets tout le reste à M. Gondinet. Il n'a plus d'idées, ce n'est pas sa faute. Mais qu'il donne dans le batelage et n'écrive de pièces que pour mettre en valeur des baladins, c'est là une chose déshonorante pour un homme de lettres, qui abdique sa littérature et sa pensée entre les mains de ces bateleurs, et c'est ce qu'on ne saurait, pour peu qu'on ait à soi un tronçon de plume, impunément passer !

Tout le talent de cette pièce et toute sa vie, c'est Baron. Quand il n'est plus en scène, la pièce meurt... Les autres ?... Il n'y a que Baron. Les modistes du feuilleton ont vanté les deux robes de madame Théo ; mais, pour moi, je me moque de ces demoiselles. Une actrice n'est pas un mannequin...

III

Le vainqueur de M. Gondinet dans le steeple-chase des pièces courantes de cette semaine et qu'il faut laisser courir à l'oubli, M. William Busnach, célèbre depuis jeudi soir, est peut-être capable de prendre son grand succès pour un grand talent, et peut-être aussi est-il bon de l'avertir de la facilité de son succès... Si le rire désarme, les larmes, qui souvent ne sont pas plus spirituelles que le rire, désarment bien davantage. On n'ose plus rien contre l'homme qui vous a fait pleurer : vous verrez que, sous ce prétexte, on ne pourra pas dire sans scandale que le *Petit Jacques* est une mauvaise pièce. C'est une mauvaise pièce cependant. C'est une œuvre sans nouveauté et sans puissance, faite à l'aide de toutes les ficelles devenues des cordes à puits et enchevêtrées les unes dans les autres comme les roues d'un tourne-broche qui ne tournerait pas, et cela pour amener, n'importe à quel prix et par quels moyens, l'émotion physique dans des esprits qui ne sont plus accessibles qu'aux émotions physiques.

Si l'ouvrier Girard (le héros lacrymatoire de M. Busnach), qui troque héroïquement sa tête contre deux cent mille francs, une fois payés, parce qu'il faut que son fils (le petit Jacques), atteint d'une maladie de cœur, puisse vivre et guérir; si l'ouvrier Girard était autre chose qu'un ouvrier à l'esprit raccourci et matérialiste, sans le savoir, comme tout son siècle, il ne voudrait pas, même dans l'intérêt du fils qu'il adore, de ce troc de sa tête contre deux cent mille francs, qui paraît sublime, et si le public n'était aussi matérialiste que lui, au lieu de pleurer sur lui, il s'indignerait contre lui. Girard veut sauver son fils physiquement, mais, moralement, il le perd. C'est qu'il n'y a plus d'idées morales, ni dans le public, ni dans les auteurs qui visent le suffrage du public, et voilà pourquoi le Girard de M. Busnach touche, et qu'on l'admire ! Girard préfère la vie de son fils à l'honneur du nom de son fils. Il aime mieux qu'il puisse soigner sa santé (car est-il même certain qu'il vive, avec ses deux cent mille francs?) et lui faire porter un nom éclaboussé et taché ineffaçablement du sang d'un crime répandu par son père. Girard préfère pour son fils cette infamie à sa vie, à lui, pour que cette infamie s'accomplisse, et c'est sa manière de l'aimer ! Et cela devait être, du reste, dans une société qui préfère la vie à tout, et qui, ne croyant qu'au principe des bâtards que les fautes sont personnelles, ne croit plus à l'honneur du nom !

Ainsi, c'est l'abjection des âmes du temps qui a fait, cette semaine, le succès de la pièce de M. Busnach. Ce n'est pas tout que de verser des larmes. Les cerfs forcés pleurent aussi sous la dent des chiens ! Il faut que les larmes, pour qu'elles aient le droit de nous toucher, coulent intelligemment pour une noble cause, et que le dévouement qui les fait couler ait la grandeur d'une vérité.

Et quand la Critique a dit cela, elle ne redescend pas vers les petites choses d'une œuvre à qui elle en reproche une si grande. Elle laisse l'œuvre tranquille dans son succès. Elle se soucie bien des fautes, des confusions, des absurdités, des sottises incompréhensibles de la lourde machine dramatique de M. Busnach. Elle ne lui reproche pas même l'adultère inutile de la femme de Girard, qui ne vient là probablement que parce qu'il faut maintenant une femme adultère dans toute pièce de théâtre ! Elle ne lui reproche pas la langue qu'il parle, le manque de trait, l'absence de style, la bassesse continue de l'expression. Elle se détourne de tout cela. Qu'importe ! Elle a tué, pour qui pense, cette pièce, qui semble si vivante, elle l'a tuée dans son idée même : le dévouement faux de Girard ; et les larmes qu'une telle pièce fait répandre n'ont pas plus de beauté à ses yeux que les gouttes d'un ruisseau troublé qui emporte quelque vil morceau de papier.

Dans cette pièce, l'acteur qui fait Girard (Lacressonnière) a montré un talent robuste. Il a eu de beaux cris, très supérieurs à son rôle écrit. Quant à cette petite Daubray, qui fera la fortune de la pièce, et dont le jeu, dans la scène du somnambulisme, a extasié la salle, elle a tourné positivement la tête aux grandes personnes qui étaient là. J'entendais autour de moi qu'on lui donnait la confiture du génie, — mais je me défie des célébrités de bas âge. Pour la juger, j'attendrai qu'elle ait vingt-cinq ans.

IV

Le génie ! — Ceci me rappelle Thérésa, que j'ai vue hier soir, dans la reprise de *Madame Grégoire*. Elle a chanté comme elle a joué. Elle a joué comme elle a chanté. Et on se demande qui vaut le plus maintenant de l'actrice ou de la cantatrice, pour nous qu'elle enchante! Elle a dit, pleuré, modulé, mélancolisé, — quels termes employer quand on parle d'elle? — cette chanson dont on ne sait pas l'origine : la *Mort du Capitaine*, et elle a été plus touchante en quinze minutes que toute la pièce du *Petit Jacques* en ses cinq actes. Malibran, qu'elle rappelle à ceux qui ont entendu chanter Malibran, n'aurait pas, dans la romance du *Saule*, touché plus divinement nos cœurs...

ODETTE

21 Novembre 1881.

I

C'est un succès, — pas moyen de le nier ! — c'est un succès net, tranché, décidé *tout de suite*, et complet, et même compacte, car il est fait de trente-six autres succès, ce succès! Ce n'est pas M. Victorien Sardou, tout seul, qui a triomphé jeudi soir au Vaudeville ! c'est le Vaudeville tout entier !

Le Vaudeville est maintenant le seul théâtre qu'il y ait en France qui puisse offrir une masse d'acteurs capables, par le talent, de jouer la formidable pièce de M. Sardou, qui exige presque toute une population d'acteurs, et cette population, le Vaudeville l'a fournie ! Ils sont là tout un monde d'acteurs excellents, qui sont entrés très gaillardement et très profondément dans le succès de M. Sardou, et qui ont mis le leur, à eux, dans son succès, à lui, pour l'augmenter, jouant électriquement une pièce qu'ils ont rendue électrisante par leur manière de la jouer, apportant chacun son bout de flamme de *feu sacré* au brasier de ce drame qui va flamber sur l'affiche pendant on ne sait plus combien de représentations !

II

Ce succès qui va, plus tard, se redoubler de trente-six autres, a commencé dès le prologue, avec les deux acteurs supérieurs de la pièce (Dupuis et mademoiselle Pierson), ceux-là qui, pendant toute la durée de ce drame qui s'ouvre, vont tenir nos cœurs dans leur main. Au lever du rideau, nous sommes chez le comte de Clermont-Latour, et en pleine livrée. Ceci n'est pas très neuf. Je ne me soucie pas infiniment de cette livrée qui jase sur les maîtres dans tant de pièces de théâtre... Heureusement la jaserie insolente de ces drôles n'est pas longue. Un coup de sonnette ! C'est Madame qui rentre de l'Opéra, avec trois élégants cavaliers-servants dont un seul la compromettrait... Voilà pourquoi elle en a pris trois ! C'est Philippe de La Hoche, le cousin de son mari, Isidore Béchamel et M. de Cardaillan, qu'elle a invités à prendre le thé avec elle. Pendant qu'on le prépare, elle parle de son mari absent, en Touraine, occupé à faire recrépir quelque vieux château de la Renaissance, et à la manière moqueuse dont elle parle de ce mari et de ses goûts d'archéologue, on se dit : « Encore une pièce à adultère, et c'est de cette femme que l'adultère va tout à l'heure sortir ! »

Tout en plaisantant, madame de Clermont-Latour décachète une lettre, et elle apprend aux amis de son mari que son retour à Paris est retardé de quelques jours, et Cardaillan, qui sait ce qu'il faut savoir (et nous aussi), disparaît... Mais le comte, qui l'ignore, va l'apprendre, lui, d'une façon terrible, car il revient comme ils reviennent tous, hélas ! ces marqués au front de la fatalité conjugale ! Il a pu partir, malgré sa lettre, qui n'est pas un piège, et il entre en scène avec son cousin qu'il a rencontré, le thé pris et la comtesse rentrée dans sa chambre, et qu'il a forcé de remonter pour lui demander des nouvelles de sa femme, l'heureux homme ! et de son enfant, sa fillette encore au berceau. Il est radieux de la surprise qu'il va lui faire. Il frappe, joyeux, à la porte qui s'ouvre, et ils se rencontrent alors, le mari et la femme, pendant qu'une seconde porte s'ouvre aussi et que Cardaillan apparaît... Rien de plus épouvantable que cette situation, que cette triple rencontre, et surtout que ce choc dans l'ombre de la femme qui heurte son mari en croyant tomber dans les bras de son amant ! Mademoiselle Pierson a poussé le cri de la trahison découverte, un de ces cris qui font grincer tout ce que nous avons de fibres en nous, et qui, s'il durait, les briserait ; mais ce n'est pas ce cri qui est le plus sublime, c'est ce qui suit...

Il ne la tue point. Nous ne sommes pas chez M. Dumas, pour tuer les femmes ! Il pourrait la tuer cependant, lui rendre avec le plomb d'une balle le coup dont elle vient de poignarder son bonheur. Mais il aime mieux lui enlever sa fille, punir l'épouse coupable dans la mère et la jeter à la porte de sa maison comme une prostituée, et c'est cette scène si simple, c'est cette exécution, qui a été d'une beauté et d'une puissance extraordinaires. Ici les nerfs trop connus de M. Sardou se sont montés et durcis jusqu'à la force du muscle... Rien de plus sobre, de plus bref, de plus impérieux, de plus stoïque que Dupuis dans son angoisse dévorée. Rien de plus impudemment osé, de plus têtu, de plus diaboliquement dépravé que cette suave Pierson, dont il sort brusquement un monstre quand son mari refuse de la tuer. Alors, que faisons-nous ici? dit-elle. En ce moment, elle est debout ; mais elle a une manière de se rasseoir d'une énergie à briser la chaise sur laquelle elle retombe, droite et résolue, et cette manière de se rasseoir dit de quelle effroyable façon elle va vivre maintenant, aveuglément obstinée au mal !... Exposition d'une si cruelle réalité, et dans l'action, et dans le mot, et dans la réplique, qu'on se sent, tout le temps qu'elle dure, pris violemment et secoué au diaphragme, et que, haletant, et le rideau baissé, on se demande : « Si cela commence ainsi, que va-t-il suivre ? » On était si transi qu'on en oubliait d'applaudir. On n'a applaudi qu'à la réflexion.

III

Certes ! on avait raison de trouver cela beau, mais cette beauté inquiétait pour la beauté de ce qui devait suivre, et malgré les deux grandes scènes du troisième et du quatrième acte, dans lesquelles l'intérêt du drame se concentre, rien n'a plus été de la force de ce prologue d'une pièce qui n'est pas encore... et qui ne commence que quand le rideau se relève. Il y a maintenant seize ans qu'Odette de Clermont-Latour a été chassée par son mari avec ignominie, et que sa fille Bérangère a vécu en la croyant morte d'un coup de vent dans une promenade en mer qui a fait chavirer sa barque. C'est le conte inventé par M. de Clermont-Latour pour cacher à la fille qu'il adore le déshonneur de sa mère. Elle a donc un peu plus de seize ans et elle aime. Elle aime un gentilhomme, M. de Méryant, fils d'une mère austère qui a su autrefois l'aventure de madame de Clermont-Latour et qu'on ne peut pas, elle, abuser avec une histoire. Avant d'accorder son consentement au mariage de son fils, elle veut savoir ce que la comtesse Odette est devenue et, si par hasard elle reparaissait, ce qu'on en pourrait redouter. Or, au moment où madame de Méryant pose les questions qu'elle a bien le droit de poser au comte de Clermont-Latour, qui est à Nice avec sa fille, la comtesse Odette, qui avait disparu depuis quatorze ans, reparaît tout à coup, à Nice même, après avoir descendu, dans toutes les capitales de l'Europe, un à un, tous les degrés de l'infamie, et n'en ayant plus à descendre ; car elle est la maîtresse publique de je ne sais plus quel chevalier d'industrie, et son nom de Clermont-Latour sert d'enseigne au plus ignoble des tripots !

Eh bien, c'est ici, c'est à ce moment que j'ai cru à quelque chose de grand ! Les voilà ramenés de bien loin l'un vis-à-vis de l'autre, ce mari qui a chassé sa femme pour cause d'adultère, et cette femme à laquelle il a pris son enfant pour l'en punir. J'ai cru, surtout après le prologue, qui révélait presque un Sardou nouveau dans le Sardou ancien, tant il était mâle ! qu'ici le drame, un drame vigoureux, allait naître et s'étreindre et se déchirer sur le cœur de l'innocente enfant que le père et la mère se disputent avec acharnement. Mais on ne change pas sa nature. Le drame que je rêvais s'est borné à deux scènes d'une éloquence moins sobre et moins dense que l'éloquence du prologue, et M. Sardou, que j'avais cru voir s'élever au-dessus de lui-même, est retombé dans le Sardou grêle et souple que je connais...

Et je ne le connais que trop... Dans l'impossibilité où il est de creuser le sujet sur lequel il met parfois la main, et une main heureuse, il se jette dans les accessoires de la mise en scène et il montre toutes les ressources d'un esprit délié qui peut bien se dépenser dans les détails, mais qui sait toujours s'y retrouver. Il a surchargé, par exemple, le drame d'*Odette*, que j'aurais voulu garder dans sa nudité forte et sévère, d'épisodes et de personnages qui nuisent à l'unité de son action et qui dispersent l'intérêt du drame quand ils ne le font pas tout à fait oublier. Ainsi le carnaval à Nice, la bataille des *confetti*, la scène du tripot où l'on jette les cartes à la tête du voleur, et toutes ces choses, ingénieusement amenées, capitonnent les vides d'un drame qui devrait, après tout, avoir plus de deux scènes, si l'auteur était réellement puissant.

IV

Heureusement, ces deux scènes sont jouées au Vaudeville avec une telle perfection qu'on n'a plus rien à regretter et que le succès s'est produit comme si nous avions affaire à un chef-d'œuvre. On n'a pas tenu compte, grâce à l'éblouissement du jeu de mademoiselle Pierson, de ceci qui me paraît incroyable, à moi, c'est qu'une femme qui a quatorze ans d'abominables concubinages sur le cœur ne peut pas avoir dans ce cœur une faim si fauve de revoir sa fille ! Seulement, l'actrice a un tel talent qu'elle fait croire à cette chose incroyable et qu'on y croit, et quand, opiniâtre, violente, injurieuse, amère contre ce mari qui ne veut pas lui montrer sa fille parce qu'il a peur qu'elle ne lui dise : *Je suis ta mère!* devant la menace de le lui écrire, frémissant, éperdu, magnifique d'anxiété, le comte de Clermont, joué par Dupuis comme on ne joua peut-être jamais, consent pourtant et assiste à la redoutable entrevue, la scène qui suit fond le cœur de cette superbe dans le vice, de cette diabolique insensée ! Au souffle de cet être si pur, à l'haleine de cette fleur d'innocence, qui lui dit :

« Vous avez donc connu ma mère ? » la comtesse Odette devient la plus douce des créatures, mais ne trahit pas son secret! Rien n'est beau et brisant comme le jeu divin de Blanche Pierson, dans cette scène! A-t-elle fait verser assez de larmes! En sortant du spectacle, tous les yeux étaient mouillés encore...

C'est mademoiselle Legault qui joue l'enfant de seize années, avec sa tête d'une des filles de Louis XV, et ses blonds cheveux, d'un or si doux. Elle est charmante ; mais une fille de cette blancheur d'âme, une fille adorée du comte de Clermont-Latour, qui de père est devenu mère pour elle, et même, nous dit-il, *sa modiste*, peut-elle être aussi peu habillée qu'elle l'est? Et comment M. Sardou, l'homme des mises en scène, a-t-il pu souffrir cette faute de goût et de pudeur, chez une fille comme sa Bérangère?... Ces épaules sont si jolies qu'on a regret de les cacher ; mais il le faut, il le faut *expressément*, mademoiselle. Nous les retrouverons une autre fois.

V

Cette pièce de M. Sardou, qui n'est pas un chef-d'œuvre, est une œuvre, et, selon moi, la meilleure de ses œuvres. Il n'y a point là de thèse comme dans les pièces de M. Dumas, et pourtant on en pourrait dégager une. A la veille de voir le divorce poussé par tout le monde dans une législation qui compte pour rien les anciennes mœurs, l'*Odette* de M. Victorien Sardou les respecte, tout en voulant les modifier. Sa pièce d'aujourd'hui repose sur la nécessité d'arracher à la femme coupable le nom qu'elle a souillé et de reprendre le sien. Par là peut-être éviterait-on le divorce et garderait-on ce drame, que le divorce, si on le vote, doit nécessairement emporter !

UNE TRADUCTION D'OTHELLO

28 Novembre 1881.

I

Pas de première, cette semaine ! une semaine blanche comme l'innocence ! une semaine innocente de toute pièce ! Lazzarone forcé du feuilleton, je pouvais laisser mon feuilleton en blanc comme elle; mais pourquoi, puisque le rôt me manque aujourd'hui, puisque je n'ai pas une seule pièce à mettre à la broche, ne pourrais-je pas, dans cette absence d'une pièce *jouée* cette semaine, parler d'une pièce en instance et qu'il est question de jouer?... Ce n'est rien moins que la traduction de l'*Othello* de Shakespeare par un poète d'éclosion nouvelle, M. Jean Aicard, qui commence à faire son petit bruit dans le monde, en *rasant la terre* comme la Calomnie, et qui va s'enfler, s'élever et faire, peut-être, son *rinforzando* demain ! Cette traduction, offerte d'abord en échantillon à M. Perrin, — et protégée par madame Adam, — la Lady Protectrice des lettres, sous la République, chez laquelle l'auteur l'a lue un soir, — sera probablement jouée dans le cours de cet hiver. Au moins on se tortille pour cela, et l'intriguette se noue dru autour de M. Perrin, — qui aurait bien un acteur pour jouer Othello, mais qui n'a pas d'actrice pour jouer Desdémone! le pauvre homme! Grave travail de littérature, je le veux bien, la traduction d'*Othello* par M. Jean Aicard se pique d'une exactitude... fabuleuse... Je la crois fabuleuse, il est vrai... Je viens de la lire, en regard du texte anglais, et, franchement, elle ne m'a pas paru plus exacte que les autres traductions faites par des poètes qui se sont fait saigner les ongles à cette rude besogne de traduire Shakespeare, en vers français. Seulement, elle est inexacte d'une autre façon, et ce n'est là jamais non plus qu'un à peu près de Shakespeare. Pour mon compte, je n'ai jamais cru aux traductions en vers de Shakespeare; la gloire de tout poète est de n'être pas traduisible, mais Shakespeare surtout! Shakespeare, le noir génie de l'Angleterre, que vous ne pourriez pas, même quand vous en auriez la puissance, mettre en vers français — dans cette langue claire de France — sans diminuer la profondeur de sa nuit!

C'est une question d'atmosphère. Ce n'est pas là, comme vous pourriez le croire, une question de langage ou de rythme, une question de dictionnaire ou de grammaire poétiques, et d'énergie ou de souplesse dans l'appréhension d'un texte par un autre texte : c'est une question d'atmosphère, et on ne déplace pas les atmosphères. Chaque poète de génie en a une qui sort de son génie et qui l'enveloppe, et c'est cela — c'est cette partie impondérable de son génie — qui résiste à tout transbordement qu'on en veut faire dans une traduction. C'est cela qui rend, au premier chef, Shakespeare intraduisible ; c'est là ce qui empêche de le goûter intégralement, si ce n'est en anglais. C'est là ce qui aurait dû empêcher les poètes qui ont voulu le traduire, d'y toucher ! Quoi qu'ils aient fait et quoi qu'ils aient pu faire, il devait toujours rester pour eux dans Shakespeare quelque chose que ne maîtrisait pas leur traduction, et c'était la portion la plus *genuine* et la plus céleste de son génie ! Ni Ducis, qui a eu l'audace de le traduire, quand il n'a pas fait le crime de le mutiler, ni Alfred de Vigny, ni aujourd'hui M. Jean Aicard, qui vient après eux, n'ont senti que le poète en eux manquait au poète. Ils se sont manqué de respect à eux-mêmes en le traduisant. S'ils avaient senti en eux le poète, ils n'auraient pas osé...

Ils l'auraient laissé aux traducteurs en prose. La prose n'a pas les exigences de la poésie. Elle n'en a pas les ambitions. La prose est le plâtre qui moule comme il peut, avec l'exactitude morne du plâtre, la poésie inspirée et vivante dont il faut donner une idée. Elle non plus, la prose, ne donne pas tout le génie du poète qu'elle traduit, mais ce qu'elle en exprime est suffisant pour avoir l'émotion et l'idée du génie étranger (car tout génie est autochtone) qu'en dehors du double phénomène de la langue et de son pays il est possible d'exprimer. Un poète de ces derniers temps l'a bien compris, du reste. M. Leconte de Lisle, dont on peut ne pas aimer la poésie, mais qui n'en est pas moins un grand poète, sait le grec, certes! pour le moins aussi bien que M. Jean Aicard sait l'anglais, et quoique ce soit en fait de langue poétique le plus robuste poignet que je connaisse, il s'est bien gardé cependant de traduire en vers les poètes grecs qu'il adore. Il les a presque tous traduits (les plus grands) en prose littérale, stricte et mordante, qui pince l'idée par le mot, donne le sens et le contour, et s'arrête là... Il savait à qui il avait affaire! Il n'avait pas l'illusion de croire à l'équation d'une traduction en vers avec le texte original, et qui n'est plus rien dont on doive être si fier si ce n'est pas une équation !

II

M. Jean Aicard, lui, a fait ce beau rêve. Il s'est cru Shakespeare pour traduire Shakespeare; car il faudrait n'être pas moins que cela — un Shakespeare français — pour mettre en français l'autre Shakespeare, le Shakespeare anglais. Il a lutté contre l'Ange comme Jacob, et, comme Jacob, sa traduction en reste éclopée. Cette traduction marque, il est vrai, beaucoup d'amour et de respect pour l'immense poète anglais qui règne à présent, suprême génie incontesté, sur l'imagination des hommes, puisque M. Jean Aicard lui a consacré une suite d'efforts et peut-être d'années qui prouvent, au moins, la volonté la plus passionnée dans l'amour. Mais, à part cet effort d'une volonté plus idolâtre que sensée, nous ne trouvons plus guères à admirer dans sa traduction d'*Othello*. Elle est écrite en vers de métier qui paraphrasent souvent le texte, au lieu de le traduire nettement et sobrement, sans le délayer, et l'exactitude dont on le vante et dont lui-même il se vante ne tient pas devant le texte anglais, si on le dresse devant cette molle traduction.

Il faudrait avoir le texte anglais sous les yeux, — chose absolument impossible dans un article de la nature de celui-ci, — pour faire comprendre les défaillances d'une traduction qui se permet tout cependant, et hache le vers jusqu'à le couper par la moitié pour faire une rime, en renvoyant l'autre moitié du mot au vers suivant. Certes! même la nécessité d'honneur d'avoir une traduction de Shakespeare en vers français n'autorise pas de telles licences! Je ne connais pas M. Jean Aicard; je ne connais de ses vers que sa traduction d'*Othello;* mais s'il avait été un plus grand poète, non seulement il n'aurait pas sacrifié je ne sais combien de temps à nous forger des vers du calibre des siens pour exprimer Shakespeare, mais il n'aurait pas, puisqu'il est jeune, aux jours de la jeunesse, quand la tête doit flamber d'inspirations *personnelles,* passé son temps à traduire même Shakespeare, et à casser des mots pour les incruster par fragments et les faire tenir dans ses vers!

Et d'ailleurs, puisqu'il s'agit d'exactitude, et d'exactitude dans les mots, y a-t-il vraiment exactitude dans une traduction bien plus faite en vue d'enrichir le théâtre français d'une pièce de plus que la langue française d'une traduction en vers de Shakespeare, quand, dans cette traduction, il y a suppression des mots hardis, des mots terribles et forcenés que Shakespeare, dont la passion brave tout, met dans la bouche d'Othello jaloux, ou quand le traducteur les adoucit ou les diminue? Tenez! il y a deux traductions en prose de Shakespeare, que tout le monde lit, et qui ont fait connaître tout ce qu'on peut connaître de Shakespeare à ceux qui ne savent pas l'anglais : ce sont les traductions de François Hugo et de M. Montégut.

Eh bien, est-ce que ces deux traductions ont la couardise des mots et fuient devant la nécessité impérieuse de les prononcer ou de les écrire quand on les rencontre dans Shakespeare? Est-ce qu'ils émasculent cet homme tout-puissant, dont Diderot disait dans une image colossale, et par conséquent digne de Shakespeare, « que les plus grands pou- » vaient passer debout entre ses jambes, sans tou- » cher de leur front ses parties honteuses »? Est-ce que Hugo et Montégut ont eu la panique du lecteur qui devait lire leurs traductions et qui allait peut-être les trouver grossières? Est-ce qu'ils se sont bouché le nez avec le mouchoir de Tartuffe devant ces expressions que Voltaire osait appeler le fumier du Barbare? Non! ils ont été plus intelligents, et surtout plus esthétiques dans leur prose, que M. Jean Aicard, qui est un poète pourtant, dit-on, ne l'est dans ses vers.

Mais voici mieux, voici mieux encore. Voici un fait capital, et même incompréhensible, que l'exact traducteur de l'*Othello* s'est permis, sans qu'il soit possible de deviner pourquoi cette prodigieuse atténuation de Shakespeare. Il a, le croirez-vous? changé, de son autorité privée, le dénouement de génie de l'*Othello*, qui étouffe sa femme avec les oreillers de ce lit qu'il croit souillé par l'infidélité et où il a été heureux ! N'allez pas croire que cet étouffement soit un *moyen d'en finir* comme un autre, un dénouement tragique de tragédie. Il a sa raison d'être, cet étouffement qu'on n'a vu que là, et dont personne avant Shakespeare n'avait eu l'idée, et cette raison, c'est l'amour même d'Othello, qui en tuant sa femme craint de voir le doux reproche de ce visage adoré encore, — qui a peur, une peur froide du sang de sa femme, dont une goutte, s'il allait la manquer, l'arrêterait, et qui, fou de ces perspectives, étouffe tout sous l'oreiller qui empêche de voir, sous l'oreiller vengeur, qui a vu le bonheur et qui devient l'instrument de supplice... Voilà ce que M. Jean Aïcard s'est cru assez fort, vis-à-vis de Shakespeare, pour remplacer par le vulgaire coup de poignard de toutes les tragédies, et encore, ce peureux devant toute énergie, après ce coup de poignard, reprend l'oreiller de Shakespeare et achève cette morte, dépoétisée par lui, comme s'il avait perdu la tête devant le sublime de Shakespeare !

III

Telle est cette traduction d'*Othello* qui menace de nous fusiller à la scène, cet hiver, de sa plaisante exactitude !... Assurément, je conçois qu'on y mette *Othello* et je le désire, mais pas celui-ci ; — pas plus celui-ci que le vieux *Othello* de Ducis qui s'en est allé avec Talma, lequel pouvait seul le soutenir d'un de ses beaux bras tragiques ; ni même celui d'Alfred de Vigny, poète idéal quand il est seul, mais qui ne l'est plus à côté de ce noir Shakespeare, qui l'écrase de son ombre ! Il y en a un qu'il serait facile d'y mettre sans que madame Adam, la LADY PROTECTRICE, s'en mêlât, et c'est tout simplement l'*Othello* en prose traduit par M. Émile Montégut, qui n'a eu peur de rien, lui, en traduisant Shakespeare, et qui ne nous ferait pas peur à nous, en l'écoutant, non plus ! Quoiqu'en prose, ce serait vraiment beau, et nous aurions Shakespeare autant qu'on peut l'avoir en français. Mais quant à la traduction de M. Jean Aicard, on peut l'écarter sans grande perte. Il y a des traductions qu'on a appelées de *belles infidèles*. La sienne, c'est une infidèle, sans beauté.

LES ENFANTS D'ÉDOUARD

---

5 Décembre 1881.

I

Ils ont bien vieilli, — et ce n'est pas beau, de vieux enfants! Ils sont bien ridés, bien ratatinés. On les a repris cette semaine à l'Odéon, et on ne les y a pas accueillis comme les bébés adorés d'autrefois. J'ai vu rarement — même à l'Odéon — une représentation plus morte. On jouait des ombres devant des ombres. Il y avait pourtant là toute une salle que les enfants attirent au théâtre, toute une foule de pères et de mères de famille qui étaient venus chercher un petit attendrissement et qui ont remporté leurs mouchoirs de poche vierges de larmes... Excepté une jeune fille qui cachait ses pleurs ingénus derrière un éventail de peluche rouge, personne d'ému parmi tous ces braves gens qui connaissaient les *Enfants d'Édouard* par la gravure du tableau d'Ary Scheffer, cette poésie à hauteur de bourgeois qu'ils avaient peut-être accrochée dans leur salle à manger, et qu'ils voulaient revoir animée de la vie de la scène, plus colorée et plus vivante... Mais c'est précisément la vie qui a manqué au drame de Casimir Delavigne. Ç'a été du Casimir passé !... On n'avait plus Ligier. On n'avait plus Anaïs. Anaïs, ce soir-là, c'était mademoiselle Sisos. Ligier, c'était Lambert.

Qui, Lambert ?... Oui, Lambert ! A demain ! c'est assez.

Demain ce sera peut-être une autre reprise, heureusement sans Lambert ! car, dans leur rage de reprises, ils reprennent tout, et ils sont bien capables de reprendre, après les *Enfants d'Édouard* de Casimir Delavigne, *la Lucrèce* de Ponsard, qui fit époque et ne ferait plus que fiasco. Ah ! les morts vont diablement vite ! Casimir Delavigne et Ponsard ! cela se suit et cela se ressemble ! Ce sont les deux marches d'un escalier qui descend avant d'arriver fidèlement à la platitude. Seulement, Casimir Delavigne est séparé de la platitude de toute l'épaisseur de Ponsard, qui, comme on le sait, était gros.

II

Ce sont, en effet, des gens, on ne peut pas dire de même race, — ils n'en ont point, — mais de même famille intellectuelle, quoique Casimir Delavigne soit infiniment mieux né que Ponsard. Les noms sont des prédictions, a dit Sterne. Ponsard, c'est le *poncif* fait homme. Il a dans le talent la roture de son nom... comme Arouet (Voltaire) avait la rage de l'esprit dans le sien ! Casimir Delavigne, qui s'apparente de Ponsard, *tient* sur lui le poète, comme on *tient le germain* sur quelqu'un... Ponsard n'aurait jamais fait, certes ! ni les beaux vers admirés d'Alfred de Musset :

> Beau pays, que de fois ma muse en espérance
> Se plut à voyager sous ton ciel toujours pur;
> Etc., etc.,

ni le *Jeune Diacre*, qui est d'une mélancolie si mystérieuse et si byronienne, ni *Marino Faliero*, ni l'*École des vieillards*, belle comédie encore, tout orpheline qu'elle soit de Talma et de mademoiselle Mars, et qu'ils feraient mieux de reprendre que les *Enfants d'Édouard*, par parenthèse.

Ponsard était le pied-plat du bon sens, et il en a fait l'École. Une école ! Casimir Delavigne avait aussi de ce bon sens, aimé des bourgeois, qui leur fait confondre la folie avec la sottise, mais, disons-le à sa gloire ! il avait quelque chose de plus. Ce n'était pas grand'chose, mais c'était quelque chose !

Il avait le grain de poésie qui l'a toujours empêché d'être, en littérature, le secrétaire des commandements de Monseigneur le duc d'Orléans, Roi futur du Juste Milieu. Ponsard, lui, aurait très bien été, dans ce temps-là, le Roi du Juste Milieu poétique et littéraire ; mais Casimir Delavigne, non ! Par la nature tempérée de son esprit, il inclinait assurément vers cette chose commune du Juste Milieu, mais il ne versait pas en elle. Le poète, chez lui, — l'atome poétique, si vous voulez, — l'arrachait au bourgeois, tandis que, chez Ponsard, c'est le bourgeois, épais, pédant et pataud, qui aurait, avec ses lourdes mandibules, dévoré le poète, s'il y avait eu jamais en lui quelque chose du poète à dévorer !

Né à la même époque que Delavigne et ayant atteint sa majorité intellectuelle à la même heure, — à l'heure où le Romantisme éclatait, — Ponsard n'aurait jamais plongé dans cet éther ardent dont les plus grands du temps respirèrent la flamme. Il serait resté à l'écart, comme un pingouin, aux ailes courtes, sur son rocher. Mais tel ne fut point Ca-

simir Delavigne, qui, talent de tradition et fait pour
rester classique, fut cependant pris et ensorcelé par
le charme de ce temps de romantisme, et se teignit
de ses couleurs. Ce fut un romantique, non pas
d'intensité, de furie, de fanatisme, comme on l'était
alors, mais un romantique retenu, par ce qu'on appelle le goût entre pauvres de génie, dans la tradition littéraire du passé. Il fut un romantique
adouci, nuancé, velouté. Il eut les religions des
romantiques d'alors, que Ponsard n'aurait jamais
eues. Il adora Byron et Shakespeare. Byron, dans
Marino Faliero qu'il lui emprunta, et, dans les *Enfants d'Édouard*, Shakespeare, qui les lui inspira.

III

C'est lundi dernier que je parlais à cette place
de l'impossibilité de traduire en vers français le
terrible anglais de Shakespeare, et Casimir Delavigne, cet esprit juste qui avait la mesure de ses forces, et dont l'enthousiasme n'a jamais enivré le sentiment qu'il a toujours eu de lui-même, n'était pas
homme, comme M. Aicard, à toucher d'un vers
imprudent le colosse. Il n'aurait jamais osé le traduire à quelque place que ce fût, mais il trouva

dans Richard III le sujet d'un drame qu'il ne craignit pas d'écrire. Et c'est les *Enfants d'Édouard*, le drame qu'on rejoue aujourd'hui.

Au quatrième acte de ce monstrueux *Richard III*, aussi monstrueux par le génie de Shakespeare que par la scélératesse de Richard, Tyrrel, un des personnages du drame, parle ainsi : « L'acte de » tyrannie et de sang est accompli, le forfait le plus » noir, le plus archi-sanguinaire, le plus fait pour » émouvoir la compassion dont ce pays ait été encore coupable ! Digton et Forrest, que j'avais subornés pour exécuter la besogne de cette impitoyable boucherie, tout floffés scélérats, tout chiens » sanguinaires qu'ils étaient, se fondant de tendresse et de douce compassion, ont pleuré comme » deux enfants en faisant le triste récit de la mort » des enfants d'Édouard. « Las! c'est ainsi qu'ils » étaient couchés », a dit Forrest, « et enlacés » dans leurs bras innocents et blancs comme l'albâtre. Leurs lèvres étaient comme quatre roses » sur une même tige, qui s'embrassaient les unes » les autres dans la beauté de leur été... Un livre » de prières se trouvait sous leur oreiller, ce qui », » ajoutait Forrest, « m'a fait presque changer de » résolution. Mais oh! le diable!... » Ici le scélérat » s'est arrêté, et alors Digton a repris: « Nous avons » étouffé le plus doux et le plus ravissant ouvrage

» que la nature ait jamais fait depuis sa première
» création... » Paroles sinistres, mêlées à la plus
touchante des images !

Eh bien, c'est dans ce coin, c'est dans ce repli du drame immense de *Richard III*, qu'un homme qui tremblait d'admiration devant la grandeur de ce drame lui a dérobé, pour en faire le sien, ce sujet divinement pathétique des deux Étouffés de Shakespeare, mais pour lequel il eût fallu un autre poète qu'un poète de nuance et qu'un romantique d'à moitié.

Il eût fallu un homme d'un génie véritablement tragique, au niveau d'un pareil sujet de drame, et Casimir Delavigne ne l'était pas. Sa pièce, pâlement écrite et plus spirituelle qu'impressive, est, de style surtout, tellement médiocre qu'elle défend de pleurer à ceux-là qui pensent que pleurer n'est pas tout en littérature ! Le sujet, pourtant, est si poignant, — l'enfance innocente massacrée, et massacrée dans les entrelacements de la plus pure tendresse fraternelle, — que même sous la plume de Casimir Delavigne ou sous le pinceau d'Ary Scheffer (le Delavigne des peintres) un tel sujet nous cause encore de l'émotion. Seulement, ce n'est pas assez. Ce n'est pas l'impression que fait sur l'imagination des hommes ce groupe sculpté, comme par un Canova, en ces quelques lignes de Shakespeare. A elles seules, ces lignes sont plus puissantes que la pièce tout entière des *Enfants d'Édouard*. Malgré cela, cette pièce, qui nous paraît vieille de forme aujourd'hui, nous tirait autrefois des larmes.

Pourquoi donc nous a-t-elle si peu émus l'autre soir, et pourquoi les sensibilités les plus faciles à émouvoir, c'est-à-dire les plus vulgaires, sont-elles restées tout le long du spectacle dans la plus morne impassibilité ?

IV

La faute en est surtout aux acteurs qui l'ont interprétée. Je n'ai vu rien de plus mauvais. Ne vous y trompez pas ! Ils sont mauvais et rien de plus. S'ils étaient grotesques, on rirait et on s'en irait en riant. Mais non ! on ne rit pas. On s'ennuie. Ils sont sérieusement et consciencieusement mauvais. L'actrice qui fait la mère des enfants est lamentable dans ses lamentations. Richard III n'est qu'un scélérat sans physionomie. Nous sommes furieusement loin du diabolique bossu de Shakespeare, quand nous regardons celui-là ! Les costumes seuls sont bien. Ils valent mieux que les acteurs qui les portent. Rebel, qui fait le duc de Buckingham, est très élégant dans son costume bleu et jaune, aux fourrures légères ; mais quelle manière de dire les vers ! Son costume peut-être les dirait mieux...

L'APOTRE

12 Décembre 1881.

I

Il avait été annoncé, et même trompeté... On avait sonné pour lui ce vieux cor de Roland dont M. de Bornier avait retrouvé, à ce qu'on disait, l'embouchure; et cependant il ne sera pas joué au Théâtre-Français, cet *Apôtre!* C'est décidé. Nous ne l'y verrons pas. Encore une première représentation qui file! Encore un feuilleton de moins, et pourquoi?... Vous vous imaginiez peut-être que le Théâtre-Français, bourré, comme un grenier, de la paille à Pailleron, n'avait plus de place pour le foin de personne; mais ce n'est pas cela, ce n'est pas cette raison de Gagne-petit qu'on oppose à l'*Apôtre* de M. de Bornier. C'est, dites! l'auriez-vous cru jamais? une raison... APOSTOLIQUE! La pièce de l'*Apôtre* n'a pas été lue au Comité du Théâtre-Français, et c'est M. Perrin *tout seul*, M. Perrin, le *Janitor* de l'endroit, — *Janitor orci*, — qui a refusé net, ô surprise ! ô stupéfaction ! par respect et par orthodoxie, l'entrée du Théâtre-Français à cet intrus de saint Paul ; car l'*Apôtre* de M. de Bornier n'est rien moins que saint Paul, — et M. Perrin, qui a trouvé son chemin de Damas comme saint Paul, s'est converti soudainement à la simple lecture de la pièce de M. de Bornier, et c'est là même une conversion ajoutée à toutes les autres conversions de saint Paul ! M. Perrin a été foudroyé et bombardé catholique, sur le coup, et tellement catholique qu'il a opposé Apôtre contre Apôtre, et qu'il a dit, avec la résolution d'une foi toute neuve et toute flambante, à l'*Apôtre* de M. de Bornier : « Tant que j'aurai vie et souffle, tu ne passeras pas au Théâtre-Français, mon garçon ! »

Cette conversion inattendue et surnaturelle, qui va faire du bruit dans Paris, allez ! a dû stupéfier le pauvre M. de Bornier presque autant que nous... Jusqu'ici, il était compté parmi les catholiques de ce malheureux temps, qui l'est si peu. Il s'était, du moins, toujours gardé respectueux envers les choses saintes et les saintes personnes, et il ne se doutait ni de son irrévérence, ni de son schisme ou de son hérésie, car le fort théologien, de grâce divine, qu'est devenu si vite M. Perrin, ne s'est pas encore expliqué sur cela, et nous n'avons pas, dans leur finesse, les nuances de ses appréciations... Il n'a argué tout d'abord contre l'*Apôtre* que de son sentiment catholique intérieur, hérissé, comme les poils d'un chat en colère, contre cette diable de pièce de M. de Bornier! Lui, M. de Bornier, ne s'est pas reconnu l'innocent Bornier qu'il croyait être, et n'a pas reconnu non plus M. Perrin dans ce subit inquisiteur d'État, né de lui, Bornier, au Théâtre-Français. Il avait la conscience tranquille. Avec son *Apôtre*, il croyait même prêcher un peu, comme son apôtre. Il avait appris par l'histoire, ce bibliothécaire dramatique, qu'on jouait autrefois des *Mystères*, tirés de l'histoire sainte, devant des peuples pleins de foi et catholiques jusque dans leurs plus petites amusettes, et il avait cru peut-être en écrire un. Il avait cru peut-être que l'Église se vidant de plus en plus il allait emplir le théâtre avec ce qu'elle perdait, pour lui refaire une influence qui va s'affaiblissant tous les jours. Il avait enfin, audace du diable, mais pour un saint motif, voulu tripoter dramatiquement quelque chose dans les cœurs, s'il en reste encore chez un peuple de boulevardiers qui se moquent de tout, mais il n'avait pas compté sur le terrible M. Perrin! il n'avait pas compté — ni lui ni personne — sur ce Polyeucte indigné de M. Perrin, qui avait subi le martyre de la pièce et qui a rendu martyre pour martyre en envoyant l'auteur au supplice de l'Édition Dentu pour toute première représentation.

Je sais bien que charitable, quoique bourreau,

puisqu'il est chrétien, il l'y a envoyé avec toutes sortes de politesses et de révérences, — comme don Juan renvoie M. Dimanche se coucher avec des torches et des mousquetons. Il a proclamé, en le congédiant, — preuve qu'il s'y connaît bien, ce fin superfin de Perrin! — que l'*Apôtre*, de ce trop coupable M. de Bornier, était un chef-d'œuvre, dramatiquement et littérairement, et c'est à grand'peine qu'il s'est privé de ce chef-d'œuvre, qu'il se l'est arraché des entrailles et des entrailles du Théâtre-Français. Mais il le fâ-â-llait! C'était sublime de talent, ce drame. Mais ce n'était pas assez chrétien. Chrétiennement, c'était inconvenant, et avant tout, c'était respectueusement chrétien qu'il fallait être. Si l'on représentait ce beau drame, il y allait de l'âme et du salut de M. Perrin ! C'était trop cher, et M. de Bornier a été chassé du Théâtre-Français :

Point chassé, — mais prié de ne pas revenir.

Dorénavant, le très révérend père en Dieu Perrin ne souffrira pas à son théâtre de pièces quelconques si elles ne sont pas d'un christianisme égal au sien. Et comment fera-t-on pour le mesurer et pour le savoir? Cette sensitive de catholicisme que nous avions cru jusqu'ici un vieux directeur de théâtre, un vieux maquignon dramatique, ayant trente ans de cabotinisme dans le ventre, très indifférent, très sceptique, très dur à cuire et à attraper, nous a donné, avec le drame rejeté de l'*Apôtre* et les considérants de son rejet, la plus comique des comédies ! Ce n'est plus la farce de l'*Avocat Pathelin*, mais c'est la farce du Directeur Perrin, qui a battu l'autre à outrance, et qui est maintenant la meilleure des farces de son répertoire !

II

Certes ! M. de Bornier ne s'est pas vanté de cette conversion contre lui de M. Perrin. Dans la préface, bien modestement vengeresse, qu'il a attachée cauteleusement à son chef-d'œuvre selon Perrin, rejeté par Perrin, il dit « qu'il a renoncé à chercher un » directeur assez hardi pour mettre son drame à la » scène... » *Renoncé* dit sans l'exprimer qu'il a essayé d'en courir l'aventure et qu'il n'a pas eu à s'en féliciter. Ce mot discret, c'est le frottement d'une main sur la partie la plus charnue de l'amour-propre qui a reçu son coup de pied... Pleurez donc, ô nos yeux ! Vous ne verrez sur aucune scène l'épave du Théâtre-Français. C'est une aubaine perdue pour les autres théâtres. Puisque M. de Bornier renonce à chercher un directeur aussi hardi que lui, c'est qu'il a trouvé hardi de mettre saint Paul à la scène, et de fait, cela l'est. Il y a de quoi faire trembler un plus fort que lui. Corneille a fait *Polyeucte*, il est vrai, mais c'est encore une raison de plus de trembler! Rotrou a fait Saint Genest, mais Saint-Genest était un comédien. Tout hardi qu'il est, M. de Bornier n'a pas osé le nom de *Saint Paul* comme titre de son drame; il a écrit l'*Apôtre*, mais sous ce nom d'apôtre il a maintenu saint Paul dans son drame, pour une raison qui aurait dû toucher M. Perrin. Il savait que M. Perrin est le tapissier du Théâtre-Français, et que c'est là sa gloire la plus chère. Saint Paul était un faiseur de tentes. Eh bien, en forçant un peu la note et pour forcer la porte du Théâtre-Français, nous en ferons un tapissier!

Et il en a fait un tapissier! Au lever de ce rideau, qui ne se lèvera pas, saint Paul, qui n'est pas encore canonisé, perché sur une échelle, en attendant qu'il plane sur le monde, travaille avec son élève Faustus à clouer des tapisseries entre *des colonnes* (sic), et rappelle le monsieur Ducoutil de *Fanchon la vielleuse* :

> Étoffe légère,
> Coussins très moelleux!
> Il a pour les faire
> Un talent merveilleux!

On est chez une riche marchande juive qui vend

de la pourpre et qui s'intéresse déjà à son tapissier, car voici les deux premiers vers qu'elle prononce :

Les voilà, de bonne heure, à l'ouvrage aujourd'hui.
Étranges ouvriers, surtout le maître. *Oh ! oui !*

Comment trouvez-vous cet « Oh ! oui ! » ? A lui seul c'est tout le prologue de la pièce. Lydia la Juive en tient évidemment pour saint Paul, comme son amie, « la Grecque » Mégara, pour le petit ouvrier Faustus, à qui elle veut tenir les clous dès qu'elle arrive. Ainsi saint Paul, assez grognon sur son échelle, et Faustus de bonne humeur au pied, représentent la religion chrétienne qui vient de naître, comme Lydia représente la religion juive qui dure encore, et Mégara la païenne qui va mourir : « trois religions que j'ai voulu peindre », dit M. de Bornier, « à cette époque de l'histoire, *dans un cadre restreint* », ajoute-t-il pour se faire pardonner la maigreur et le prosaïsme de ses trois petits actes, qu'il est impossible à la critique de lui pardonner.

III

Je ne hais pas M. de Bornier. Ce n'est pas, certes ! ce qu'on peut appeler un grand poète, mais c'est un homme qui a dans la tête un idéal, à l'heure où personne n'en a plus. Seulement, voici la chose mélancolique. Ce poète, qui vise au grand et qui veut boire dans la coupe d'Hercule de Corneille, n'a pas souvent la force de la lever. Excepté dans sa *Fille de Roland* et son *Attila*, où il projette son idéal hors de sa tête, presque toujours il y reste, et, dans le drame qu'il publie aujourd'hui de l'*Apôtre*, on n'ose pas dire qu'il y soit même resté. Il n'y est plus et il n'y fut jamais. Je n'ai pas vu d'éclipse de talent plus complète. Elle est absolue, et il n'y a que M. Perrin qui ait ses raisons pour faire de cette éclipse un soleil ! Nous qui n'avons pas à mettre M. de Bornier à la porte d'un théâtre dans lequel il voudrait entrer, nous ne pouvons le couronner du laurier consolateur des poètes qu'on expulse. L'*Apôtre*, qui était un grand sujet de drame dont M. de Bornier n'a eu que l'éclair, est devenu sous sa plume, je ne sais comment, d'un raccornissement grimaçant et grotesque. Les quelques personnages que j'ai nommés plus haut sont des figures qu'il est impossible de prendre autrement que par le côté débordant de la comédie et de la caricature. Lydia (la religion juive) est une juive avare et dure, qui maltraite ses servantes à la Romaine, en leur enfonçant des aiguilles d'or dans les bras. Quel détail nouveau ! Mégara (religion païenne) est une vraie grisette de France, qui rit toujours et se permet de décoiffer de sa tiare un rabbin juif, fanatique de sa loi :

> Plus de tiare enfin, merveille *sans seconde !*
> Te voilà le rabbin le plus charmant du monde.

Le rabbin et Afranius, un duumvir épicurien, s'ajoutent à la Lydia et à la Mégara pour représenter les sociétés juive et païenne, et pour l'un, le rabbin, vouloir lapider Paul, et pour Afranius, le Romain qui goûte Horace, le faire esquiver, voilà toute la question de la pièce, avec la conversion, qui ne fait pas question, de la païenne et de la juive. Un détail cocasse de ce drame qui voudrait être majestueux, c'est que la Juive propose la botte du mariage à saint Paul, qui la refuse en la recommandant à Dieu et en lui tournant le talon de ses sandales. Le personnage historique est sauvé ! Je demande pardon de prendre ce ton dans un sujet si grave, mais c'est ce ton-là qui me *prend*, moi, malgré moi, quand je parle de la manière incroyable dont M. de Bornier l'a traité. Impossible d'en trouver un autre pour vous donner une idée exacte de ce vaudeville en trois actes, mais sans aucune gaieté. Les vers y sont d'une insipidité que *pas un* ne rachète ! Ah ! il fallait ici la plume de Shakespeare, et nous n'avons que celle de Pradon !

Voilà tout le feuilleton d'aujourd'hui que nous pouvons vous faire ! mais qui vous donnera, du moins, faute de pièce, une idée de la beauté du drame de M. de Bornier et de la franche critique de M. Perrin!

CASSE-MUSEAU

19 Décembre 1881.

I

Ce n'est pas un nom, c'est un geste! *Casse-Museau!* Ce n'est pas poétique, et, pour le titre comme pour les mœurs, j'aime mieux *Robert, chef de Brigands*... Mais il n'y a plus de brigands. A présent, il n'y a plus que les pieds plats du vol et de l'assassinat, et nous avons dépoétisé, aplati et goujatisé jusqu'au crime... *Casse-Museau* n'est ni poétique, ni spirituel, ni littéraire. C'est grossier, ignoble, puant l'argot; mais nous sommes à Paris et en démocratie, et Paris aime à se regarder dans ces horribles miroirs qui lui renvoient l'abjection de ses vices, et c'est pour lui qu'on les étame. Chose étrange! que depuis si longtemps on nous serve de ces platées de crimes bêtes et sanguinolents et que rien ne puisse nous en dégoûter. Chose prodigieuse! que nous ayons toujours l'infatigable voracité qui nous fait avaler ces *Arlequins* affreux faits avec les restes de toutes les cuisines dramatiques, et que cela réussisse toujours !

Casse-Museau — puisqu'aujourd'hui cela s'appelle *Casse-Museau* — ne s'est pas cassé le sien. Cela se joue au Château-d'Eau, et cela n'est pas tombé... sur le museau ! La Critique du lendemain a même trouvé la chose assez bien faite ; la construction de cette charpente fortement établie, le bout des solives entrant bien dans les trous... Le public, lui, qui n'a d'émotions qu'à la taille de son âme, a été pris une fois de plus par ce que j'appelle l'immortalité du mélodrame ; car le mélodrame, c'est le drame, au fond, — et le coup d'archet dont on accompagne l'entrée de chaque personnage en scène n'en change pas l'essence, — c'est le drame, prosaïsé et ravalé peut-être, tombé de la hauteur idéale où l'avaient mis nos pères, mais c'est le drame immortel, comme l'âme humaine elle-même. Les sots et les esprits vulgaires auront beau le tirer en bas et le dégrader, je les défie bien de le tuer. Il défie même les littérateurs et il les brave.

Dans un temps où les Exhibitions prennent des proportions colossales, comme *Michel Strogoff* et les *Mille et une Nuits* jouées il y a deux soirs, il résistera aux Exhibitions... Les yeux, qui ne sont, après tout, que des organes, se lasseront un jour de ces éblouissants et imbéciles spectacles qui les usent et qui les aveuglent, tandis que le drame, qui est fini, il est vrai, dans *l'art qui l'a fait vivre*, vit misérablement, je le veux bien, mais pourtant vit encore, et, pourvu que deux passions se cognent, l'intérêt de ce cœur humain si bien trempé pour la guerre — pour la lutte du bien et du mal — s'attachera irrésistiblement à cette lutte, et le mélodrame subsistera, croyez-le bien! tant qu'il y aura dans le monde une seule âme de portière; car en matière de mélodrame, il faut bien le dire, nous sommes tous des portiers!

Et j'ai senti cela plus que jamais à la représentation de *Casse-Museau*. Casse-Museau (le surnom d'un chef de voleurs assassins) est le frère d'un homme de haute naissance, qui doit le juger comme magistrat, mais qui ne le juge pas, et qui, déshonoré par lui, arrache son ruban de la Légion d'honneur, se frappant ainsi noblement dans le crime de son frère. Je vous fais grâce, à vous et surtout à moi, de l'imbroglio de soupçon d'adultère et de police qui se noue autour de ce magistrat, qui a eu le malheur d'épouser une femme dont la sœur est une fille perdue et que Casse-Museau (le frère voleur du magistrat) a assassinée pour lui prendre une rivière de diamants. La pièce valse dans cet imbroglio le temps des cinq actes, et les esprits qui se préoccupent du mérite de ces arabesques, dessinées par les événements et qui s'entrelacent, ont trouvé qu'elle valsait assez bien. Je ne veux, moi, que constater la pérennité du mélodrame à propos de cette pièce de *Casse-Museau*, qui vaut mieux par l'inspiration que *Malheur aux pauvres*, œuvre maladroite et lâche, et qu'elle ne rappelle que par le contraste, comme le second terme d'une antithèse dont le second rappelle le premier. Du moins, dans le dernier mélodrame du Château-d'Eau, il n'y a pas d'hypocrisie sociale. Il n'y a pas d'envie qui cache, par peur, le couteau dont elle voudrait frapper. Il n'y a aucune des infections souterraines de *Malheur aux pauvres*. L'intérêt seul du mélodrame y est tout, sans qu'aucune préconception, socialement ou littérairement, s'y ajoute.

II

Je n'étais pas à la première représentation et je ne l'ai pas regretté... J'y aurais trouvé le public inepte des premières représentations, attiré particulièrement ce jour-là par la Morgue, qu'on devait y voir, comme dans la pièce de *Malheur aux pauvres* on avait vu la guillotine. Quoique parfaitement inepte, ce public-là n'est nullement naïf, et il se soustrait par une foule de côtés à l'action d'une pièce. Au contraire, le public de la troisième représentation, quoique la Morgue fût aussi pour lui l'anneau dans le nez par lequel on le tirait et on l'amenait à la pièce, serait cependant venu encore quand la Morgue n'eût pas été là.

Il serait venu par fidélité au mélodrame, qui est sa seule littérature. Quand je suis entré en cette vaste salle, ce soir-là assez mal éclairée et aux loges vides, il y avait, dans le bas de l'enceinte, un public noir d'hommes et de femmes, mises presque toutes en noir, qui étaient entrées là comme dans une église, avec une dévotion, un recueillement et une componction pour le mélodrame qu'on allait leur jouer. C'étaient les puritains, les plus purs puritains du mélodrame, — les âmes de portière que nous sommes tous quand il s'agit du mélodrame, — et qui ont applaudi celui-là avec la conscience de gens sincères et convaincus.

Et ils ont applaudi pour la pièce, exclusivement pour la pièce ; ils ont applaudi quand les acteurs ont été faux comme ils auraient applaudi quand même ils auraient été justes, n'ayant pas même besoin pour être émus du talent de cette actrice qui perce déjà la couche des exécrables pièces dans lesquelles on la fait jouer, et qui s'appelle du nom charmant de Marie Laure.

III

C'est d'elle que je veux vous parler exclusivement aujourd'hui. Elle vaut mieux que tous les feuilletons que je pourrais lui faire, et surtout que le feuilleton de la pièce où elle joue aujourd'hui. Fût-elle bonne, cette pièce, autant que, selon moi, elle est médiocre, l'actrice qu'elle s'y montre nous promet pour l'avenir plus de bonheur que ne peut en donner une pièce. Elle doit nous en donner pour cent !... Il paraît (m'a-t-on dit, car j'ignore sa vie,) qu'elle a déjà du passé dramatique et qu'elle se détire énergiquement depuis assez de temps déjà, la petite lionne, du chaos visqueux des mauvaises pièces dans lesquelles on l'a fait jouer, comme le lion de Milton se détirait de la boue terrible des premiers temps de la Création... Moi, je ne la connais que pour l'avoir vue deux fois : dans *Malheur aux pauvres* et dans le mélodrame d'aujourd'hui ; mais ces deux fois-là j'ai été atteint, en pleine sensibilité et en pleine intelligence, des deux flèches enchantées que le Talent envoie à ceux qui le sentent, et qui ne nous font mourir que du plaisir idéal et pur de voir bien jouer.

Quand je la vis pour la première fois et le soir de

ma première flèche, c'était dans un rôle où elle montra une sensibilité prodigieuse et qui me fit écrire sans trembler le grand nom de madame Dorval, et me demander si c'était l'aurore d'une Dorval nouvelle qui commençait à se lever ?... Elle en avait, pour moi, ressuscité les cris et les larmes. Le pathétique de cette grande actrice, la plus pathétique des actrices que j'aie jamais entendue, elle l'évoquait en moi et je le revoyais, dans une forme plus jeune et non moins vibrante que cette créature de vif argent et de phosphore qui semblait un paquet de cordes à violon qu'on aurait jeté dans le feu et qui s'y tordrait. Mademoiselle Marie Laure, dont le nom, choisi par elle (elle en a un autre), forme la moitié du nom de madame Marie Laurent (en le prenant, y a-t-elle pensé?), n'a pas la beauté majestueuse et robuste de celle-ci, ni ses yeux bleus, d'un bleu si profond qu'ils en sont noirs.

Elle n'est pas non plus ce que les hommes appellent jolie. La nature, qui fait les grandes actrices, lui aura dit : « Je compte sur toi », et parce qu'elle y comptait elle a oublié de la faire belle. Elle a laissé ce soin au talent, qui sait créer tout, même la beauté... Seulement, le second soir qu'elle a joué devant moi, — le soir de ma seconde flèche, — elle a joué la femme du magistrat qui la soupçonne et qui la calomnie, et elle m'est apparue dans cette adorable robe blanche qui lui fait une si noble et si chaste tournure. L'abîme de sensibilité et de larmes que je connaissais et sur lequel je me penchais pour en voir le fond sans le voir, s'est tout à coup fermé, et la femme outragée s'est relevée comme une épée sous la main qui la courbe, dans la droite fierté de son innocence! C'est cette fierté qui l'a transfigurée; car ça été une transfiguration véritable! J'ai vu rarement rien de plus rapide et de plus beau. Elle a passé d'un bout à l'autre de l'horizon des émotions les plus lointaines et des physionomies les plus différentes; et si, comme je le crois, elle a pour les rôles qu'elle doit jouer dans l'avenir cette flexibilité foudroyante et cette puissance de métamorphose, ce n'est plus deux flèches comme à moi qu'elle enverra au centre des âmes ! Elle y plantera tout un carquois !

L'INSTITUTION SAINTE-CATHERINE

27 Décembre 1881.

I

Cette comédie, au titre embrouillé, qui ne dit pas ce qu'elle veut dire, jouée jeudi soir à l'Odéon, n'a pas été non plus ce qu'elle voulait être... Elle partait ni plus ni moins que sur le pied d'une grande comédie, et elle est arrivée cul par terre. Elle n'a plus même été une comédie du tout, car on n'a pas ri une seule pauvre fois le long de ces quatre longs actes ! Accoutumé à faire de toutes petites pièces, qui font rire un petit le monde sans gaieté des salons, où l'on a maintenant de petits auteurs de comédies grands intellectuellement comme le nain du roi de Prusse l'était physiquement, M. Abraham Dreyfus, ce petit Poucet dramatique que tout le monde aime, — et on lui en a bien donné la preuve jeudi soir, — s'est perdu dans cette vaste mer de quatre actes, et on ne l'a pas retrouvé. Nul dauphin n'a ramené au Pirée l'imprudent ouistiti ! Pas une seule fois, sur l'immense et monotone insipidité de cette pièce en quatre actes de jeudi soir, n'a reparu l'agréable petit bonhomme qui avait osé la pleine eau d'une grande comédie, et pas un mot, pas un seul mot spirituel laissé derrière lui, n'a marqué la place où il avait disparu. On l'a cherché vainement, ce mot qui aurait dit qu'un homme d'esprit s'était noyé là... et rien, rien ! Ç'a été affreux et désastreux pour ses amis désappointés, qui en sont restés malagrabolisés à l'orchestre.

Car l'orchestre de l'Odéon était bondé de ses amis, et si, ce soir-là, nous avions eu l'incendie que nous attendons tous les jours, on aurait vu que l'entassement des amis est aussi dangereux que l'entassement des strapontins ! Ils étaient tous venus là fort en fête, la fleur de l'amitié sur l'oreille, pleins d'espérance et de sourires, et ils vous disaient, en ôtant leurs gants pour mieux applaudir: « Vous allez voir comme il a grandi, ce charmant petit homme, qui n'a eu encore de succès que dans le verre d'eau sucrée de la comédie de salon ! Vous allez voir comme il a poussé ! Vous allez le voir à la scène, toute sa taille venue, avec des biceps et des mollets superbes !... » Et nous n'avons rien vu du tout !... pas même le petit Dreyfus ordinaire, qui, certainement, aurait mieux valu que le Dreyfus de ce soir-là, lequel, pour tout extraordinaire, n'a été qu'extraordinairement ennuyeux!

Il avait pourtant mis sa petite menotte sur une forte idée de comédie, mais ce marbre-là pesait trop pour qu'il pût le lever... Cette idée, ce n'était rien moins que ce ridicule et ce vice du temps qui font d'un père et d'une mère, embarrassés de mesdemoiselles leurs filles, les maquignons de ces belles personnes qu'il leur faut marier à tout prix. Par tendresse, ces maquignons de leurs filles, qui avaient oublié dans leurs distractions conjugales ce qu'elles devaient leur coûter plus tard, font exactement, dans une société qui se croit morale, ce que fait au grand soleil des places publiques le marchand d'esclaves au marché de Constantinople. Ils débitent également de la chair vivante. Ils exhibent et ils étalent également au marché du monde leur marchandise humaine, pour tenter l'acheteur et quelquefois pour le tromper... Certes ! s'il reste encore un sujet de comédie après tant d'autres que nous avons tous épuisés, à coup sûr, c'est bien celui-là ! C'est bien celui-là, où le vice et le ridicule se mêlent et se confondent dans la terrible proportion d'où doit jaillir le rire amer et profond qui convient à la grande comédie !

Seulement, est-ce bien le genre de talent de M. Dreyfus qui peut faire jaillir ce rire-là ? Il en a eu la fatuité, cependant, quand il a écrit son *Institution Sainte-Catherine*... Et pourquoi sainte Catherine ? Dans le monde, qui ne vit que de clichés séculaires, on dit d'une fille qui ne se marie point qu'elle a coiffé sainte Catherine. Mais par quel embrouillamini de cervelle M. Dreyfus a-t-il passé, pour avoir intitulé *Institution Sainte-Catherine* une pièce dans laquelle on ne la coiffe pas ?...

II

Les deux filles de M. Petitbourg se marient, en effet, à la fin de cette pièce. M. Petitbourg est le père maquignon de ces deux jeunesses... C'est un savant académicien, — imbécile par lui-même, — imbécile par la science, — imbécile par Pradeau, qu'ils ont *loué tout exprès* pour jouer à l'Odéon ce double imbécile et pour le tripler, et qui l'a triplé. M. Petitbourg s'arrache, ou plutôt se laisse arracher par sa femme, à la contemplation des temps préhistoriques qu'il étudie, pour contempler les temps modernes où il y a des filles à marier, et particulièrement les deux siennes. Elle le retourne même un peu brusquement de l'une à l'autre de ces contemplations ; car dans cette question de maquignonnage la femme est toujours supérieure au mari, et on le conçoit : elle est femme et elle a été jeune fille, et jeune fille aussi à marier... Pour toutes ces raisons, madame Petitbourg a bien plus que son mari, le vieil académicien préhistorique, le génie de l'exposition et de l'étalage, de l'espalier et de la vitrine, quand il s'agit de montrer et de faire valoir une marchandise aussi délicate que deux jeunes filles qui peuvent, au premier accident, s'avarier et devenir d'un placement plus difficile et plus incertain.

Elle traîne donc partout le bonhomme préhistorique, qui devrait avoir un relief à lui mais qui n'est guères qu'un Prudhomme engourdi, lourd à manœuvrer, même aux rudes mains de sa femme, qui le fait aller comme toupie qu'on fouaille ! Elle le traîne aux bals, aux spectacles et aux bains, dans la saison des bains, partout enfin où le monde, cette foire aux vanités et aux oisivetés, entasse tous les maris possibles... Comme le vieux type décrépit du *Monsieur qui suit les Femmes*, il suit les siennes (bien entendu, pas pour le même motif !) dans cette incessante chasse aux maris, pour en attraper deux. Cette chasse aux maris, si elle était bien menée, pourrait être plaisante; mais elle l'est mal, avec des longueurs, des obscurités, des obstructions, des événements bêtes et des rôles bêtes, comme ceux, par exemple, des deux maris visés, dont le plus intéressant a pour père un millionnaire, qui n'est aussi, lui, dans sa lente et emphatique solennité, qu'un décalque de Prudhomme, de ce Prudhomme qui envahit tout à présent, théâtre et cerveaux, mais auquel l'acteur, par son jeu, a donné une originalité dont l'auteur était incapable... Cet acteur, qui m'a frappé déjà, c'est Cornaglia, un comédien qui montera haut, et qui s'est ajusté dans la boîte en bois de son rôle d'aujourd'hui avec la précision d'une mécanique très bien faite. Il y est devenu tellement tête de bois, visage de bois, yeux de bois, voix de bois, qu'à l'orchestre on a reconnu, à tout ce bois irréprochable, la figure, adorée à la *Revue des Deux-Mondes* et à l'Académie, de feu M. Saint-René Taillandier, revenu comme il était avant de disparaître, car il n'a jamais été vivant !...

Eh bien, malgré cette admirable image de Taillandier dans Cornaglia, qui a été la seule chose frappante et égayante de la pièce de M. Dreyfus, ses amis n'en ont pas été égayés comme moi, par exemple !... Ils souffraient trop, dans leur enthousiasme espéré, de l'accablant ennui que la pièce versait sur leurs têtes, et ils ne les ont pas relevées. Ils sont restés à l'orchestre obstinément dans leur attitude de saules pleureurs ; ils dormaient peut-être, qui sait ? ainsi repliés sur eux-mêmes, mais pas tous. J'en ai vu, vers le dernier acte, quelques-uns reprendre leurs gants dans leurs poches, où ils les avaient mis pour applaudir, et à pas discrets, le dos courbé sous la charge surhumaine d'ennui qu'ils portaient, ils ont gagné les portes pour ne plus revenir.

L'honnête homme trompé s'éloigne et ne dit mot.

Ils avaient été trompés, et ils ne disaient mot... Et quand, la pièce jouée, on est venu dire le nom de l'homme aimé qui l'avait faite, plus de la moitié de la salle, par sentiment, s'était évaporée!

III

Nul reproche, du reste, à faire aux acteurs dans cette infortune... Ils ont joué comme s'ils avaient compris autre chose que les platitudes qu'on leur faisait débiter ce soir-là. Ils ont joué avec un talent qui étonnait autant que le manque de talent de M. Dreyfus. Cependant, l'intelligent Porel avait compris ce qu'il fallait comprendre. Prudemment il n'avait pas pris de rôle dans cette médiocrité, réservée à une si courte destinée... Les autres, qui devaient l'obéissance à leur directeur, ont joué les leurs avec un talent inutile à la pièce, mais non pas à eux. Tous ont été, ce soir-là, au-dessus d'eux-mêmes, comme M. Dreyfus au-dessous... Le plus fort a été évidemment Cornaglia, qui a su se tailler un Taillandier dans un rôle stupide, comme dans une bûche une figure de parapluie. Pradeau, embelli par mademoiselle Abbema, qui a peint, disait-on autour de moi, le portrait collé au mur dont le front est blanc au lieu d'être acajou (un caprice !), Pradeau a eu, dans la seule scène qui a fait jeter aux amis de M. Dreyfus les quelques sous d'applaudissements qui soient tombés dans la sébile vide de sa pièce, une larme d'attendrissement humilié, en pensant aux bassesses de son maquignonnage, qui a traversé l'épaisseur de son empâtement...

Madame Crosnier, cette vieille verte et verveuse, et qui n'est pas plus la madame Jouassin de l'Odéon que madame Jouassin n'est la madame Crosnier des Français, a joué son rôle de mère qui fait l'affichage de ses filles, et qui ne leur bâtit pas une robe sans y coudre en espérance un mari, avec la sublime bêtise maternelle qui sauve tout, même l'indignité ! Mademoiselle Raucourt, la belle fille d'autrefois, et qui n'a pas trouvé, la pauvre diablesse, ce que les autres ne cessent de chercher dans la pièce, s'est composé d'intelligents bandeaux à *la vierge* qui disent bien l'âge de sa virginité. Mesdemoiselles Sisos et Melvau, les deux petites sœurs, en attelage, qui chassent au mari en spencer vert (la couleur des chasseurs !), ont été toutes deux charmantes : l'une, le charme rond ; l'autre, le charme aigu. Je voudrais pouvoir nommer tout le monde dans cette pièce de M. Dreyfus, et n'oublier, si c'était possible, que M. Dreyfus...

Il y a encore, dans cette *Institution Sainte-Catherine*, une femme qui n'est pas une vieille fille, mais une veuve ardente à se remarier, tout autant que si elle ne s'était jamais mariée, et qui veut pêcher, dans l'eau qu'elle trouble, le mari d'une des demoiselles Petitbourg. L'actrice qui a joué cette femme, et que je ne reconnaissais pas à travers le doux embonpoint qui l'a délicieusement capitonnée, fut une minceur et une personnalité d'actrice qui me plaisait et que j'ai vantée. C'est madame Grivot, vue au Vaudeville autrefois. Ce n'est plus madame Grivot maintenant, malgré le nom qu'elle porte toujours. Ce n'est plus la minceur ni la voix ronde qui sortait de cette minceur, et qui, à elles deux, faisaient la madame Grivot de ma jeunesse. Elle a l'embonpoint à présent, mais j'aimais mieux le gracieux squelette qui a disparu sous cet embonpoint qui me le cache ; et quant à la voix, qui n'est plus maintenant que celle de mademoiselle Fargueil, à qui elle l'a prise, j'aimais mieux aussi celle de madame Grivot, que je ne trouve plus que dans les échos de mon cœur.

LE MARI A BABETTE

3 Janvier 1882.

I

Hier soir, — pas plus tard qu'hier soir, — le Palais-Royal s'est *désensorcelé* de cet éternel *Divorçons!* qui pouvait durer jusqu'à la fin du monde, car madame Chaumont, qu'on y croyait indispensable, ne l'a pas emporté, en s'en allant, à la queue de sa robe, et il s'était tout aussi bien faufilé à la traîne de mademoiselle May, — et cette disparition a été pour nous un soulagement et un succès pour M. Meilhac. Son *Mari à Babette* a réussi, mais qu'il ne s'y trompe pas ! c'est à la pièce de M. Sardou qu'il le doit bien plus qu'à la sienne. Il est arrivé à un bon moment. Il est arrivé juste dans un de ces moments où l'on respire longuement d'une visite qui a duré trop longtemps, et où le premier sot qui arrive paraît plus intéressant que le pauvre homme d'esprit qui sort... *Di-*

vorçons! avec son monstrueux succès, que toute la France, cette singesse de Paris, a voulu voir et applaudir, parce que tout Paris l'avait vu et applaudi, *Divorçons!* commençait enfin à nous lasser, comme son innocence commençait à lasser Oreste, — et, quoique le *Mari à Babette* n'abonde pas en étonnantes nouveautés, après cette pièce, qui, positivement, supprimait le théâtre du Palais-Royal au profit de M. Sardou, du seul et dévorant M. Sardou, cet ogre de l'affiche, le *Mari à Babette* nous a paru nouveau, frais et presque agréable...

Donc il faut ajouter comme second collaborateur M. Sardou à l'auteur du *Mari à Babette*; car M. Meilhac a remplacé M. Ludovic Halévy par M. Gille. On les croyait deux pour la pièce, — mais, en réalité, ils sont trois!

II

M. Meilhac a perdu M. Ludovic Halévy. C'est la fatalité de toute collaboration, cette comédie! qui pourrait s'appeler du nom d'une tragédie et s'intituler : *Les Frères ennemis*. M. Meilhac, veuf de M. Halévy, n'a plus été que lui-même, et il a cru que cela ne suffisait pas puisqu'il s'est adjugé immédiatement comme aide M. Gille. M. Gille s'est laissé prendre par M. Meilhac à ce piège à renards de la collaboration... et à eux deux (soi-disant) ils ont fait le *Mari à Babette*, dans lequel la Critique de ce matin n'a vu que du feu, le feu de l'esprit qui n'y était pas! M. Meilhac, qui vit sur son passé et qui trahit, depuis du temps déjà, lamentablement son avenir, n'était-il Meilhac que quand il était Halévy? Toujours est-il qu'à présent il n'est plus Meilhac du tout, — le Meilhac que, pour ma part, j'ai aimé sans le connaître : la bonne manière d'aimer, — mais il est resté le Meilhac du passé pour les critiques de ce matin, qui l'aiment, eux, parce qu'ils le connaissent, et que, dans ce monde de Philintes, il est impossible de dire la vérité à l'homme qu'on aime. On a trop peur qu'il ne vous aime plus!

La vérité pourtant est que la pièce de M. Meilhac est extrêmement médiocre, sans esprit d'aucune sorte que le sous-entendu grivois, si facile qu'il n'est plus même spirituel, sans originalité, sans mots, quoiqu'on ait dit qu'il en part des fusées, — par parenthèse, en voilà une de longueur! Otez seulement de la pièce les acteurs, qui nous font rire par le fait seul des cocasseries qu'ils nous rappellent, la pièce ne tombait pas, — rien ne tombe maintenant! — mais restait bêtement debout sur ses pieds, — des pieds assez plats!

Vous allez en juger. Le *Mari à Babette* est un faux

mari, et Babette est une fausse cocotte, puisqu'elle aime l'amant qui la paie. Or, cette fausse cocotte est la maîtresse vraie d'un gommeux de ce temps, Gaston de Petitpreux, neveu d'un oncle, comme le théâtre en fait, à deux cent mille livres de rente, lequel, au lever du rideau, dort sur le canapé de son neveu en l'attendant, quand il revient du cercle après avoir ajouté au passif de ses dettes (huit cent mille francs) cinquante mille autres, perdus cette nuit même... Cet oncle facile et joyeux, représenté par la bedaine de Montbars, arrive tout exprès des environs d'Angoulême pour arrêter la ruine de son neveu qui se précipite et lui faire épouser sa cousine Andrée, sous peine, s'il ne l'épouse pas, de l'abandonner à ses créanciers et de le déshériter sans pitié. Seulement, le vieux mauvais sujet d'oncle qui a, dans son gros ventre, des entrailles pour son jeune mauvais sujet de neveu, comprend très bien qu'avec le train qu'il mène à Paris ce diable de neveu ne veuille pas entendre parler d'un mariage en province ; aussi essaye-t-il souplement (pour un homme si gros!) de tourner la difficulté, et il n'exige profondément de son neveu que d'habiter six mois le château de Petitpreux avec sa cousine, parfaitement sûr qu'il est de le voir amoureux d'Andrée avant la fin de ces six mois. Malheureusement, une bonne raison pour qu'il ne le soit pas, amoureux, c'est qu'il l'est déjà de Babette et qu'il ne peut se passer d'elle...

Ici l'embarras. Le Petitpreux, qui est, de fait, un très petit preux, ne rêve pas plus que les hommes de son temps des amours éternelles, et, tout amoureux qu'il soit, n'est pourtant pas d'humeur à sacrifier, même à sa Babette, une fortune avec laquelle il pourra se payer dans l'avenir beaucoup d'autres Babettes ; mais, pour l'instant, il tient opiniâtrement à celle qu'il a, et il faut trouver le moyen de la garder tout en faisant la volonté de l'oncle aux deux cent mille livres de rente. Eh bien, voici ce que les deux amoureux imaginent ! Babette prendra un faux mari et ira habiter avec ce faux mari dans les environs du château où son amant habite avec Andrée, et c'est ainsi qu'ils feront du même coup l'amour et la volonté de leur oncle, et c'est ce faux mari, joué par Geoffroy, qui est, à lui seul, toute la pièce.

Jusque-là tout se présentait assez bien, et quoique le ton fût du Palais-Royal et que M. Meilhac n'y eût pas ajouté son esprit, la pièce, ainsi posée au premier acte, semblait promettre une comédie ; mais aux deux actes suivants nous n'avons plus eu qu'une folle farce. Le faux mari, qui s'appelle assez drôlement un inventeur, et qui est *l'inventé*, comme mari, de Gaston de Petitpreux, est un aventurier éreinté du plus bas étage, espèce de Gaudissard bohême à toute main, placier de toutes choses, depuis les vins de Bordeaux jusqu'aux machines à coudre, fusillant de son calepin qu'il tire vingt-cinq fois de sa poche en une heure pour inscrire les commandes qu'on ne lui fait pas, et il a troqué, pour devenir le mari fictif de Babette, son nom de Gévaudan contre celui du baron de Cossembleu. C'est sous ce nom, qui dit bien où nous sommes, du reste, que Geoffroy fait, pendant deux actes, les bouffonneries familières au Palais-Royal, mêlées à des confusions et à des événements si invraisemblables que même la gaieté du Palais-Royal ne les aurait pas sauvées, et qu'elles sont vraiment par trop indignes de la Critique pour qu'elle puisse vous les raconter.

III

Mais la gaieté du Palais-Royal n'y était pas... Ah! si nous l'avions eue, mais non! Les délicieux farceurs de ce théâtre à Tabarin n'avaient point samedi soir leur gaieté accoutumée. Ils étaient tristes, contre leur usage, pour avoir passé par M. Meilhac. M. Meilhac — que j'ai vu, quand il était Meilhac-Halévy, un esprit des plus incisifs et des plus fins, trop fin même pour la grande comédie, et, quoi qu'il écrivît, toujours élégant et charmant, et mordant, mais du bout des dents, comme Saint-Médard avait l'habitude de rire, — n'a jamais eu, dans son bouquet de violettes de facultés, la grosse rose-pomme, au cœur ouvert, de la gaieté épanouie... Il n'a jamais eu la puissance du large rire aux éclats et à ventre déboutonné, et toute cette verve endiablée qui a pour palais — car elle en mérite un — le Palais-Royal! C'était un écrivain du Gymnase, en instance au Théâtre-Français. Instance longue! Comment s'est-il pris assez à contre-sens de sa nature pour vouloir être un écrivain du Palais-Royal, le seul endroit où l'on rie à fond? et où il s'est morfondu... à fond aussi... Ils étaient tous là cependant pour lui venir en aide comme M. Gille, les meilleurs et les plus adorables bouffons de France : Geoffroy, Montbars, Lhéritier, à la voix malheureusement absente mais qui peut s'en passer à force de physionomie, Hyacinthe, au nez trop présent : non ! jamais trop présent. Et on n'a pas ri, dans la salle, comme on croyait y rire.

Tous ces fatigués de *Divorçons!* qui venaient chercher une sensation nouvelle qui les sortît de *Divorçons!* trouvaient bien celle de ne plus entendre cette rabâcherie sempiternelle, mais cette sensation négative, qui a pourtant profité à M. Meilhac, ne suffisait pas à leur exigence... Ils s'attendaient à mieux... Ils pensaient à M. Meilhac-Halévy. Ils s'attendaient à voir des acteurs montés sur des rôles qui devaient exhausser leur talent ; ils trouvaient bien toujours les acteurs, mais sans les rôles qui devaient les faire meilleurs et plus comiques... Ils n'étaient là que les acteurs de tous les jours, les ombres d'eux-mêmes, revenant jouer dans des rôles connus et vulgaires, qui ne les forçaient pas à trouver dans leur talent une note de plus ! C'étaient toujours, il est vrai, Lhéritier et Geoffroy réduits à leur propre puissance d'acteurs, mais ce n'était ni le Geoffroy ni le Lhéritier qu'on eût voulu voir doublés d'un Meilhac. M. Meilhac ne les doublait que de plaisanteries en loques, usées sur les planches mêmes où on les disait. La doublure ne valait pas l'endroit. Enfin, pour tout dire, il y avait encore une autre raison de cette *mornesse* du Palais-Royal, ce soir-là, et dans laquelle M. Meilhac n'était pour rien, et cette raison, je la dirai à ces acteurs qui me donnent le bonheur de rire, car c'est le moment.

À l'heure qu'il est, ce gros benêt de public, qui se laisse chatouiller par des *Revues* de fin d'année sans aucun esprit et sans la moindre originalité, — mais qui, pour cette raison, n'en plaisent que mieux, — trouve charmantes les imitations d'acteurs et les singeries universelles dont vivent ces misérables *Revues*. Et ces imitations multipliées blasent sur les acteurs qu'on imite et les diminuent, et nuisent à leurs effets, qui ne portent plus... Nous avons vu tant de Lhéritiers et de Geoffroys à tous les théâtres, en ces derniers temps, que ceux du Palais-Royal de samedi soir nous paraissaient, de cela seul, d'un comique moins inattendu et moins profond. Ils étaient les victimes de ces imitations, que le théâtre a l'immense bêtise d'admettre, et même de rechercher. Les imitations, en tout art, tuent les créations, qu'elles outragent en les imitant. Cela ne fait rien, je le sais bien, au chef-d'œuvre, qui reste quand les imitateurs ne sont plus ; mais le chef-d'œuvre, pour l'acteur, c'est lui-même, qui ne reste pas, — pas plus lui que ses imitateurs. L'acteur est un éphémère qui s'en va tout entier. On ne peut faire, de par la Loi, la caricature de personne, si on ne consent à cet outrage de la caricature ! Les écrivains ne souffrent pas la contrefaçon de leurs œuvres ; pourquoi donc les acteurs souffrent-ils la contrefaçon de leur talent ?

SERGE PANINE

9 Janvier 1882.

I

C'est un succès, et même incontesté ! Les critiques du lendemain — ces greffiers de l'actualité — l'ont immédiatement enregistré, et la chose a maintenant force de loi. Le *Serge Panine* de M. Georges Ohnet a non seulement été applaudi, mais il a été écouté avec un intérêt croissant d'acte en acte. Le public, qui n'était pas celui de M. Dreyfus, a été pris, vraiment pris. Il l'a été trois fois, et par le sujet de la pièce, et par la manière dont elle est écrite, et surtout, surtout par la façon dont elle a été jouée. Et tout cela a formé une superbe panoplie de vulgarités toutes-puissantes et irrésistibles ! Le sujet de la pièce est, en effet, le mariage si commun d'un joli garçon, qui a un titre, avec une jeune fille dont il tourne la tête et qu'il ruine immédiatement après l'avoir épousée, et la bataille, écœurante maintenant de vulgarité au théâtre, de la belle-mère et du gendre... Écrite dans la langue de tout le monde, cette pièce de *Serge Panine* (et c'est son bonheur!) n'a pas un mot d'esprit ni une phrase d'imagination à se reprocher.

Elle est bourgeoise jusque dans la langue de son unique gentilhomme, dérogeant et déshonoré. De plus, elle est jouée par madame Pasca, qui tient presque toujours la scène, dans ce drame, avec une vulgarité qui l'honore comme actrice; car elle a pu forcer la distinction de sa nature à se courber et à descendre jusque-là... Elle s'est admirablement embourgeoisée dans ce rôle de bourgeoise cossue qui a fait sa fortune dans les farines, et qui l'a faite aussi dans la farine de la pièce. *Ejusdem farinæ!* Elle y a été la boulangère qui a des écus, moins gaie que celle de la chanson, par exemple !! Mais elle n'en a pas moins boulangé le tout et pétri son rôle avec la main forte d'une maîtresse femme, en fait de talent! Et ces trois vulgarités, réunies en faisceau, sont entrées, comme chez elles, dans le cœur du public, qu'on eût manqué si on avait visé plus haut...

Mais il s'en est bien gardé, de viser plus haut, M. Georges Ohnet! Il n'a pas fait comme madame Pasca. Il a obéi à sa nature. Son succès de jeudi soir nous en promet d'autres du même genre. M. Georges Ohnet me fait bien l'excellent effet (excellent pour lui) de n'être pas plus élevé que l'idéal dramatique de son temps. Il est de l'école moderne des Augier, des Sardou, des Dumas, qui l'ont fait, à trois, comme une pièce... Critique de théâtre au *Constitutionnel*, il y préparait, par ses feuilletons, ses voies dramatiques. *Parate vias Domini!* Il y vantait outrageusement les trois hommes qui peuvent se disputer sa paternité, et pour lesquels il professait un *mamelukisme* de sentiment et d'admiration qui le faisait se coucher, comme le Mameluck de l'Empereur à la porte de son cabinet sur un tapis, à la porte de leurs œuvres, à eux, sur le paillasson de ses feuilletons. Il était assez modeste pour ne pas se comparer à ces messieurs, et il avait tort, selon moi. Il est de la même famille d'esprits, qui n'a point de race, et peut-être aura-t-il comme eux son éclat et son petit moment historique. Picard, si oublié maintenant, a bien eu le sien!

Oui! Picard a été comme eux, avant eux. Il a été comme eux décoré, et, comme eux, de l'Académie. Il a paru un fort auteur dramatique à nos pères. Ils ont raffolé pendant tout l'Empire de ses pièces de théâtre, qui sont nombreuses, et ils n'étaient pas plus bêtes que nous! Il avait, comme eux, le métier que l'on prenait pour le génie, et qui vaut mieux, pour réussir, que le pauvre génie... M. Georges Ohnet a déjà le métier. Ce n'est pas son début que la pièce de *Serge Panine*, mais c'est son début dans le succès, et c'est par le métier qu'il l'a conquis, en respectant les préjugés actuels du théâtre. Sa pièce est faite avec talent; il entend les situations et il les amène bien, et il n'y aurait rien à dire qu'à louer, pour nous autres qui avons le malheur d'être des esprits difficiles, sans cette vulgarité d'inspiration et de style qui a été sa fortune!

II

Je ne crois pas qu'aucune opinion politique se soit cachée comme un reptile sous la conception du rôle de Serge Panine, ce prince charmant, comme ils disent incroyablement dans la pièce, qui charme tout le monde, qu'il devrait plutôt révolter; mais toujours est-il que ce prince slave est le seul être qui soit abominablement odieux parmi tous les bourgeois vertueux et *travailleurs* de ce drame, et il l'est tellement que je m'étonne même que l'acteur qui le joue ait consenti à le jouer. On a dit, il est vrai, et je n'ai pas de peine à le croire, que, plusieurs fois, Marais avait hésité à le prendre, et qu'encore au dernier moment il avait la peur blême de son personnage, aussi plat qu'il est répugnant, et sans la moindre qualité qui diminue l'impression du dégoût continu qu'il inspire. Ici, M. Georges Ohnet a rompu avec la tradition du génie. Ordinairement, les séducteurs faits par le génie ne sont pas des pieds plats. Ce ne sont pas des pieds plats que Don Juan, Lovelace, et même Valmont. Mais le prince slave de M. Georges Ohnet n'est que le plus plat des pieds plats, il est bête comme une oie et impudent comme un laquais.

Bien loin de jeter de l'intérêt sur les deux femmes qu'il aime, et dont il rend l'une si malheureuse et l'autre si coupable, il diminue la pitié que l'on aurait d'elles par le mépris qu'elles méritent pour être les victimes de ce drôle imbécile, qu'on dit grand seigneur comme on dit qu'il est séduisant, dans la pièce, sans preuves à l'appui, et qui, pour une jeune fille au cœur droit, devrait être la honte dans l'amour. Marais, à qui j'ai vu du talent dans d'autres pièces, n'en pouvait mettre en ce rôle abject, et il n'avait pas plus par lui-même les qualités physiques qu'il fallait qu'il n'avait les qualités morales par le fait de l'auteur. Il n'a point de beauté; son visage trop large (une face lunaire) a eu pendant toute la pièce l'expression d'une morgue immobile et contournée. Certes! ce n'est pas un prince, cela, c'est un parvenu, et il fallait être terriblement boulangère pour s'y tromper! Marais s'était fait — était-ce pour avoir l'air plus slave ou plus prince (lequel des deux?) — une voix de tête et de marionnette qu'il n'a pas perdue, même dans la scène de la déclaration au troisième acte, qu'il a dite avec le chaud entraînement d'une passion vraie (sa seule étincelle de talent, ce soir-là !), mais qui a donné la vibration d'un guignol amoureux à ce Roméo, comme l'ont appelé le lendemain les critiques, connaisseurs en Shakespeare, et dont le Shakespeare serait M. Georges Ohnet, si Marais était Roméo.

La boulangère, qui trouve le prince Serge « un si habile comédien », — est-ce un compliment au personnage ou à l'acteur ? — a, je l'ai dit, été jouée par madame Pasca avec un talent qui a dû lui coûter, et qui est la vertu de l'actrice. Elle a eu la robuste franchise de la femme recte en affaires, et l'emportement de la passion maternelle, qui en est toujours la faiblesse. En fin de compte, malgré son énergie et ses instincts, la mère cède inconséquemment et lâchement aux pleurs de sa fille, qui noient son bon sens et l'entraînent, et elle cesse par là d'être la femme supérieure que M. Georges Ohnet voulait nous faire admirer. J'aurais désiré, dans ce rôle brusque et à pleine main, plus de bonhomie de la part de madame Pasca, puisque l'auteur n'a pas su en mettre, — les grands acteurs doivent achever les ébauches des petits auteurs ; mais c'était difficile, et les autres nuances du rôle étaient d'ailleurs si bien rendues par l'actrice qu'on n'insiste pas sur ce qui aurait fait ce rôle accompli. Madame Pasca a eu des sanglots que M. Georges Ohnet n'avait pas écrits, mais il lui aurait fallu des mots sublimes à prononcer ou à lancer, et ils n'y étaient pas. L'auteur lui a épargné la peine et la gloire de les dire avec ce talent tout *personnel* qu'elle a mis à pleurer!

III

Et maintenant, voici la pièce. Cet homme qui vend sa peau, ce misérable prince, qui n'a qu'une peau, — et rien dedans, — a séduit mademoiselle de Cernay, la fille adoptive de madame Desvaresnes, la boulangère aux écus, avant de faire la cour à mademoiselle Micheline, la fille sans adoption, la fille réelle de madame Desvaresnes, et quand Jeanne apprend son mariage avec Micheline, c'est pour elle un de ces violents ressentiments troublés, mêlés de dépit, qui la poussent à épouser, de rage, un homme déjà mûr, qui l'adore comme les hommes mûrs adorent les jeunes filles, et c'est affreux pour qui l'éprouve, cet amour-là!... Eh bien, en dehors de toutes les vulgarités faciles de la pièce, — les pertes au jeu et la ruine de Serge Panine; l'agent d'affaires qui survient et qui spécule sur le nom et sur la qualité du prince; Nice, cette place où toutes les pièces convergent maintenant, le *cliché* décoratif de Nice avec son ciel orangé et sa mer bleue; — cet amour de Jeanne de Cernay, sacrifiée brutalement au mariage d'argent avec mademoiselle Desvaresnes, est le seul intérêt, vulgaire encore, mais pourtant humain, de la pièce.

A peine marié, le prince Serge revient à la femme qu'il a aimée et délaissée par amour cupide des pièces de cent sous de la fille de la boulangère aux écus, et Jeanne de Cernay, qui avait jusque-là la poésie et l'intérêt douloureux de l'abandon, se jette, à sa première parole d'amour, dans les bras du séducteur piteux qui n'a pas l'honneur d'être un monstre... Micheline, sa femme, le voit aux genoux de Jeanne de Cernay de derrière un rideau, qui a très bien joué son rôle, ainsi que les trois portes fermées de ce salon, au dernier acte, qui prend les deux adultères comme dans un traquenard. Prévenu par madame Desvaresnes, le mari de Jeanne de Cernay force une de ces portes qui jouent si bien, et paraît... pour tuer les coupables... qu'il ne tue pas! Il aime trop sa femme pour la tuer. Mais l'amant de sa femme, il ne l'aime pas trop, et il ne le tue pas davantage, parce qu'il nous faut un dernier acte, — plus vulgaire encore que tout ce qu'on a vu; car c'est le commissaire de police, attaché à tout théâtre, qui vient arrêter le sieur Panino, banqueroutier et escroc, et c'est la résolue boulangère qui, pour sauver à sa fille l'ignominie d'un pareil mari, le tue de ce coup de pistolet que MM. Augier et Dumas ont inventé pour finir leurs pièces et qui finit encore celle-là !

Voilà, en quelques mots, la pièce de M. Georges Ohnet et l'explication de son succès, qui est très grand. Dans un monde qui ne comprend plus que ce qui est vulgaire, c'est un immense succès de vulgarité.

IV

Landrol a joué le mari de Jeanne de Cernay avec la lâcheté fatale de l'amour absolu, et il a été bien près du sublime. Mademoiselle Léonide Leblanc (Jeanne de Cernay) a fait oublier, par son jeu, ses deux délicieux corsages vert de mer et rose, et l'âme qui lui vient a empêché en elle de rien regretter... Cette jolie femme d'hier sera une actrice demain. Mademoiselle Jeanne Brindeau, aux yeux fascinateurs, qui jouait Micheline, a pleuré presque aussi bien que sa mère, madame Pasca... et quand elle s'est évanouie sur le canapé, la tête renversée, elle nous a offert une beauté de cou à faire, pour nous, de Serge Panine, qui s'est détaché de ce cou-là, une bête incompréhensible! Tant de talents au service de cette chose très solide — une vulgarité — peut la rendre éternelle; et puisque nous sommes entre boulangers, nous avons bien le droit de dire qu'avec toute cette boulangerie le Gymnase a bien raison de croire qu'il a pour longtemps sur la planche du pain cuit.

L'INCENDIAIRE

LILI

16 Janvier 1882.

I

Ce n'est pas un article (à moins qu'il ne soit nécrologique) qu'il y ait à faire maintenant sur cette pièce de l'*Incendiaire* jouée à l'Ambigu, c'est une épitaphe et même deux ; car, morte il y a cinquante ans, elle est re-morte cette semaine. On l'avait déterrée de l'oubli et on l'y a réenterrée... En deux coups de bêche, la chose a été faite, et le fossoyeur de l'Ambigu-Comique — fort peu comique cette fois — s'est souplement exécuté ! Seulement, on se demande avec quelque peu d'étonnement pourquoi on a troublé le repos des morts, et pourquoi on a voulu nous donner, comme une nouveauté, un si vieux cadavre dramatique ?... L'incompréhensible directeur à qui nous devons cette résurrection... manquée, et dont les idées nous échappent, a-t-il cru que, par ce temps d'incendies de théâtres, ce nom d'*incendiaire* sur l'affiche serait un pathétique à-propos et mettrait à feu la curiosité et même l'anxiété publiques?...

Plus profond encore, ce machiavélique directeur aurait-il spéculé, plus que sur le titre de sa pièce, sur l'esprit et les sentiments d'un drame irréligieux et anarchique, fait par deux innocents d'esprit qui ne se doutaient pas, en l'écrivant, du crime de leur pièce, et qui, à la veille de 1830, ne l'avaient écrite que pour se tailler un succès dans les passions de cette époque, en les exprimant fortement à la scène ? S'était-il dit, ce machiavélique directeur, qu'avec l'impiété radicale de cette divine République, qui se subsistue à Dieu avec tant de raison et de bonté, le temps était revenu de refourrer au théâtre les prêtres et les antiques déclamations contre eux ? Ou bien — chose moins politique mais plus cabotine — serait-ce tout simplement parce que récemment, dans un drame qui a eu son succès, la Porte-Saint-Martin nous a offert un prêtre, en vrai costume de prêtre, — non plus avec l'hypocrite douillette de soie puce du Gymnase, mais en soutane, portée noblement par Taillade, qui l'a fait respecter aux Gavroches de l'endroit qui ne respectent rien, — que l'Ambigu a voulu, par concurrence, nous en donner trois, dont un archevêque, *caramba!* Ç'a été une lutte de soutanes; mais, à l'Ambigu, nous en avons eu une violette ! et c'est toujours le mot de Figaro : « Ah ! vous parlez latin ? » Eh bien, moi, grec ! Je vous assomme ! »

On n'a rien assommé du tout, que le public, avec cette *Incendiaire*, et voilà pourquoi, prestement et humblement, comme un chien battu, on a repris l'*Assommoir*.

II.

C'en est donc fait ! ci-gît et *re-ci-gît* l'*Incendiaire*, cette pièce qui n'est ni mal faite, ni mal écrite, et qui aurait peut-être réussi avec d'autres acteurs, d'autres costumes, et surtout un autre temps. La pièce de l'*Incendiaire*, quoique d'une inspiration détestable, mais dans un temps plus détestable encore, n'a plus de raison d'être. C'était une pièce d'acharnée opposition contre un gouvernement religieux et sacerdotal. Mais à présent que le pouvoir est aux mains des vainqueurs et des ennemis de ce gouvernement, la pièce contre les prêtres est tombée avec eux. Ils ne menacent plus ; elle n'intéresse plus... Elle a laissé froide toute la salle. C'était l'insolente froideur de la victoire et sa sécurité. Quand on a eu l'avantage de voir fusiller un archevêque et qu'on a l'espoir d'en voir fusiller d'autres plus tard, on ne s'indigne pas naïvement contre un archevêque d'Ambigu, qu'on pourra toujours, quand on le voudra, tourner contre le mur. Et telle est la raison majeure du peu d'impression qu'ont fait les paroles de cet archevêque, qui auraient soulevé toute une salle frémissante, si les prêtres étaient actuellement au pouvoir.

Le curé de la pièce de l'*Incendiaire*, ce curé qui n'obéit plus à son archevêque, ce curé bonhomme, ce curé de la paroisse du *Dieu des bonnes gens*, qui nous eût charmés à une autre époque et que nous aurions adoré, a paru d'un *Bérangérisme*, autrefois savoureux, mais à présent d'une fadeur écœurante de tisane révolutionnaire. Les communards — il y en avait dans la salle — criaient en riant avec mépris : « Allons donc! trop de Béranger! trop de Béranger! » à chaque parole que prononçait ce curé anti-archiépiscopal, joué par Lacressonnière avec la plus insupportable emphase, — une emphase que ne connaissait ni Béranger, ni Benjamin Antier, l'un des auteurs de la pièce, si, au fond, à lui seul il n'est pas les deux... ce qui se pourrait bien... Ah! comme Antier, qui, de son vivant, était l'esprit le plus fin, le plus madré, le plus matois, le moins déclamateur, puisque dans une pièce d'un sujet si naturellement déclamatoire il n'y a pas une seule déclamation qu'on puisse lui reprocher; comme Antier aurait trouvé son curé mauvais dans la bouche trop rotonde de Lacressonnière, s'il l'avait vu jouer, ce soir-là. Comme il aurait été puni par cet enflé, aux lourdes mandibules, de Lacressonnière, d'avoir, lui, le grand et simple créateur de *Robert Macaire*, trop aimé son ami Béranger et de l'avoir imité pour la première fois !...

Heureusement pour lui, il ne l'a pas vu, — et heureusement pour nous aussi, nous ne le verrons plus, puisque la pièce est retirée...

III

En face de cette infortune dramatique de la semaine, il faut mettre une fortune, qui en sera certainement une pour le théâtre des Variétés et pour le public. C'est la *Lili* de MM. Hennequin et Millaud. Je n'étais point à la première représentation de cette comédie-vaudeville, où tout l'esprit traditionnel du genre de pièces qu'on joue aux Variétés se concentre, et qui a eu un succès traditionnel aussi à ce théâtre. Le succès du rire aux éclats ! Pendant qu'on y riait, j'étais, moi, à ce triste incendie qui n'a rien allumé et qui s'est éteint si vite à l'Ambigu, et c'est à la seconde représentation de *Lili* que je suis allé. Je n'y ai rien perdu. La seconde représentation valait la première. La salle était superbe, ce soir-là. Le succès de la veille l'avait même électrisée à l'avance et préparée à jouir de cette toute-puissante sensation du rire qu'on venait chercher. Je parlais l'autre jour de ces délicieux bouffons du Palais-Royal, les seuls comédiens qui, par leur jeu, spiritualisent les pièces les plus bêtes et nous empêchent de voir qu'elles le sont; mais les bouffons des Variétés partagent avec ceux du Palais-Royal cette incroyable supériorité. Baron, Lassouche, Dupuis, qui sont (Baron surtout) prodigieux dans cette pièce de *Lili*, empêcheraient d'en voir les défauts s'il y en avait; pour moi, pourtant, pourquoi ne le dirais-je pas? j'en ai trouvé un... contre lequel le prestige de ces merveilleux artistes en rire n'a rien pu !

Je vais dire une chose bien osée, — car j'ai ri moi-même à cette pièce à plus d'un endroit, saisi brusquement et enlevé par les situations, par des rencontres très heureuses d'effets comiques, par la verve des auteurs, follement spirituels, oui! spirituels jusqu'à la folie, dans laquelle l'esprit finit toujours pourtant par expirer. Mais, malgré et sous cette gaieté violente et superficielle, qui m'a atteint bien des fois à cette pièce, admirablement jouée et chantée comme chante Judic à ce théâtre-là, il faut bien le dire, la comédie de MM. Hennequin et Millaud est, au fond, pour qui voit le fond, d'une impression navrante, et c'est presque une mauvaise action : car c'est la profanation du plus divin sentiment de la vie. C'est le déshonneur de l'amour !

Vous pouvez faire sonner toutes les trompettes à madame Judic, qui en joue fort bien, et qui est très gracieusement drôle en en jouant. Vous pouvez faire de Dupuis un Jocrisse militaire de longueur, que vous changez, au second acte, en un beau lieutenant de chasseurs qui revient expier sa niaiserie de coquebin avec la jeune fille romanesque et mariée qui a ramassé son clairon sous une touffe de rhododendron et qui l'a pris pour un gage d'amour. Vous avez beau enlacer, autour de ce très ridicule clairon, les aventures les plus cocasses et les calembredaines les plus abracadabrantes, vous n'en êtes pas moins coupable envers toutes les âmes délicates de cette salle, qui rit et qui se moque avec vous des plus chers souvenirs de la vie. Et quand, au dernier acte de cette farce contre l'amour, les deux vieillards qui se sont aimés jeunes mêlent à leurs remembrances de cœur cette trompette dont ils ne jouent plus ni l'un ni l'autre, l'outrage à tout ce qui devrait rester sacré au fond de nos âmes est si grand et le duo que la salle enivrée fait répéter d'une telle indécence, que les femmes, qui devraient se plonger la tête dans leurs éventails, tapent de ces éventails repliés dans leurs mains pour mieux applaudir, et qu'après la pièce, qui finit là, ne pouvant pas aller plus loin en indécence, on sort, comme Hamlet, de ce spectacle triste et cynique, se reprochant d'avoir été entraîné par ces farceurs irrésistibles, et avec le remords honteux d'avoir ri!

Franchement, je ne crois pas que, depuis le livre odieux de *Candide*, qui rit de ce rire de démon qui faisait horreur à l'âme enthousiaste de madame de Staël, on soit allé plus loin dans la plaisanterie qui avilit et qui souille tout avec des formes qu'on croit innocentes, parce qu'elles sont légères... Seulement, *Candide* n'est qu'un livre qu'on lit solitairement, tandis que *Lili*, c'est un spectacle qui se voit, qui s'entend, qui se touche presque, et qui va faire courir tout Paris. Il se culbutera aux Variétés. Certes! MM. Hennequin et Millaud ne sont pas des démons; ce sont probablement de bons garçons et des esprits aimables; mais ils ont voulu être drôles à tout prix, et ils l'ont été, au prix peut-être de tout ce qu'ils eurent jamais de meilleur dans leurs âmes, et, pour mon compte, je trouve que, si cela rapporte beaucoup, c'est encore trop cher!

LES DÉBUTS

DANS

LE DEMI-MONDE

23 Janvier 1882.

I

Le Théâtre-Français, à défaut de pièces, nous déballe ses débutants. Depuis longtemps, le Théâtre-Français n'est rien de plus qu'un second Conservatoire. Il n'est plus que le bassin d'en bas d'une fontaine dont le Conservatoire est le bassin d'en haut qui s'y déverse, — et ce n'est pas, je vous le jure! un flot de talents qui tombe *là-dedans* et qui en ruisselle. Non! C'est toujours et éternellement la même eau très pure, — quand elle est pure toutefois, — très incolore et très insipide, filtrée par ces forts chimistes du Conservatoire qui nous préparent si péniblement cet innocent breuvage, et qui, professeurs de ce qui ne s'enseigne pas, offrent au public leurs élèves... Allez! ce n'est pas un vain mot que ce nom de Conservatoire mérité par le Théâtre-Français, *Perrino regnante*, car, ces débutants, il les conserve...

Il en fait des conserves dramatiques. Ils deviennent des *Messieurs* ou des *Mesdames de la Comédie-Française*, tout comme les autres, et même, au bout d'un certain temps, on les momifie sociétaires. Hier, ces débutants étaient des débutantes... Or, en tant qu'on nous régale, — au lieu de pièces qu'on nous devrait et d'acteurs ou d'actrices sortis... de n'importe où, mais capables d'entrer partout par le talent, — du menu fretin qui a frétillé dans le bassin du Conservatoire, nous aimons encore mieux les débutantes que les débutants. Avec les débutantes, nous avons du moins la chance de la beauté, — cette puissance dramatique! (ce n'était pas tout à fait le cas hier soir) et plus d'espérance aussi que le petit poisson deviendra grand; car la femme est, de nature, plus actrice que l'homme n'est acteur. Elle a les organes plus souples et le tact plus fin. La nature l'a mieux faite que l'homme pour toutes les feintises. Elle lui a donné toutes les flexibilités du mensonge, ce qui est une force dans un art qui doit faire du mensonge une vérité!

Mais ils n'en vont pas chercher si long, au Théâtre-Français! Les débutantes qu'on y a exhibées hier soir étaient mesdemoiselles Kalb et Durand, qui y *prenaient leurs degrés* dans une pièce difficile à interpréter, même pour des actrices expérimentées.

Le *Demi-Monde*, de M. Alexandre Dumas, est regardé par l'opinion comme le chef-d'œuvre de cet écrivain, et mesdemoiselles Durand et Kalb sont de bien minces personnes pour porter cet entablement! Je me permettrai de ne pas entrer dans le détail analytique d'une pièce connue de tout le monde, et que le Théâtre-Français a fait sortir des *Œuvres complètes* de M. Dumas, où cette grosse machine très travaillée était remisée, comme une voiture qui a beaucoup roulé... Les œuvres complètes sont, pour les auteurs dramatiques, qui ne vivent que par l'action scénique, des espèces de caveaux où leur talent défunt repose, et il n'y a que le génie qui ne s'y ensevelisse pas. Le *Demi-Monde* de M. Dumas partage le sort de tout ce qui n'est pas, dramatiquement, dans l'ordre du génie.

Cette pièce si vantée, si admirée, si applaudie, tirée une minute des *Œuvres complètes* qui lui font déjà catacombes, a été jouée hier soir peut-être de préférence à une autre pour mettre la faiblesse juvénile des débutantes à l'abri de ce nom sacré d'Alexandre Dumas, ce *favori de la victoire*; mais ce n'a pas été une victoire! Elle n'a pas été accueillie avec les applaudissements et les enthousiasmes auxquels elle est accoutumée. Elle a vieilli, cette pièce, et le public lui a montré une froideur qui paraissait glaciale, même au Théâtre-Français, le pays des glaçons. Les acteurs eux-mêmes ont eu conscience, un moment, de la froideur de la salle qui revenait sur eux, — comme toujours, — car à la fin du second acte, je crois, ils ont longtemps hésité à reparaître, quoiqu'on ait eu la charité de les rappeler, et quand ils ont reparu ç'a été avec une honte qui faisait honneur à leur fierté ! On a baissé le rideau bien vite, — et quoique deux scènes très bien jouées, par Delaunay et Febvre, aient arraché des applaudissements moins charitables à ce bon public miséricordieux, la salle pourtant est retombée dans le morne de l'indifférence, et même ce fameux couplet de facture sur les *pêches à quinze sous*, détaillé par Delaunay avec toutes les rouerles de la chose et qui ne manquait jamais son effet sur le public d'autrefois, n'en a produit que fort peu, et ce n'a été qu'un succès à quinze sous... comme les pêches...

II

C'est mademoiselle Tholer qui a joué la baronne d'Ange, cette conception plus grande que le talent de l'auteur qui l'a réalisée. Mademoiselle Tholer, elle, n'est plus une débutante au Théâtre-Français. Je l'y ai vue dans Marivaux, cet auteur qui n'est pas difficile mais qui est impossible à jouer, et comme je ne l'ai vue que là, dans cet exquis de Marivaux, dont le sens est perdu depuis mademoiselle Mars, c'était, ce soir d'hier, pour moi, une troisième débutante... Elle a commencé, dans le rôle auquel elle aurait dû donner, dès les premiers mots, tant de profondeur, comme une coquette de tous les jours, comme une Célimène ordinaire :

> Ce sont là de mes moindres coups,
> De petits soufflets ordinaires !

Mais, en s'avançant dans le rôle, elle a fini par le préciser, l'approfondir et le bien jouer, et le public, qui, maintenant, a vu pis que les mœurs de l'époque retracée par M. Dumas, et qui est blasé sur le demi-monde et tous les genres de monde qu'on a vus depuis, car le vice lui-même obéit à la loi de la démocratie, qui nous emporte toujours plus bas, a fini par rendre justice aux efforts intelligents de l'actrice, mais n'a pas été enlevé par elle. Il est resté lourd et à terre.

Mademoiselle Tholer, qui sait nuancer ce qu'elle dit, a un défaut de prononciation qu'elle doit corriger et qui fait tort aux nuances qu'elle exprime. Son visage manque du genre de beauté qu'il faudrait et qu'on rêve à la baronne d'Ange, cette âme dépravée et profonde, qui veut s'arracher à tout prix, non par vertu, mais par hauteur de sentiments, à la glu de boue de ce demi-monde qui la retient, et dont, malgré ses efforts de lionne, elle ne peut pas s'arracher. C'est un visage naturellement riant, dont elle a à vaincre l'expression gracieuse et légère dans ce terrible rôle qui n'a d'ange que le nom, et deux à trois fois elle l'a vaincue... Vers la fin de son rôle, elle a été pathétique ; mais, avant d'arriver à ce pathétique, elle a eu des moments charmants qui ont fait comprendre l'amour qu'elle inspire, cette fine et souple couleuvre enlaçante, mais qui, au fond, n'est qu'un serpent las de ramper.

Mademoiselle Kalb jouait madame de Saintis. Mademoiselle Kalb, sortie naguère, m'a-t-on dit, du Conservatoire, comme mademoiselle Durand, moins neuve que celle-ci mais plus neuve que mademoiselle Tholer, qui a joué en Russie, a passé par le Vaudeville avant d'arriver au Théâtre-Français. Le Vaudeville, excellente filière, que j'ose appeler, moi, le véritable théâtre français ! Mademoiselle Kalb pouvait y rester sans déchoir ; elle a mieux aimé en sortir au moment où Sarah Bernhardt, qui a l'instinct de sa fortune, va y arriver. Le rôle difficile, comme tous les rôles du *Demi-Monde*, qu'on lui a donné, n'est pas écrasant comme celui de la baronne d'Ange, donné à mademoiselle Tholer, mais il aurait besoin d'une actrice plus en possession d'elle même que mademoiselle Kalb, qui a bien joué le côté étourdi et impudent du rôle, mais qui l'a exagéré. Même dans le salon compromis de madame de Vernières, le mauvais ton de mademoiselle Kalb est par trop mauvais ton, et le talent, car elle en a, avec lequel elle joue son rôle de femme perdue, n'en fait pas passer le cynisme.

Au lieu d'atténuer M. Alexandre Dumas, qui ne se gêne pas, lui, qui nous donne un demi-monde de sa façon, d'une crudité qui n'a pas peur d'être révoltante, par haute moralité, et si révoltante que son demi-monde n'est plus un monde du tout, elle en a augmenté le relief. Elle n'a pas velouté ce qui était assez dur comme cela dans M. Dumas, et elle a poussé le sens du rôle jusqu'à ses dernières limites, avec un talent qui s'enivre de lui-même et qui ne se connaît plus. Mademoiselle Kalb, qui a de la sève et du mordant, est surtout faite pour jouer les grandes soubrettes au Théâtre-Français ; mais les lui donnera-t-on ? Si, ce soir, elle en avait joué une dans une comédie de Molière, elle aurait été probablement plus applaudie que dans cette pièce du *Demi-Monde* qui n'a pas eu de prise sur le public, bien moins par le fait des débutantes qu'on y mettait en scène que par la pièce, qui s'en est allée où s'en vont, au bout d'un certain temps, toujours très court, les lunes dramatiques qui nous ont paru des soleils !

III

La débutante, plus fraîche émoulue que mademoiselle Kalb sur la pierre à aiguiser du Conservatoire, s'appelle mademoiselle Durand, un nom qui oblige à l'élégance qu'il n'a pas, car il en faut beaucoup pour en donner à ce nom-là, qui ne semble pas fait pour la gloire, mais qui serait beau le jour qu'on en aurait. Mademoiselle Durand lui en donnera-t-elle dans son art ? La grande comédienne sortira-t-elle de cette enfant, qui disait, à ravir ses professeurs au Conservatoire : *Le petit chat est mort*, et à qui les imprudents du Théâtre-Français ont confié le rôle capiteux de mademoiselle Marcelle de Sansenot, qui demande une organisation d'artiste de première force dans la passion et dans l'expression de la pudeur des âmes passionnées, quand elles sont bien faites... Mademoiselle Durand a été et devait être au-dessous de son rôle, dût-elle ne pas l'être toujours !

Ce n'est pas au Conservatoire qu'on allume les âmes des Marcelle de Sansenot. Elles s'allument toutes seules, même au théâtre. Mademoiselle Durand, dépaysée dans ce rôle brûlant et pur, ne l'a pas joué *faux*, et c'est beaucoup. Elle l'a solfié juste. Elle était touchante de cela seul que le rôle était disproportionné avec la gracilité et la jeunesse de sa personne... Elle n'est jolie que de ses dix-huit ans, et elle avait une robe laide et mal faite. M. Perrin, à ce qu'il paraît, ne sait habiller que ses fauteuils... Quelques voix, faibles mais dévouées, ont crié son nom à la fin de la pièce, mais c'était si mollement que je ne crois pas que derrière le rideau qui tombait elle l'ait entendu !

Tels ont été ces débuts dans cette reprise du *Demi-Monde*. Ils n'ont pas galvanisé de leur jeunesse cette pièce, qu'on peut regarder comme à peu près morte, si elle ne l'est pas tout à fait !

FORMOSA

Mardi, 20 Mars 1883.

I

C'est vendredi que l'Odéon a joué *Formosa*, — *la Belle* non pas *au bois dormant*, mais au carton dormant, — de M. Auguste Vacquerie. Il l'en a enfin tirée pour faire une gracieuseté — d'aucuns diront une aumône — à ce pauvre mendiant d'Odéon tendant, depuis des siècles, la main aux chefs-d'œuvre qui n'y tombent pas! En est ce un que cette *Formosa* ? L'auteur lui-même n'avait pas jugé que c'en fût un, puisqu'il ne l'avait pas mise à la scène, lui devant qui toute les scènes semblaient devoir s'ouvrir. M. Auguste Vacquerie a, depuis longtemps, une situation considérable dans la littérature dramatique et non dramatique; son talent prouvé ne se discute plus... Tous les théâtres de cette male heure, où il n'y a plus de théâtre, du moins dans le sens littéraire qu'entendaient nos pères autrefois, devaient regarder comme une bonne fortune d'avoir chez eux un homme du talent de M. Vacquerie, qui n'avait jamais cessé d'être littéraire, même dans les temps les plus extravagants du Romantisme et de sa jeunesse. Eh bien, de tous les théâtres, c'est le plus besogneux, c'est l'Odéon, qui a compris cela ! Il a eu plus d'esprit que le Théâtre-Français, — ce qui n'est pas beaucoup dire. Il a pensé qu'à présent que M. Victor Hugo se tait dans sa gloire, on pouvait donner du Vacquerie, et il nous en a donné ! Il a fait éventrer à M. Vacquerie son carton. Il a préparé, le pauvre diable, une représentation qui a dû lui coûter les yeux de la tête en costumes, pour cette pièce qui n'a d'historique que les costumes, et cette représentation de vendredi a été telle qu'on pouvait très bien, ce soir-là, ne pas se croire à l'Odéon !

Et il n'y a pas que le théâtre de l'Odéon qui se soit mis en frais de coquetterie pour faire une grandiose réception à M. Vacquerie et à son drame. Tout le monde s'en est mêlé. La salle de ce jour-là était très bien faite. Le public qui s'y montrait avait été excellemment choisi. Il était respectueux, — sympathique d'une sympathie contenue, mais évidente, et décidé à la prouver par des applaudissements aux beaux endroits qui méritaient des Ah !... Il y en a beaucoup dans le drame de *Formosa*, qui n'est ni une pièce mal faite, ni une pièce mal écrite, et où l'on trouve des vers de Corneille, — mais de Corneille *rompu* par Hugo.

Et cependant, malgré tout cela, malgré le théâtre et ses efforts pour faire triompher cette *Formosa*, qui est pour lui une espérance, malgré l'estime du public pour l'auteur et sa volonté réfléchie de la lui témoigner, malgré le talent indéniable de l'écrivain du *Jean Baudry* et des *Funérailles de l'honneur*, malgré les critiques du lendemain qui, pour ne pas faire de critique, ont raconté la pièce, et se sont tous rués en citations de beaux vers qui répondent à tout, en cachant tout, la pièce de M. Auguste Vacquerie n'a pas eu, selon moi, le succès qu'elle méritait, et je ne crois pas qu'elle fasse regorger d'or la cave de l'Odéon, et la raison de cela, je la dirai. La raison de cela est singulière. Ce n'est rien moins que M. Victor Hugo.

II

Oui ! M. Victor Hugo lui-même. M. Victor Hugo, le maître absolu et adoré de M. Vacquerie. Ah ! l'amitié d'un grand homme n'est pas toujours un bienfait des dieux, comme le dit Voltaire, le génie de l'Étourderie française, dans un vers inconsidéré. Pour le moment, peut-être M. Vacquerie commence de l'apprendre. Successeur de l'Alexandre romantique qui n'est pas mort encore et qui, par parenthèse, était là, écoutant le drame de *Formosa*, dans son avant-scène, avec la nonchalance d'un homme repu de gloire et qui est au dessert de la sienne, M. Vacquerie, que j'aime parce qu'il a aimé M. Hugo avec idolâtrie et qu'il est toujours beau d'aimer idolâtriquement quelque chose, paye à présent son idolâtrie pour le grand homme dont l'amitié l'a diminué. En effet, M. Hugo, toute sa vie, a pu prendre pour lui, sans même le vouloir, une part des succès de M. Vacquerie. A tort ou à raison, mais en fait, dans l'opinion contemporaine, M. Vacquerie a toujours été la lune de ce soleil qui s'appelait Hugo.

L'autre soir, à l'Odéon, M. Hugo faisait ombre sur le drame de M. Vacquerie en attirant sur lui tous les regards, et qui sait? quand on applaudissait M. Vacquerie, c'était peut-être à cause de M. Victor Hugo, qui était là et qui n'avait pas l'air, du reste, de tenir beaucoup à ces applaudissements. Il était derrière sa petite-fille, sur le second plan de la loge, dans une pénombre qui le reculait du public ; mais le public l'ajustait et l'atteignait du regard dans son coin, et lui savait gré d'être là. Le public savait que depuis l'heure où les premières impressions de la vie tombent sur la cire de nos âmes pour y rester gravées quand nos âmes sont devenues du marbre, l'ardent Vacquerie s'était fait le Mameluk de M. Hugo, son Bonaparte littéraire, et qu'il était resté immuablement couché sur les idées littéraires de son sultan, comme Roustan sur son tapis à la porte de son empereur! Victor Hugo avait rendu M. Vacquerie si profondément sien, qu'il semblait l'avoir arraché à lui-même. Dans la bonne foi de son admiration, l'homme de talent y avait risqué plus que sa renommée : il y avait risqué et perdu, dans l'absorption terrible de celui qu'il prenait pour un homme de génie, une partie de son talent et de son originalité.

Et c'est ce qu'on lui a fait sentir l'autre soir. On a vu du Hugo dans sa pièce, même lorsqu'il n'y en avait pas, — lorsqu'il n'y avait que du Vacquerie tout seul. Aussi son succès a-t-il été tout de respect et de considération, mais l'enthousiasme n'a pas bondi par dessus l'estime qu'on accordait à l'auteur et à son drame, qui, je l'ai dit, méritaient mieux. *Formosa* est une pièce de passion et de nature humaine, avec des noms historiques en vue d'un dénouement qui n'avait pas besoin de cela. On l'a rendu commun en le faisant historique. La passion de l'amour tient ici toute la place, et suffisait. *Formosa*, c'est l'éternelle et toujours nouvelle histoire de la femme follement aimée et trahie. Le follement amoureux, c'est le comte de

Warwick, et le traître, le duc Jean, descendant d'Édouard III, qui brise le cœur de sa maîtresse pour épouser la nièce du faiseur de Rois qui peut le faire Roi dans ce moment où l'Angleterre sans Roi dépend de ses mains toutes-puissantes; et *Formosa*, au nom latin et si peu anglais, est la fille du comte d'Essex, rencontrée par Warwick aux obsèques du comte, où il la voit, magnifique en ses vêtements de deuil, image du génie de la piété filiale outragée, se dresser intrépidement contre les insulteurs du cercueil de son père. Or, cette héroïque Formosa aime, comme tant de femmes au cœur haut, un homme au cœur bas, et c'est le duc Jean. Voilà l'immortelle donnée de tant de pièces, et de celle de M. Vacquerie. Il a construit la sienne avec la main d'un constructeur habile; mais que me font ces constructions de maçon dramatique ? Je ne fais cas, dans cet art décrépit du théâtre, que de la flamme du cœur qui peut y jaillir encore, et elle jaillit dans *Formosa*.

III

Malheureusement, les acteurs de vendredi soir n'ont pas été dignes de cette pièce ardente. M. Paul Mounet, dont le débit est déclamatoire et le geste faux à force d'emphase, n'a été qu'un Warwick affreux de mélodrame mugissant les vers les plus beaux et les plus passionnés, qui demandaient un artiste digne, par sa manière de les dire, de l'artiste qui les a faits. M. Chelles faisait le duc Jean. Il en avait l'âme sur la figure. Quand on a cette tête-là, il faudrait être un Lekain.

La nièce de Warwick, mademoiselle Petit, mièvre fillette dans une robe bleue, ne m'a pas fait l'effet qu'elle a produit sur des aveugles de l'orchestre, qui la comparaient à un rayon de soleil. Seule, mademoiselle Tessandier a eu, dans le rôle de Formosa, de ces moments qui la feraient une grande actrice s'ils duraient toujours. J'aime cette sauvage irrégulière, dont les défauts sont aussi grands que les qualités.

A la fin du troisième acte, quand, dans cette scène où elle insulte l'homme qui la trahit et qui s'est caché comme Orgon dans *Tartuffe*, — car voilà les misères du théâtre (la ressemblance des moyens et des situations), — elle tire le rideau et lui dit un : *Lâche! tu paraîtras!* qui a soulevé toute la salle. Et elle a été d'un pathétique foudroyant et supérieur encore peut-être au moment où, après ces fureurs et ce mépris d'un cœur qui se rejette de la fureur et du mépris à l'amour invincible, à l'amour qui est un destin, et qu'elle dit à Warwick, auquel elle se promet :

> Alors, ô désespoir !
> Si ce crime est possible, alors, comte, à ce soir !

Cet : *à ce soir!* a été jeté comme elle se jette elle-même hors de la scène, et ces deux moments — et elle en a eu d'autres très beaux — auraient racheté seuls la médiocrité des acteurs qui jouaient avec elle.

MADEMOISELLE ROUSSEIL

Jeudi, 19 Avril 1883.

I

Elle va partir. Elle l'a dit. Elle me l'a dit elle-même. Elle va quitter Paris, où elle ne trouve pas un théâtre, — un seul théâtre, — dont elle pourrait être la gloire, au lieu d'être la honte de tous, qu'elle déshonore de son départ... Cette courageuse et grande actrice, qui, depuis je ne sais combien d'années, s'est cognée avec une opiniâtreté presque héroïque contre la stupidité des Directions et contre des portes fermées peut-être par des jalousies, prend le parti désespéré de se jeter dans la vie errante et de s'en aller montrer à la province ou à l'étranger un talent que tout le monde repousse (le monde des théâtres de Paris), mais que personne, même dans ce monde-là, ne méconnaît... Et, en effet, l'originalité du malheur de mademoiselle Rousseil, de cette brillante actrice infortunée, c'est que personne ne conteste la supériorité absolue de son talent, — de ce grand talent qui ne justifie ni n'explique cette outrageante dureté du sort, de n'avoir pas de place au soleil !

Et puisqu'elle part, victime d'une destinée véritablement incompréhensible, moi qui aime son talent et qui admire son courage je suis allé la voir là où l'on peut la voir encore, dans ce théâtre des Nations où elle a eu la fierté cruelle d'être descendue, oui! dans cette boîte à surprenantes sottises du théâtre de M. Ballande, retentissant toujours de l'ignoble et inoubliable farce de *Garibaldi!* Condamnée à boire sa ciguë dans toutes les coupes, même les plus indignes de ses lèvres, c'est là, c'est dans cet ergastule dramatique de M. Ballande, que mademoiselle Rousseil, une actrice de Théâtre-Français, n'a pas craint de déroger, en y introduisant la majesté d'un talent qu'elle y a fait respecter, même de ceux qui ne respectent rien!... Elle les a forcés à l'écouter... L'émotion qu'elle y produit chaque soir a été plus puissante que les tapages du singe populaire qu'elle y dompte. Je l'y ai entendue, dans les derniers jours de la semaine dernière, dépaysée dans la prose vulgaire de M. Belot, bonne pour les mâchonnements de l'endroit, mais qu'elle relevait de cette voix faite pour les plus nobles tragédies, et sur la vileté de laquelle elle mettait — l'aurait-on cru possible ? — la poésie d'une diction superbe.

II

Elle jouait l'*Article* 47, ce mélodrame tendu, jusqu'à se rompre, qui craque la fausseté de toutes parts, et dont elle a fait, par son jeu, une réalité naturelle, pathétique, et parfois grandiose. Rien n'était plus difficile et rien n'est plus beau. Mademoiselle Rousseil, qui traîne avec elle le théâtre, lequel n'est plus nulle part, mais qui *est où elle est*, comme la Rome de Sertorius était où était Sertorius ; mademoiselle Rousseil, dans cette pièce de l'*Article* 47, est à elle seule la pièce, les acteurs, la mise en scène ; elle est tout, — tout parmi ces néants ! Les grotesques qui jouent avec elle sont écrasés par la lumière de son talent et disparaissent dans cette lumière. Ils n'ont pas même besoin d'avoir du talent, eux ! On ne les voit plus. On ne voit et on n'entend qu'elle. La pièce, on la connaît de reste, les théâtres l'ont assez rabâchée, mais à chaque fois que mademoiselle Rousseil la joue, elle la change en première représentation, tant elle en varie l'accent et sait y donner des nuances et des profondeurs nouvelles ! L'autre soir, elle a joué son rôle de Cora, de cette lionne amoureuse, jusqu'au délire, de la force, et qui ne veut pour amants que des lions, semblables à elle, et elle l'a joué comme je crois qu'elle ne l'avait pas joué jusque-là et comme peut-être elle ne le jouera jamais plus ! Ce n'est pas tous les jours fête et fête funèbre. Elle savait qu'il fallait partir...

Exaspérée, sans doute, par cet inutile talent dont elle ne peut faire ni une gloire, ni une fortune, elle ajoutait le désespoir et les colères de sa vie au désespoir de l'amour méprisé que, dans son rôle, elle devait exprimer... Le public intelligent et connaisseur qui l'aurait comprise, le public inspirateur d'une actrice de cet art puissant, n'était pas là, mais elle pouvait s'en passer et être sublime. Elle avait (d'autant plus) à se prouver qu'elle était une grande actrice, et qu'elle l'était envers et contre tous ! Il s'agissait d'elle seule pour elle seule !... Et elle jouait, dans ce désert d'hommes d'une salle pleine, comme elle eût joué dans les déserts du Sahara ! Elle jouait pour se venger d'être abandonnée !... et la conscience solitaire de son talent en doublait, triplait, et décuplait la force. Elle rugissait... et ce n'est pas uniquement le rugissement de son rôle qu'on entendait, mais les ressentiments implacables de toute sa vie et les rugissements du départ !

III

Car, encore une fois, elle va partir. Et pourquoi ne partirait-elle pas? Elle a tout tenté et tout épuisé dans l'intérêt de son talent et de son art. Ceux qui ne faisaient rien pour elle l'accusaient d'orgueil. Ils tuaient l'actrice, en retournant contre elle l'orgueil de la femme... Elle a sacrifié son orgueil. La robuste est devenue flexible. Les rôles qu'elle avait étudiés et qu'elle avait, de par le talent, le droit de jouer, elle ne les a plus exigés... Elle s'est résignée à prendre ce qu'on lui donnait, et elle a fini par accepter les rôles qu'on croyait qu'elle n'accepterait pas; mais quand on a vu qu'elle les acceptait avec la certitude de s'y montrer aussi grande actrice que dans ceux qu'on lui refusait, les engagements à moitié pris ont été lâchés; le nœud des conventions s'est défait; et l'actrice que les directeurs eux-mêmes avaient annoncée, non pas dans l'affichage sur les murs, mais dans l'affichage de leurs conversations, l'actrice a, tout à coup, sombré, avec ses espérances et les nôtres.

Nous espérions, en effet, nous qui souffrons de voir le théâtre perdu, nous espérions revoir cette chose qui manque au théâtre de l'heure présente : une actrice taillée en plein marbre de ces statues qui s'appellent, à la scène, Agrippine, Cléopâtre, Rodogune, Athalie, Phèdre, toutes ces *matres castrorum* des grandes tragédies qu'on ne joue plus, hélas ! qu'avec de petites bonnes femmes en bois blanc, sculptées péniblement avec le canif, qui ne coupe plus, des Conservatoires. Ces rôles glorieux, mademoiselle Rousseil était de taille à les ressusciter. Depuis mademoiselle Georges, l'auguste impératrice Georges, on n'avait plus vu d'Agrippine dans *Britannicus*, et, certainement, de stature, de voix impériale et de geste, mademoiselle Rousseil, dans ce magnifique rôle d'Agrippine, eût été une seconde Georges; et ce n'eût pas été une *Georges Cadette!* L'autre jour, au Théâtre-Français, ce théâtre qui n'a plus guères que son nom pour se faire respecter, ils ont eu la fantaisie comique et l'immense fatuité de jouer cette impossibilité d'*Athalie*, injouable aussi depuis Rachel, et ils ne se sont pas douté que mademoiselle Rousseil était la seule actrice de Paris qui pût s'ajuster comme un gant à la main à ce rôle terrible, qui n'a pas tué la pauvre médiocrité qu'on en avait chargée, car on ne tue que ce qui est vivant... Dans *Rodogune*, dans *Cléopâtre*, mademoiselle Rousseil serait tout à la fois et tour à tour Dumesnil et Clairon ! Dumesnil pour la fougue, et Clairon pour la dignité. Et pourquoi même n'aurait-elle pas abordé le difficile rôle de Phèdre, de l'incestueuse Phèdre, plus âgée qu'Hippolyte, du moins dans le sentiment du spectateur, par le fait de la passion coupable, qui vieillit les cœurs et met sur tous les visages le masque dévasté des douleurs fatales, — cachées et trahies... Phèdre, la profonde et languissante Phèdre, frappée aux sources de la vie et mourant d'un amour affreux pendant toute la pièce, semble avoir la maturité de l'inceste, et, certes! mademoiselle Rousseil, dans la maturité de la vie et du talent, n'eût pas, s'il l'avait connue et s'il avait fallu lui confier le rôle de sa *Phèdre*, fait trembler une minute le goût et le génie de Racine.

Mais Racine n'est plus, et voilà pourquoi nous n'aurons désormais ni Agrippine, ni Rodogune, ni Cléopâtre, ni Athalie, ni Phèdre au Théâtre-Français, vide de tant de talents et où les colosses disparus ont laissé des trous qu'on ne bouchera pas avec les nains qui les remplacent. Mademoiselle Rousseil y laisse son trou, — comme madame Bernhardt y a fait le sien. Madame Sarah Bernhardt et mademoiselle Rousseil, ces deux talents différents et ces deux contrastantes destinées dramatiques dans l'histoire du théâtre contemporain, et dont l'une est la monstruosité du bonheur, comme l'autre, la monstruosité de l'infortune!

APPENDICE

UNE VICTOIRE D'ANNIBAL
LA VERTU DE MA FEMME
L'AFFAIRE EST ARRANGÉE

Jeudi, 5 Septembre 1865.

I

J'ai fait mon service hier, au Gymnase, avec beaucoup de conscience, mais ma vertu n'a pas été récompensée, du moins dans la proportion de l'effort qu'elle m'a coûté. Je voudrais bien savoir si c'est toujours comme cela pour la vertu! A travers des entr'actes ridicules de longueur par ce temps de chaleur morbide, et que je signale comme insupportables à M. le Directeur du Gymnase, qui est probablement en villégiature et au frais, j'ai vu passer une succession de pièces qui me sont entrées dans l'esprit comme de la poussière dans les yeux. Dans cette poussière de pièces, il y en avait une de M. Jules Guillemot, qu'il ne faut pas confondre avec M. Guillemot qui fut autrefois une des têtes qui s'amusent dans le bonnet du *Nain jaune.* Le *Nain jaune* n'a point à réclamer ce Guillemot-ci, et il le laisse tout entier au théâtre. Sa pièce d'hier s'appelle une *Victoire d'Annibal,* parce qu'un vieil oncle d'archéologue qui étudie les campagnes d'Annibal, comme l'*Antiquaire* de Scott, étudie le camp des Pictes, tend des pièges, peu carthaginois cependant, à un niais, qui s'y laisse prendre et se fait mettre ainsi à la porte d'un ménage qu'il commençait à troubler.

Vous voyez d'ici cette bluette, vertueuse et conjugale. C'est de l'Octave Feuillet, sans le rouge un peu trop foncé de l'afféterie, et sans les mouches, les mouches importunes de l'affectation... C'est le petit tremblement que M. Octave Feuillet donne à son petit public pour le petit bonheur et la petite vertu d'un petit ménage en péril, et qu'il sauve!... La pièce de M. Guillemot est proprette, tout unie, un peu froide, — ce qui n'est pas un mal quand il fait si chaud, — avec des phrases littéraires çà et là, et même un peu trop littéraires. Il y avait des Anglais derrière moi qui disaient que « c'était bien écrit ».

La belle madame Fromentin jouait, avec sa distinction charmante, dans la comédie de M. Guillemot, et elle avait une robe d'un gris très doux, — une robe de la couleur de la pièce.

Les autres actes qui ont été joués sous prétexte

de pièces, appartiennent sans doute au répertoire du Gymnase, car on n'en a pas demandé les auteurs. Tout cela est probablement connu, trop connu du public! Je n'en sais rien. Ne riez pas de mon ignorance de feuilletoniste! Elle est profonde. C'est mon genre, à moi, de profondeur. On ne m'a choisi au *Nain jaune* que pour mon ignorance. On a dit: « Il sentira plus vivement, celui-là! Il ne sera pas blasé... » Ce que j'ai senti a été cet ennui sur lequel on ne se blase jamais. Landrol, qui jouerait bien s'il voulait, charge beaucoup trop. C'est le revolver de la charge, et à combien de coups? Ma foi! trop de coups! Mademoiselle Pierson, qui fera bien de prendre garde à l'empâtement, ressemblait, dans sa robe trop agrémentée de prude et de dévote, à un gros bonbon dans du papier violet. Après la *Vertu de ma femme*, on a donné l'*Affaire est arrangée*, une ignoble pochade, ramassée dans les balayures du Palais-Royal. Comment! au Gymnase? Et, au Gymnase, vous vous piquez d'avoir bon ton?... Cette ignobilité, sans esprit, méritait le coup de pied au c.. du sifflet, et a trouvé l'applaudissement unique d'un claqueur attardé. Les autres claqueurs étaient déjà sortis.

Les Anglais que j'avais derrière moi criaient à tue-tête que cela était atrocement bête, et c'est la seule manière dont les auteurs aient été nommés.

II

Tout l'intérêt et le succès de cette pauvre soirée ont été les chanteuses scandinaves, mesdemoiselles Crœnberg, qui nous ont enfin donné une sensation vive et fraîche, au milieu de cet écœurement! Elles sont quatre. Elles se tiennent par la main, avec les airs naïfs de ces filles du Nord que j'adore, et que je préfère à toutes les filles du Midi; et s'avançant ainsi lentement, comme des ombres légères, pour la douceur du pas, dans le théâtre silencieux, au bord de cet orchestre, heureusement muet, elles chantent, sans accompagnement, leurs mélodies nationales, avec des voix!... Quatre charmes qui n'en font qu'un! Cela est étrange et pourtant simple, idéal, mystérieux et mélancolique comme le pays des neiges, des aurores boréales, des eiders et des flords!

En les écoutant, le pays de ces filles prestigieuses passe devant vos yeux. C'est une évocation. Ces quatre filles ne sont ni jolies ni belles comme nous l'entendons à Paris, mais si vous saviez que c'est mieux! C'est *nature* et c'est *surnature* à la fois! Elles font l'effet de paysannes hâlées par l'air mordant du Nord et par le fouettement du givre ; mais leur costume, et surtout leur coiffure, comme leur voix, est un enchantement. Parmi ces paysannes, il y en a une (la seconde qui était à ma gauche, et dont la robe était du bleu de la nacre, quand son irisation s'azure,) qu'on aurait dit d'une autre race que ses sœurs... Plus pâle, plus élancée, plus bouleau blanc, plus spectrale dans la brume que les autres, elle fait penser involontairement aux Walkyries.

Les trois autres de ces quatre enchantantes filles, quand elles seront vieilles, et que ces voix, aux sons purs de flûte nocturne, seront cassées, pourront passer pour des sorcières, car rien ne périt de ce qui fut enchanté ; mais celle-ci, — vous pouvez m'en croire! — restera fée jusqu'à son dernier cri.

LA SAINT-FRANÇOIS
LES AMOUREUX DE MARTON

8 Janvier 1868.

I

Minuit. Le froid a fléchi dans la rue, cette glacière, et à l'Odéon, ce théâtre à la glace. Ils y ont joué, ce soir, avec assez d'entrain, de gaieté et de sentiment, deux petites pièces, grosses comme rien, l'une en prose, l'autre en vers, qui font un peu l'effet d'être aussi de la prose, et le public, bien sage, a écouté tout cela bénignement, gentiment, riant sans éclat (comme c'était fait) aux endroits qu'il trouvait gais, ce père Tranquille, et pleurotant et se mouchant (la conque marine du sentiment!) aux endroits qui lui paraissaient tendres, — et ce n'a pas été une très mauvaise soirée pour quelqu'un qui, comme moi, débutait comme critique à l'Odéon, et n'a pas encore vu les majestueuses choses *Théâtre-Français* qu'on y donne les jours de gala dramatique.

Mais aujourd'hui ce n'a été qu'un simple goûter, — deux doigts de vin et deux biscuits !

II

La *Saint-François*, précédée d'abord, selon l'immémorial usage, du *Dépit amoureux*, qui me fait de plus en plus comprendre à quel point la tradition, la plus excellente tradition, peut devenir une momie parfaite et a besoin d'un acteur de génie pour la revivifier, la *Saint-François* a un sexe. C'est une pièce de femme. L'auteur nommé par l'acteur a été madame Peyron, du moins pour mes oreilles, mais autour de moi j'ai entendu Peyronnet. Peyron, Peyronnet ; Peyronnet pourrait bien être le nom réel qu'aurait guillotiné un applaudissement trop rapide. Madame Peyronnet, si je ne me trompe, est quelque part *une* feuilletoniste, à moitié masquée d'un pseudonyme, qui fait, à ce qu'il paraît, tout ce qui constitue son état de Bas-bleu, — cet état qui va, d'ici à peu de temps, grâce à M. Duruy, devenir superbe ! Sa pièce d'aujourd'hui ne manque pas de vivacité, mais de distinction. C'est une papillote faite avec du papier à sucre... Sujet, caractères, situations et langage, langage surtout, tout est commun et *gros* dans ce très petit acte, qui a peut-être la prétention de nous peindre un milieu vulgaire et des mœurs vulgaires. Il vaudrait mieux ne pas y regarder... La donnée de la pièce ne l'est pas pourtant ; c'est le vers retourné :

Soyez plutôt maçon, si c'est votre métier !

C'est-à-dire, soyez plutôt homme de lettres, si c'est votre génie ! Seulement, au lieu de mettre franchement maçon, l'auteur a mis entrepreneur... entrepreneur de bâtisses ! Ce brave bourgeois d'entrepreneur contrarie donc la vocation littéraire de son fils, une de ces belles vocations violentes qui ont besoin du terrain immense d'un théâtre comme le Gymnase, pour éclater. Le fils, pour s'y faire jouer, a quitté la maison paternelle, mais il y revient en cachette, dès que son père a le dos tourné, car à la maison, excepté son père, il a pour lui et pour sa vocation tout le monde : sa mère, sa cousine, et jusqu'à la servante, qui l'adorent, le gâtent, le choient, et prennent parti contre l'entrepreneur pour les déportements de son génie. Quand le rideau se lève, c'est le jour Saint-François, la fête de ce terrible père, mais le fils, qui a été joué la veille au Gymnase avec le plus brillant succès, ne peut pas venir souhaiter la fête à son père pour une raison que tout le monde devine, quoiqu'il la taise à tout le monde, comme c'est la coutume au théâtre, où l'on voit poindre de loin et s'allonger toutes les surprises. Cette raison, c'est un duel, un duel ramassé avec ses couronnes le soir de sa première représentation, et qui peut le retarder jusqu'à six heures s'il n'est pas tué. Une lettre qu'il prie sa cousine de remettre à son père s'il n'est pas revenu à six heures, lui apprendra la cause tragique de son retard. D'ici, n'est-ce pas ? vous voyez toute la pièce. Vous pouvez dévider cette bobine... Les colères de l'entrepreneur contre son fils, le mauvais sujet, le fainéant, l'artiste, et ses prises de bec avec sa femme, pédante maternelle qui parle du *droit des enfants*, avec la petite cousine amoureuse de son cousin, et avec la vieille servante, bourrue larmoyante, vieux type de servante familière et de maternité de cuisine, que madame Lambquin a enlevé avec beaucoup de verve et de brusquerie touchante. Et puis l'attente des six heures, et la lettre, et les angoisses qu'elle cause même au père, qui n'est pas, au bout du compte, si pierre que cela, et qui n'a de granit qu'à la peau, — et enfin le fils qui revient de son duel pour fêter la *Saint-François* de son père. On ne tue pas le veau gras, à son retour, mais il pleurait dans la salle. Gras ou maigre, oui! il y pleurait. La seule chose vraiment jolie et qui a fait rire au milieu des larmes, c'est quand les trois femmes viennent successivement à la queue *leu leu* souhaiter la fête au père, en apportant, toutes les trois, un second bouquet de la part de l'absent *qui y a pensé*. Ces trois bouquets qui se cachent d'abord de la même manière, qui arrivent de la même manière, ces trois mensonges qui s'enfilent mutuellement, sont d'un effet à la fois comique et attendrissant. Telle cette bleuette d'un Bas-bleu, qui a été applaudie. Dans les commencements de la pièce, un sifflet placé derrière moi — le temps est au sifflet — a voulu se donner de petits airs et un petit air, mais il a expiré de lui-même, en long et en faible, honnêtement honteux, dans une enfantine confusion. Ce sifflet-là ne devait pas avoir plus de quatorze ans !

III

La pièce des *Amoureux de Marton* est d'une toute autre intonation que la *Saint-François*. C'est une pièce qui veut être gaie. L'auteur, M. Léon Supersac, y rappelle Regnard à la même distance que madame Peyronnet rappelle madame de Girardin. Un vieil avare mystificateur, qui croit probablement s'amuser de l'autre côté de la tombe en regardant les mystifications qu'il a combinées de ce côté-ci, a laissé un testament par lequel il lègue sa fortune à celui de ses héritiers que sa soubrette Marton choisira pour mari, et toute la pièce est dans les bassesses, les câlineries, les pantalonnades, les tentatives de séduction, les rivalités de ces trois affreux grotesques d'héritiers, qui veulent tous épouser la soubrette, laquelle finit par en épouser un, et, lorsque la chose est faite par devant notaire, un codicille mystérieux s'élance de sa boîte, nous apprenant que le défunt n'avait rien et que toute sa fortune a coulé dans la mer des Indes. Vous comprenez la fureur subite de l'heureux héritier choisi par Marton et ses cabrements à cette nouvelle ; mais elle le rabat haut la main! Et la pièce finit sous sa griffe levée. Mademoiselle Damain, une petite poupée de soubrette, gesticule son rôle avec beaucoup d'impétuosité et de grâce. Mais ce n'est pas sa faute si le vers, dans cette pièce, où il devrait emporter le morceau, ne mord pas!.. le vers que Regnard, lui, fait si mordant et d'un si chaud et si gai pittoresque! Les *Amoureux de Marton* sont plus comiques par les situations que par le vers, dans une pièce en vers!! Or, la situation, au théâtre, — et c'est une des infirmités de ce genre inférieur de littérature, — est toujours connue, plus ou moins fanée, tableau plus ou moins rentoilé, tandis que le vers, quand il est bien frappé, c'est l'inattendu et le seul comique. — quand il est comique — qui n'appartienne pas en propre à l'acteur.

IV

Après les deux actes de la *Saint-François* et des *Amoureux de Marton*, notre seul butin de cette semaine, on a donné une vieille pièce, d'une forte saveur. Cela s'appelle l'*Anglais*, par Patrat. L'acteur qui fait l'Anglais (Coquelin) le fait avec une grande supériorité. En France, le défaut des acteurs qui jouent les Anglais, depuis Perlet jusqu'à Pothier, depuis Pothier jusqu'à Levassor, est d'exagérer l'Anglais, de le pousser à la caricature. On dirait que nous mettons des revanches de Waterloo à cela... Ce n'est pas ainsi que Coquelin, ce soir, a conçu et réalisé son Anglais. Il l'a joué avec une sobriété qui a donné à son personnage une netteté de lignes et de relief incomparables. L'accent y est, l'accent guttural qui donne aux mots une expression si étonnante, mais il n'y est pas trop; il y est dans la nuance juste d'un art consommé. C'est bien cela! Avec ses bottes à revers et sa tenue d'Anglais du siècle dernier, on aurait cru voir en scène un type de Fielding, de Walter Scott, ou d'Hogarth lui-même, — le grand Hogarth, qui se serait essuyé de ses airs sinistres, et qui n'aurait gardé de sa saisissante physionomie que la bonhomie dans le sang-froid et le comique dans la profondeur.

THÉATRE DU GYMNASE

PAS DE PIÉCE !

THÉATRE DU VAUDEVILLE

REPRISE DE

LA DAME AUX CAMÉLIAS

Vendredi, 24 Janvier 1868.

I

Est-ce que Phryné, qui était très belle et qui n'en doutait pas, n'ôta pas sa robe pour tout l'Aréopage athénien ? Est-ce que M. Montigny ou M. Gondinet (lequel des deux ? ou tous deux à la fois ?) n'auraient pas voulu passer ce soir sous la lorgnette du *Nain jaune* ?

Toujours est-il que le *Nain jaune* n'a pas eu sa place, aujourd'hui, à la première représentation du *Comte Jacques* par M. Gondinet.

Ne la voyant pas venir, cette place qu'il est d'usage d'envoyer aux critiques de théâtre et qui ne nous avait pas manqué jusqu'ici, le *Nain jaune* a pris la peine de l'envoyer chercher, — avec son argent, bien entendu.

Mais il a été répondu à tous les empressements du *Nain jaune* qu'il n'y avait plus la moindre place au contrôle et que tout avait été dévoré par les amis de l'auteur, ces ogres de première représentation.

Un ministre disait : « Tout arrive en France ». — Et c'est vrai ! même les billets de spectacle qui n'arrivent pas !

Seulement, une simple question, pour la clarté et la moralité de la chose :

Est-ce que les critiques de théâtre ne pourraient avoir de place *assurée* qu'à la condition d'être les ROMAINS de l'orchestre ?

II

Du reste, si le Gymnase ne sait plus faire son service, nous tenons, nous, si essentiellement à faire le nôtre, que, désemparé de première représentation, nous sommes allé, pour avoir quelque chose à vous dire aujourd'hui, à la reprise de la *Dame aux Camélias*. Une reprise... qui ne reprend pas. C'était, ce soir, d'une profonde tristesse. Où est le temps, bon Dieu! où ces camélias étaient en fleur et avaient l'air de sentir quelque chose?... Si vous vous le rappelez, on buvait l'ivresse, et la fièvre, et les larmes, dans leur coupe inodore de fleur bête. Tout le Paris, même le Paris des femmes honnêtes, allait se grésiller l'imagination à ce drame où une fille de joie meurt exceptionnellement d'amour et de chagrin. Ah! qu'ils sont loin de nous, ces jours de curiosité ardemment et scandaleusement excitée! Ce soir, quel changement! Quelle salle vide et quel résidu de public! Énormément de femmes à châles à carreaux rouges et noirs. On aurait dit des filles de chambre ou des modistes de province venues tout exprès pour étudier les robes de madame Doche, qui, sur cinq, en a deux, comme disent les femmes, *de très bien*. La robe rose du premier acte, dans laquelle elle montre un dos charmant, qui n'est pas nu, et une grâce de tournure faisant enchantement aux yeux épris qui la suivent, et celle du troisième acte (je crois), au large ruban vert en ceinture, mais dont je n'aime pas le ruban. Que madame Doche me permette de lui dire que, quand on a sa sveltesse et son élégance, c'est une faute que de se plaquer sur la taille, là où elle l'y met, par derrière, ce large nœud de ruban vert qui ressemble à une assiette de dessert couverte de feuilles de figuier. Ce n'est pas de cette façon qu'Ève mettait la sienne... Dans l'intérêt du succès de sa tournure, nous supplions madame Doche d'ôter cette affreuse assiette de ruban.

C'est elle, madame Doche, qui, malgré le temps qui, elle aussi, l'atteint comme le drame, nous a paru pourtant ce qu'il y a de plus vivant, de plus frais, de moins *démodé* dans le drame de M. Dumas fils. C'est elle qui rehausse encore de l'action de son jeu les cendres d'un drame flambé, qui s'en va s'éteignant, mais où, sous le souffle d'une *seule* actrice, il y a des restes de brasier encore... En effet, ce qui frappe immensément dans cette reprise de la *Dame aux Camélias*, c'est le vieux, le triste, le fini de cette chose qui sembla vivre un moment d'une vie si intense. Dès le premier acte de la pièce, on sent cela, on sent l'extinction, on sent la mort. Ce premier acte, qui se tortille tant pour être gai, puissant, vibrant, hardi, ce premier acte qui finit par le souper *régence* du xixe siècle, avec la chanson et les verres à champagne qui battent la mesure, est d'un morne dont vous ne pouvez avoir l'idée. Comme ces gens-là ont l'air de s'amuser! M. Dumas fils, qui se donne, comme on le sait, beaucoup de mal pour avoir de l'esprit, et qui finit par enlever le mot comme on enlève un bouchon tenace, après avoir longtemps tirebouchonné, manque absolument d'abondance, de gaieté, d'élan dans cet acte, où le drame n'est pas commencé encore et où il aurait fallu peindre de verve un tableau des mauvaises mœurs du temps. A ce souper, ridicule même par la brièveté (une simagrée de souper!), les pauvres acteurs se débattent sous les phrases pénibles de leur rôle, qui les figent, et cavent au pis. Ils sont plus mornes qu'elles... Une autre raison peut-être de la vieillesse prématurée de l'œuvre dramatique qui commença la réputation de M. Dumas fils, ce n'est pas seulement la grande difficulté d'être Beaumarchais, mais c'est aussi le progrès qu'ont faites dans les mœurs l'espèce de femmes dont M. Dumas nous a donné le type. Oh! nous n'en sommes plus aux Marguerite Gautier, qui, toute *fille* qu'elle est (écrivons crûment le mot, quand ce ne serait que pour dégoûter de la chose), n'est pourtant pas, comme disait madame de Staël de je ne sais quelle actrice, une mauvaise diablesse; car elle se sacrifie — et même un peu vite! — quand on lui dit de se sacrifier. Nous avons ce type-là, déformé ou perfectionné, selon le point de vue auquel on se place! Nous en avons maintenant, des Marguerite Gautier plus foncées, qui envoient, elles, les lettres de leurs anciens amants à la femme qu'ils ont épousée, quand ils n'ont pas voulu donner assez d'argent pour les acheter! En face de la *fille* actuelle et de ses monstruosités de corruption, de sordidité, de langage, d'argot et de bêtise, la Marguerite Gautier de M. Dumas fils, qui a commencé l'intérêt que tout le monde a pris aux *filles*, ne semble plus qu'une estampe effacée, d'un dessin indécis, qui, si cela continue, demain fera l'effet de quelque chose d'aussi suranné et d'aussi *passé* que *Malvina* ou *Caroline de Lichtfield*, dans un genre différent. Quand, dans les mœurs, on en est au *sacré-chien* des postillons, dans les coupe-gorge où ils relaient, vous comprenez que le premier verre de punch, qui vous avait semblé violent, n'a plus guères de goût.

C'est ce curieux abaissement des mœurs publiques, qui nous a blasés, que nous avons eu l'occasion de remarquer plus que jamais à cette reprise de la *Dame aux Camélias*. Notre intérêt était bien moins pour un drame connu, joué tant de fois, et dont à la longue les défauts apparaissent enfin même à ceux qui les ont le moins vus tout d'abord, que pour la salle qui l'écoutait, la salle que la Critique de théâtre oublie trop et qu'il faut savoir regarder. Pour la Critique de théâtre, retourner sa stalle est une manière excellente de voir sur la scène. Je crois que dans la salle de ce soir, au Vaudeville, les femmes honnêtes étaient en dominance. Les cocottes, les Marguerites de la plate-bande

Gautier, n'y fleurissaient pas, du moins d'une manière visible; car il y a les violettes du vice comme les violettes de la vertu, qui aiment les petits coins et qui en ont la modestie. Eh bien, ce soir, dans ce public dont je vous ai dit la physionomie très bourgeoise, savez-vous le rôle qui a le plus impressionné ces honnêtes femmes et ces jeunes filles à châles à carreaux qui étaient là?... Croyez-vous que ç'ait été madame Doche, dans ce rôle à larmes, à crachements de sang et à sacrifices à bras raccourci, si grossièrement bâti pour faire naître la grossière émotion dans les âmes qui ne sont pas bien difficiles?... Croyez-vous que ç'ait été la *Dame aux Camélias*, l'héroïne de la pièce, assez corrompue, quoique non assez pourrie, pour intéresser? Allons, bah! c'était bon, cela, il y a quelques années! Mais aujourd'hui, l'intérêt, l'intérêt concentré, l'approbation, l'émotion gaie, plus puissante et plus en éveil que l'émotion sentimentale et triste, a été pour le rôle de Prudence, de Prudence qui a un nom que même après celui de fille on n'écrit pas! Prudence, la faiseuse d'affaires; et de quelles affaires! Prudence, l'innommable Prudence, qui a dans l'âme la bassesse de son métier et dans les manières la bassesse de ces deux bassesses, a été la coqueluche de la salle. Dès qu'elle disait un mot à ignoble double entente, dès qu'elle faisait un geste à triple, il passait un frémissement de plaisir dans la salle, non pas dans la partie de la salle où sont les hommes presque exclusivement, mais dans celle où se trouvent les femmes, aux galeries et dans les baignoires! Quelquefois même il ne fallait que la voir arriver en scène, avec cette mise odieuse qui disait tout, pour sentir que toute la salle devenait attentive et charmée, et que le rire de la jouissance précédait même ce qu'elle allait dire, tant, d'instinct, on la comprenait!

III

Lorsque M. Alexandre Dumas fils écrivait sa pièce, pressentait-il qu'il arriverait un temps — et un temps qui ne se ferait pas beaucoup attendre — où la *Dame aux Camélias* serait éclipsée dans les préférences du public, son maître, par la servante, la servante honteuse, la Prudence?... Cette Prudence, qui efface Marguerite Gautier et qui n'en fait plus qu'un second rôle, est jouée par madame Alexis, laquelle est entrée dans ce rôle aussi facilement qu'on entre dans de la vase et qui s'en met jusqu'aux oreilles. Ceci n'est point de la critique. Madame Alexis est ce qu'elle doit être, son rôle donné. C'est un rôle dégoûtant, mais c'est le goût du public. Et comme elle le voit et qu'elle se sent en sympathie avec le public, elle en souligne cruellement, de la voix et du geste, toutes les intentions. Seule, avec et après madame Doche, elle a montré du talent; car tous les autres sont détestables. Riquier, qui fait, non pas le petit crevé mais le vieux crevé de la pièce, et qui n'a qu'un mot, un accent et une note, est de cette drôlerie qui charme les imbéciles et qui consiste à dire toujours la même chose. La Critique théâtrale flétrira-t-elle assez de fois et coup sur coup, s'il le faut, cette exécrable répétition de la même plaisanterie, dont tous les auteurs dramatiques font le plus assommant abus? Quand elle aura répété assez de fois que la répétition est une preuve d'impuissance, les vaniteux, qui veulent faire les puissants, essaieront peut-être d'autres choses. Delannoy, qui fait le père Duval, le père de l'amoureux de Marguerite, car il ne mérite que de s'appeler le *père Duval*, ce bonhomme qui, malgré sa solennité, est commun comme le bouillon Duval, le joue avec une emphase ridicule et une mélopée de Prudhomme dans la voix qui tue tout pathétique dans ce prédicateur paternel.

Du reste, même dans la pièce, ce rôle de père est mal conçu. Il est trop insolent d'abord, — trop vite touché ensuite, — et pas assez touché à la fin, quand la pauvre fille, à qui il demande plus que sa vie, fond de bonté, de tendresse et de douleur dans ses mains, dont il devrait faire des bras, ardents de passion paternelle, pour la presser sur son cœur. Madame Doche, au milieu de tout cela, s'élève comme un svelte palmier au milieu d'arbrisseaux rabougris. C'est elle qui est le talent et, je l'ai dit, le reste de vie de cette pièce morte. Sa voix est épuisée, mais cela va bien à ce rôle de pulmonique, frappée aussi au cœur, et d'ailleurs comme elle la pose bien ! Madame Doche a le don de la grande actrice : la simplicité, — qui n'est pas toute la grande actrice, mais qui en est la qualité indispensable. Son front n'a peut-être plus les rayons d'autrefois, mais il n'y a que les couchants pour ressembler à des aurores !

L'amoureux de Marguerite Gautier est un débutant qu'on appelle Abel. Il m'a fait l'effet de l'innocent de ce nom, mais je ne crois pas que le Dieu des théâtres accepte son sacrifice. Dans tous les cas, il ne vaut pas encore le coup de massue de Caïn !

LE PAPA DU PRIX D'HONNEUR

Vendredi, 14 Février 1868.

I

La Critique doit-elle mettre des pleureuses, et la Comédie serait-elle morte?... Ou n'est-ce que son plus cher enfant, son Benjamin, qui ne serait plus?... La collaboration de M. Barrière aurait-elle donc porté malheur à M. Labiche, le seul homme de France qui fût resté gai, comme nous le disions récemment? M. Labiche, notre Labiche, ce rieur qui semblait éternel, chez qui le rire, qui se mêle de nous rider aussi, n'avait mis une ride ni à l'esprit ni au visage; Labiche, qui nous faisait l'effet d'en avoir pour trente ans encore dans le ventre de ce bon rire, — dans ce ventre qui se porte bien et qui n'est pas gros! — est-ce donc que, du coup de sa collaboration, M. Barrière nous l'aurait tué, ce qui serait un crime encore plus grand que le *Crime de Faverne*, que je trouve déjà un crime bien grand?... Ou bien ne serait-ce là qu'une pâmoison?... une défaillance?... un petit somme d'esprit fatigué, le sommeil du bon Homère chez le bon Aristophane, après lequel il va repartir, notre Labiche, dans son inspiration et sa verve accoutumées, avec la vitesse de l'animal charmant dont il porte le nom?... Enfin, qu'est-il donc arrivé pour que le dernier et le premier vaudevilliste de France, l'auteur du *Chapeau de paille d'Italie*, du *Philosophe et l'Auvergnat*, et de tant de pièces d'une observation pétillante, en ait pu faire une aujourd'hui — et une pièce pour le Palais-Royal encore! — dont, moi qui écris ceci, l'âme navrée, j'ai pu entendre dire à des bourgeois, assis auprès de moi dans leur compacte stupidité ordinaire : « Mon Dieu, que voilà donc une pièce bête ! » comme si c'était un chef-d'œuvre?...

Un chef-d'œuvre... qu'elle n'était pas !

J'ai assisté, en effet, à ces quatre actes, qui s'en vont de plus mauvais en plus mauvais et qui finissent en queue de rat, et je n'ai pas ri une seule fois!! Tous les farceurs du Palais-Royal, tout l'état-major de la drôlerie, étaient là pourtant, en grande tenue et au grand complet, — Lassouche, Lhéritier, Geoffroy, Brasseur, Hyacinthe, — dans cette pièce de MM. Labiche et Barrière! et ils ont remué aussi dru qu'ils l'ont pu leur sac à grimaces. Je n'en suis pas moins resté, les mains sur mes genoux, comme un Dieu égyptien, statufié, stupéfié, stupidifié! J'ai fait, mais involontairement, cette politesse aux auteurs d'être plus bête qu'eux. Les bourgeois, — j'ai vu rarement une salle aussi purement bourgeoise, — les bourgeois, mes voisins de stalle, ont été moins polis que moi... Moi, dès les premiers mots jusqu'aux derniers de cette pièce dont j'augurais mal sur le titre (le *Papa du prix d'honneur!* est-ce assez menaçant de bourgeoisisme?), j'ai été atteint d'une bêtise absolue, immobile et morne. Mais eux, non! ils ont ri comme s'ils inventaient des choses drôles qui, certes! n'étaient pas dans la pièce. Ils ont ri de confiance, parce que c'était du Labiche qu'on leur jouait, et de souvenir aussi, en regardant les masques inouïs de ces acteurs qui les ont fait rire tant de fois, de ces acteurs qui sont au bourgeois ce que l'amadou, cette guenille! est à l'allumette, ce phosphore! Ils ont ri... contagieusement... mais toujours de moins fort en moins fort, coupotant, au troisième acte, d'interjections peu flatteuses, leur rire qui se raréfiait de plus en plus, et arrivant, au quatrième, qui est le dernier, à mon état de rigidité hébétée, — et ils sont sortis, comme moi, tristement et silencieusement, de cette Pagode du rire, — le Palais-Royal, — comme d'une maison mortuaire dans laquelle la pauvre Comédie venait de rendre le dernier soupir!

II

Car jamais rien n'a mieux prouvé que la Comédie est finie qu'une pièce où l'on ne reconnaît plus Labiche, et où il est réduit à pincer les vieilles ficelles qui servent de cordes maintenant à la lyre de la Comédie. Rien, du moins pour moi, ne confirme mieux une chose dont je me doutais depuis longtemps, c'est que la Comédie en décadence va cesser d'être, si elle n'est déjà trépassée ! La Comédie ! Cherchez-la donc où elle fut et où elle a régné ! Cherchez-la, tenez ! dans sa propre maison, que l'on croyait une forteresse ! dans ce Théâtre-Français où l'on joue des pièces à sentiment comme *Paul Forestier* et *Madame Desroches*, pendant lesquelles les amis de l'auteur font mine de se pâmer d'admiration, mais où l'on ne rit pas une seule fois, si ce n'est de leurs mines, à ces carpes pâmées ! Cherchez-la au Vaudeville ou au Gymnase, — qui avait autrefois un petit bout de rire, — le rire pincé de Scribe, — mais qui n'a plus à présent que la gaieté travaillée et sèche de M. Dumas fils le constipé, et l'esprit *pattes de mouches* de M. Sardou, deux dramaturges mélangés ! poivre et sel ! petits rires et longues larmes ! Cherchez-la partout, et vous trouverez à sa place, faufilés, impatronisés et établis, le Drame et son affreux bâtard, le Mélodrame ! Dans cet envahissement par le Drame et le Mélodrame de la scène française tout entière, le seul retranchement, le seul bastion, le seul *blockhaus* qui soit resté opiniâtrément à la Comédie, ç'a été encore le Palais-Royal, — un tréteau, je le sais bien ! mais la Comédie n'a-t-elle pas commencé par le tréteau ? Le tréteau, après tout, n'est-il pas la première pierre en planches du théâtre ?...

Le Palais-Royal n'est que le palais de la farce, mais la farce, c'est encore de la comédie à sa manière, — inférieure, oui ! mais de la comédie cependant ! C'est la comédie presque animale des peuples enfants ou des peuples vieux, qui vont retomber en enfance. La farce, ce gaminage social, cette obscénité de l'esprit, qui, dans l'ordre de la plaisanterie montre son derrière comme l'autre obscénité, on la rencontre partout avant de monter vers les hauteurs intellectuelles et raffinées de la vraie comédie, ou bien quand on en dégringole. Seulement, la farce non plus n'est pas éternelle. Le rire aussi, grossier, bruyant, à gueule ouverte et à ventre déboutonné, se fige, comme le rire discret et profond de la grande comédie, sur nos lèvres décolorées, et nous sommes arrivés peut-être à ce lamentable moment où notre âme ennuyée de vieux peuple n'est plus capable même d'une bonne farce, et où elle va s'exhaler dans quelque bâillement définitif ! Cette première gaieté, qui fit d'abord des *théâtres de la foire*, et qui, devenu la dernière gaieté, a bâti des *Variétés*, des *Vaudevilles*, des *Palais-Royal*, finit par entièrement tarir. Et pour qu'on voie mieux qu'elle tarit, et qu'il n'y a plus rien, au fond du tonneau, de cette lie à laquelle nous trouvions je ne sais quelle saveur encore, c'est aujourd'hui, sous les mains puissantes de l'homme qui a le mieux roulé, secoué et levé, depuis plus de trente ans, ce tonneau, qu'elle cesse tout à coup de couler... Car si Labiche, cet Aristophane *bon enfant*, à la gaieté légère et désintéressée, qui n'est pas un pamphlétaire de théâtre, lui, qui n'a jamais versé dans ses pièces la cruelle ciguë de la politique que le Labiche d'Athènes, qu'il faut plutôt appeler le tigre d'Athènes, fit boire à Socrate avant le bourreau, oui ! si Labiche manque à la Comédie, c'est que la Comédie doit encore manquer davantage à Labiche ! C'est qu'il n'y a plus, dans cette société sans relief, que des vices tristes et des ridicules effacés, et que tout espoir de rire, de n'importe quel rire, est perdu.

III

Et, cela est certain ! tout espoir du rire est perdu, du moins de celui-là que Molière lui-même, le grand Comique, s'il revenait au monde, ne nous attacherait plus aux lèvres, comme il nous l'y attire encore, dans un plaisir délicieux. Molière, en effet, ne se recommence ni ne se continue. Plus nous nous éloignerons de l'époque où il a vécu, plus le plaisir divin qu'il nous donne ira diminuant, plus sa comédie passera à l'état d'archéologie littéraire, parce que toute comédie est une question de forme sociale bien plus encore que de génie. Le génie ! mais le génie ne nous a pas manqué. Le XIX° siècle a Balzac, ce colossal fils de Rabelais, plus gros et plus grand que son père, et Balzac est un génie d'observation autrement vaste que Molière et d'une gaieté autrement rutilante que ce mélancolique génie, aux yeux penseurs, qui écrivit le *Misanthrope* ; mais Balzac lui-même aurait-il persisté dans ce que j'appelle la grande faute de sa vie, qui fut de vouloir faire du théâtre quand le théâtre se défaisait. Balzac, tout Balzac qu'il fût, n'aurait pas sauvé la Comédie !

Malgré le nom qu'il lui donna, la sienne, sa *Comédie humaine*, est bien plutôt le Drame humain, la Tragédie humaine, que la Comédie, et on y pleure bien plus qu'on n'y rit... Après l'expérience d'un tel homme, on peut donc hardiment conclure que la Comédie n'est plus possible au xix° siècle, et qu'elle y meurt de tout ce qui a tué la forme sociale qui l'avait créée. Expression d'une civilisation très élevée et très particulière, comme l'est toujours la Comédie, qui n'est que la mise en action des vices et des ridicules humains modifiés, grossis, déformés et rendus grotesques par le fait du milieu dans lequel ils se jouent, quand ce milieu croule, elle croule nécessairement avec lui. Après le xvii° siècle et Molière, la France a encore de la Comédie, parce que le milieu social ébranlé n'est pas encore changé, comme tout à l'heure il va l'être... Elle a *Turcaret* et elle a le *Mariage de Figaro*, qui arrive au pamphlet d'Aristophane; mais lorsque la Révolution est décidément accomplie, quand à l'ancienne société française a succédé une autre société française, il n'y a plus que de la comédie fantôme, de la comédie d'imitation, où de pauvres diables comme Fabre d'Églantine, Collin d'Harleville, Picard et Casimir Delavigne, croient continuer l'art de Molière; tandis qu'un homme qui a, comme Labiche, à lui seul plus de virtualité comique qu'ils n'en avaient à eux tous, Labiche, ce charmant et robuste farceur, au lieu de monter plus haut, reste trente ans simple vaudevilliste et dans ce rire éclatant de la farce, que pouvait bien mépriser Vico, mais qu'une société est bien heureuse d'avoir encore quand le rire de la grande comédie n'est plus!

Ainsi, morte avec l'ancienne Société française, la Comédie qui, dans d'autres circonstances, aurait pu se transformer, n'a point ressuscité sous une forme nouvelle. Elle ne le pouvait pas, et je dirai pourquoi, car tout doit être dit... C'est que cette Société est devenue, d'esprit, d'institutions, de préoccupations et de mœurs, une démocratie. C'est qu'au lieu d'être comme autrefois une Société à rangs déterminés et à castes, par conséquent à empiètements incessants les uns sur les autres, à prétentions plus grandes puisqu'elles étaient plus comprimées, à variétés plus profondes, à ridicules plus bombés, à tout un comique enfin qui tenait à la hiérarchie sociale elle-même, vous n'avez plus qu'une Société égalitaire sur laquelle le rouleau pulvérisateur a passé et a écrasé et a effacé tous ces ridicules variés et nombreux dont vit essentiellement la Comédie. Vous n'avez plus de ridicules maintenant, quoique le mot existe encore! Il n'y a plus qu'un ridicule, dans une Société fondée sur le principe de l'égalité absolue, c'est d'être *différent des autres*, et celui-là, c'est bien souvent l'Envie qui le donne à la puissante Originalité, c'est bien souvent la Bassesse qui le donne au Génie ! Et ce n'est pas là tout. Si vous n'avez plus de Comédie, c'est qu'au lieu d'être une Société à classes oisives et à fortunes stables, qui a du temps pour observer et prendre en flagrant délit les prétentions, mères de tous les genres de ridicules, vous n'êtes plus qu'une Société dont toute la vie se passe à se dire, à tous les niveaux : « Il faut gagner sa vie sous peine de crever de faim ! » C'est que vous n'êtes plus qu'une société occupée, une société à l'américaine, qui pioche toute la journée et qui, accablée le soir d'une fatigue et d'un ennui épouvantables, aime mieux aller se dessangler au théâtre du Palais-Royal qu'au Théâtre-Français des gênantes sous-ventrières du travail et de l'industrie. C'est qu'en tuant les Castes et le Loisir, la Révolution française a tué très nettement du coup la Comédie. Elle lui a tranché la tête, — cette tête fine, vive, rieuse, folle parfois de l'ivresse de sa propre gaieté, ce vin dont elle était la vendangeuse, — et cette tête est tombée le même jour et à la même heure que la tête de bœuf de Louis XVI, qu'on n'aurait pas tué, du moins de cette manière, s'il avait été un taureau, car l'abattoir est pour les bœufs mais les taureaux meurent par l'épée, et le cirque eût été la France !

IV

Et voilà tout ce qui explique qu'un talent aussi vivant et aussi friand de vivre du théâtre que M. Labiche, n'ait pas abordé la grande comédie. Son instinct très juste l'avertissait. Il sentait trop qu'il n'eût caressé qu'un cadavre... Voilà pourquoi, dès sa jeunesse, il s'est donné au seul genre de théâtre qui palpitait encore en France, et il n'a pas songé à se reprendre à ce théâtre, et il en a été certainement le roi, et le roi d'un règne de trente ans! Mais après trente ans, dame! les rois peuvent trouver leur sceptre un peu lourd, quand même ce ne serait qu'une marotte. M. Labiche, il faut bien le dire, vient de défaillir sous le sien, quoiqu'ils fussent deux à le porter... Le *Papa du Prix d'honneur* est une pièce qui daterait une décadence, si M. Labiche ne la faisait pas promptement oublier.

Quelques critiques ont prétendu qu'il y avait dans ce sujet du *Prix d'Honneur* une idée féconde et d'un comique que MM. Barrière et Labiche pouvaient, en s'y prenant bien, exploiter. Ce n'est pas mon avis. Pour mon compte, je ne vois rien où ces critiques subtils voient quelque chose. Les *Prix d'honneur* et les *papas* orgueilleux de ce prix ne seront jamais que du comique d'épiderme, sans profondeur et sans portée. On peut batifoler autour de cela, mais rien de plus. MM. Labiche et Barrière n'ont introduit là-dedans que d'assez tristes gambades. Ils n'y ont apporté rien de neuf et de frais, mais des oripeaux de situation et des plaisanteries en loques, tant elles ont servi! Tout cela sent le Pilier des Halles de la gaieté. Le fond de la pièce, c'est un bourgeois ivre de paternité flattée parce que son fils a eu le prix d'honneur, qui lui passe tout comme à un prix d'honneur, qui veut le marier comme un prix d'honneur, et lui donner une place comme à un prix d'honneur, et qui est contrarié dans ses plans par une petite femme qui n'aura pas, elle, le prix d'honneur, et qui aime son fils comme on aime au Palais-Royal, et fait avec lui de cet adultère facile et impudent qui regorge dans toutes les pièces du Palais-Royal. Ce bourgeois, bien entendu, n'est qu'un Prudhomme, ce type volé par tout le monde à Henri Monnier, l'homme assurément le plus volé de France, mais tous les personnages de la pièce sont des Prudhommes au même titre et au même carat. Ainsi, le beau-père que ce bourgeois veut donner à son fils, est aussi un Prudhomme. Le valet enrichi, qui apostille les pétitions au ministre, parce qu'il l'a fouetté étant marmot, est encore un Prudhomme. Le mari trompé par le fils du bourgeois, un autre Prudhomme, et jusqu'au jeune veston-court (prix d'honneur) un Prudhomme de l'avenir, qui commence de pousser à travers les goguenarderies de la jeunesse. C'est ce type répété, réfléchi, remontré dix fois, qui est le bouchon, ou plutôt (pour parler comme au Palais Royal) le *bouché* à facettes, de la pièce. Preuve de plus, du reste, de la mort de la Comédie et de l'impossibilité de la faire renaître, que cette pauvreté d'une société qui n'a plus qu'un seul type et dont le masque vient fatalement s'abattre sur la figure de tout personnage qu'on veut mettre à la scène ! Rien n'est plus monotone et plus insupportablement fastidieux. Si vous ajoutez à cette ubiquité du même type l'ubiquité de la même plaisanterie rabâchée dans tous les rôles, peut-être, qui sait ? deux cents fois (je n'avais pas de crayon pour les marquer), vous avez une idée de l'état dans lequel m'a mis cette pièce, qui mérite un nom que, certes ! je n'écrirai pas...

Que dire des acteurs du Palais-Royal ? Ce ne sont pas là des acteurs, mais des *chargeurs*, de vrais débardeurs de la charge, qui se permettent tout, et qui en ont le droit, avec un public qui ressemble à ces danseurs des bals publics (les Palais-Royaux de la danse) que leurs danseuses, dans un avant-deux, mouchent avec leur pied, et qui rient de cette haute ruade, avec un nez tout escarbouillé, tout ensanglanté et tout heureux ! Je l'ai dit : malgré le dévouement de cette face à taloches d'un public qu'on chatouille avec des soufflets comme on en donnerait à des pitres, les acteurs ne prolongeront pas de beaucoup, par leur jeu, la vie de cette malheureuse pièce... Nous souhaitons, pour l'honneur de M. Labiche, qu'elle disparaisse et qu'on n'en parle plus.

LES FEMMES SAVANTES
LE MALADE IMAGINAIRE

LES ACTEURS : RÉGNIER, PROVOST, LEROUX, TALBOT ;
LES ACTRICES : Mmes JOUASSAIN, RIQUIER, FÉLIX, NATHALIE,
DUBOIS, BONVAL ET ROYER.

Le 26 Février 1868.

I

Pas de première représentation cette semaine. *Blank dead*, comme disent les Anglais. On annonce… est-ce bien sûr ?… pour samedi, la *Reine Margot*, qu'on reprend comme on a repris *Antony*, comme on vient de reprendre *Kean*. Toutes ces reprises, après trente ans, de pièces fraîches à peu près comme de vieux journaux, et qu'on finira, avant peu, par laisser là tout à fait, font ressembler en ce moment le Romantisme au fameux serpent qui se mord la queue ; mais, soyez tranquilles ! ce ne sera pas pour lui un emblème de l'Éternité !

Or, en ce rabâchage universel, interrompu seulement par les parodies plus ou moins plates de

Paul Forestier, — les gamineries obligées qui s'attachent au talon retentissant de tout succès mérité ou non mérité, — je n'aurais certainement rien à vous dire aujourd'hui si la Comédie-Française n'avait joué hier les *Femmes savantes* et le *Malade imaginaire*. Les *Femmes savantes* se jouent toute l'année et souvent, mais le *Malade imaginaire* est plus rare. On le joue plus spécialement le mardi gras. C'est un spectacle de fête carnavalesque. On se permet d'écouter ce jour-là — quelle orgie ! — des plaisanteries qui, tout autre jour, paraîtraient immondes au peuple de prudes, de bégueules et de doctrinaires qui descendent pourtant, on ne sait par où, du génie de Rabelais, dont Molière, son fils légitime, descend, lui, par le bon côté !

Car voilà ce que nous sommes devenus. Cette pièce aristophanesque du *Malade imaginaire*, contre la médecine et les médecins du temps de Molière, — un de ces ridicules qui tenaient, comme nous le disions l'autre jour à cette place, aux classifications mêmes de la société et à sa hiérarchie, — n'est guères écoutée avec faveur que le mardi gras, et que dis-je ? avec faveur ! entendez : avec indulgence, et parce que, ce jour-là, c'est le mardi gras, un jour que la tristesse moderne aura bientôt effacé du calendrier de nos mœurs ! Cette comédie du *Malade imaginaire*, que le janséniste Boileau aurait encore plus condamnée que les *Fourberies de Scapin*, — ce

Boileau auquel M. Guizot eût fait certainement une pension s'il avait, non pas chanté, mais *doctriné* en vers, de son temps ! — cette comédie du *Malade imaginaire*, qui fut le dernier éclat de rire d'une société ennuyée, hébétée, matagrabolisée par la convention et par l'étiquette, et qui éprouvait, comme certaines femmes trop serrées, le besoin d'ôter son busc pour mieux... souper; cette pièce enfin, qui a maintenant contre elle l'esprit, les mœurs et le ton du xixe siècle, n'est plus qu'une pièce historique, une classique admiration de collège, dont, à un jour marqué dans l'année, on donne le plaisir à des collégiens trop âgés pour qu'on puisse les conduire aux Marionnettes de Séraphin. Hier soir, le Théâtre-Français présentait un curieux spectacle. Tout le printemps de l'année était là, encore en bouton. Et comme le printemps est une saison rieuse, on entendait, à chaque plaisanterie, de ces bons rires frais qui passaient tout à coup dans la salle et qui entraînaient celui des pères. Mais si les pères avaient été seuls, auraient-ils ri?... Auraient-ils accepté aussi gaiement et sans répugnance cette comédie à porcheries et à clystères, tout à fait indigne d'un temps qui fut gai et gaulois, mais qui ne l'est plus, et, signe du temps ! a inventé contre la seringue, aimée de Callot, cet instrument spirituel et narquois, le clysopompe, morne et solitaire !

II

Je sais bien que, pour jouer une pièce de ce calibre d'indécence et pour la faire triompher des répugnances qu'elle trouve dans l'état actuel de nos mœurs, il faudrait des comédiens de premier ordre. Il faudrait des comédiens qui interpréteraient Molière à leur façon comme Callot l'eût interprété à la sienne, et, de cette supériorité d'interprétation, je n'en ai pas vu hier à la Comédie-Française. Monrose, Monrose l'ancien, que j'ai vu encore et dont je n'oublierai jamais la voix mordante et le bel œil noir, frère de l'œil de Molière, Monrose seul, de tous les acteurs que j'aie connus, — qui avait, lui, les tortillements de Callot dans la tournure, qui pouvait être très grotesque et très noble en même temps (le passage au Nord-Est pour des acteurs!) comme ces types ravissants des Carnavals de Callot, — Monrose aurait réchauffé de son jeu ardent, verveux, impétueux, inspiré, ces plaisanteries grassement rabelaisiennes qui paraissent grossières à nos délicatesses de fraîche date, et qui ne sont pas meilleures quand elles sont servies froides, comme la vengeance! Le feu purifie tout. Le feu de Monrose, s'il n'avait pas purifié, aurait fait au moins disparaître, en les embrâsant, — disons le mot! — les malpropretés de ce rôle si difficile du *Malade imaginaire*, dont Molière savait lui-même la très grande difficulté, car c'est lui qui le jouait. Il se l'était réservé, et il est mort même en le jouant. Mais quand on n'a, pour remplir les rôles violemment caricaturesques d'une comédie qui a prouvé que bien avant Hogarth Molière avait deviné la Caricature, quand on n'a que des demi-talents, qui jouent correctement la comédie mais qui ne s'élèvent pas beaucoup au-dessus d'une bonne éducation dramatique, alors, ce qu'il y a de trop tempéré dans le jeu expose l'intempérance du rôle, et le public reste avec son dégoût...

C'est que l'interprétation de la plaisanterie, quand elle est colossale, est autrement difficile que celle de la plaisanterie qui n'est que charmante, fine, spirituelle, et, comme disent les pédants, de bon goût. Je l'ai éprouvé ce même soir... Dans ces *Femmes savantes* qu'ils ont jouées avant le *Malade imaginaire*, tout a été à peu près bien et n'a pas manqué son effet. Ils ont joué tous, comment dirais-je?... moins en grands artistes qu'en excellents amateurs dans un théâtre de société très cultivée; ils ont été de niveau avec la tradition; ils ont exécuté le solfège du Conservatoire; ils ont joué, enfin, comme des gens qui ont vu jouer des acteurs plus forts qu'eux ou qui en ont entendu parler, et qui ont cru qu'on les imite en toussant et en crachant comme eux, et la pièce a marché, en boitant un peu, comme mademoiselle de La Vallière, mais a fait pourtant un certain plaisir. Seulement, pour un connaisseur, le plaisir s'est interrompu net aux rôles de Vadius et de Trissotin; car Vadius et Trissotin, c'est le colossal dans la plaisanterie, ce sont des rôles égaux, pour la difficulté, au *Malade imaginaire* et à M. de Pourceaugnac. Ici, l'insuffisance des acteurs (E. Provost et Régnier) est apparue dans sa triste nudité et on n'a plus eu que les grimaces *notées* de ces deux rôles, qu'on joue toujours de la même manière insupportable et qu'on jouera de cette manière toujours, jusqu'à l'arrivée d'un acteur de génie qui remplira la carapace vidée de ces rôles énormes et dans laquelle nous ne voyons plus s'agiter que des singes ou des gringalets! Ainsi, pour arriver au détail, mademoiselle Émilie Dubois a solfié assez joliment ce rôle d'Henriette, qui était une rossignolade d'ironie enchantée pour mademoiselle Mars; madame Riquier, belle à ne pas faire comprendre Clitandre, a dit avec calme, mesure et noblesse, et trop de noblesse même, le rôle d'Armande,—car cette noblesse en efface le ridicule qui doit y rester; mademoiselle Nathalie, très supérieure à ce qu'elle est dans

Madame Desroches, a été une Philaminte d'aplomb monumental, et mademoiselle Jouassain une Bélise vivement accentuée; mademoiselle Dinah Félix a joué un peu trop en pointu le rôle que mademoiselle Dupont, cette ample Martine, jouait, elle, avec tant de rondeur, mais elle a eu un geste charmant quand elle s'est frappé la poitrine pour attester le genre de mari qu'elle voulait en ménage. Tous, excepté Leroux, — qui a joué détestablement son rôle de Clitandre, emprunté dans le plus gracieux costume, embarrassé d'une de ses mains dont il cherchait un jabot qu'il n'avait pas, tenant mal son chapeau de l'autre, et faisant des pauses et des grimaces sans bout avant de prononcer le nom de Trissotin, qui est bien assez ridicule comme cela, enfin donnant de la cour une piètre idée aux Trissotins triomphants, — tous sont restés dans une tonalité de talent honnête; mais l'écueil a été Vadius et Trissotin, et un écueil contre lequel Régnier lui-même, avec toute son intelligence, a échoué. Et c'est ainsi qu'à l'avance ils me faisaient pressentir, pendant la représentation des *Femmes savantes*, ce qui est arrivé dans le *Malade imaginaire* : c'est qu'il n'y avait plus, dans tout le personnel de la Comédie-Française, de quoi répondre aux exigences de cette pièce-là!

III

Et de fait il n'y a pas, pour justifier ces exigences, que l'indécence des situations et des propos dans cette pièce qui sent son pot de chambre d'une lieue, il y a de plus le comique, perdu pour nous, de ces médecins que Molière mettait implacablement à la scène. Tout de même que nos Trissotins actuels ne ressemblent pas à ceux de Molière par l'encolure et par le ton, tout de même nos médecins, ces petits confesseurs de femmes, qui n'ont plus la perruque, ni la robe, ni le bonnet carré, mais la calvitie, le gant noir, les lunettes d'or, et qui sentimentalisent la gravité que les autres faisaient pédantesque, ne ressemblent aux Purgon et aux Diafoirus. En égalisant tout, on a tout estompé, et l'écarlate du comique est passé au rose pâle. Où l'on riait autrefois, à présent on sourit. Pour que des Diafoirus et des Purgon, qui étaient vrais du temps de Molière, ne nous paraissent pas de monstrueuses charges aujourd'hui, il faut savoir l'histoire du temps, il faut toute une littérature, et ils n'ont plus pour nous que l'intérêt d'une question d'histoire. Pendant qu'ils s'escrimaient hier dans ce terrible *Malade imaginaire*, savez-vous à quoi j'étais obligé de penser pour avoir du plaisir ?... A ces admirables mémoires de Guy Patin, si pétillants de préjugé et de génie, qui me disent si éloquemment combien profondément Molière a coupé dans la vérité de son temps !

Car Guy Patin est certainement, sans qu'il l'ait voulu et pu le vouloir, le meilleur scoliaste qu'ait Molière. Guy Patin affirme Molière avec presque le génie de Molière ! C'est un Molière à sa façon, dont le cerveau s'est un peu aplati sous sa grande perruque de médecin ; mais ce Guy Patin, qui rime à Poquelin, s'est moqué des médecins de son temps, — non pas de tous, il est vrai, comme Molière, qui s'est moqué de tous et qui se serait moqué même de Guy Patin, par dessus le marché, — Guy Patin a étranglé dans ses mémoires la moitié du personnel médical de son époque, et cela avec des férocités de matou fourré que n'a pas Molière. Bézoard, eaux cordiales, thériaque, mithridate, confections d'hyacinthe et d'alkermès, poudre de vipère, vin émétique, poudres et pierres précieuses et autres *bagatelles arabesques*, comme il les appelait, il s'en est gaussé avec un comique tout aussi profond que Molière. Enragé médecin pour sa part, cependant, Sangrado du XVIIe siècle, bourreau maniaque de la saignée, qui saignait quatre-vingts fois le même malade et dont Broussais, le hallebardier de la lancette, ne fut que le clair de lune voluptueusement adouci, ce préconiseur de la casse, de la rhubarbe et du séné, qui n'est plus aussi pour nous à présent qu'un Purgon ou un Diafoirus de l'histoire, n'en atteste que mieux, dans son style de génie, que la vérité du temps de Molière est finie et que le comique qu'elle engendrait a fini avec elle, sans qu'un acteur, même de génie, s'il y en avait, pût en les secouant les ressusciter.

IV

Et ils ne les ont pas ressuscités dans le *Malade imaginaire*. Talbot s'y est donné une peine du diable dans ce rôle diabolique du malade, et, soyons juste ! il n'a manqué ni de naturel, ni de crédulité naïve, ni de comique emportement. Mais qu'il a été loin d'être ce qui fut, à coup sûr, l'idéal de Molière, dans ce rôle brassé à si grands traits, d'une main qui craint si peu les choses qu'elle touche et qui les empoigne au plus épais ! ! Mais les médecins — les deux Diafoirus — ont été ratés, et par cette raison suprême que le comique immense de ces types s'en est allé avec la société où ces champignons monstres, d'un ridicule spécial, avaient poussé! Joué par Provost, Thomas Diafoirus n'a été que l'éternel exemplaire qu'on se passe de la main à la main et de génération à génération, entre acteurs. Plus heureuse dans son rôle de Toinette, mademoiselle Bonval y a eu toutes les insolences de l'œil, de la main, de la voix, du dos et du corsage ; mais quand elle a voulu entrer dans son rôle de médecin, comme Talbot dans son rôle de malade, si elle semble avoir mieux réussi et si elle a été plus applaudie, c'est qu'on sait dans la pièce que ce déguisement de médecin cache la femme ; que la femme, avec ses rondeurs et sa voix, crève cette robe de médecin, et la perruque, et le charlatanisme, et tout, et qu'il n'y a que ce vieux fou de malade imaginaire qui puisse s'y tromper! Madame Royer, qui tenait le rôle d'Angélique, la fille d'Argan, a été très simple, triste comme il faut dans ce rôle, et très gracieuse aux genoux de son père quand elle s'y met ; mais dans toute autre pièce elle aurait pu montrer les qualités qu'elle a montrées dans ce *Malade imaginaire*, dont le comique n'est plus qu'une conception de notre esprit, comme celui d'Aristophane, mais qui n'existera bientôt plus au théâtre, malgré les efforts du talent!

V

Ils ont terminé le spectacle par la Cérémonie, qui aurait été intéressante si le personnel de la Comédie avait été là au complet. Les robes de soie rouge, avec l'hermine, ouvertes par devant et flottantes, sont d'un effet délicieux sur la robe et le costume des femmes qu'il laisse voir. Mademoiselle Bonval, déjà très piquante dans sa robe noire de médecin, l'est bien plus encore dans cette robe rouge. Il y a un roman intitulé : le *Rouge et le Noir*, et elle était charmante à en faire faire un autre...

REPRISES ET DIRECTIONS

Jeudi, 2 Avril 1868.

I

Pas encore de première représentation cette semaine !

Nos Ancêtres, de M. Amédée Roland, sont renvoyés à samedi, et les reprises, dont nous sommes la proie, continuent leur feu roulant, monotone, insupportablement monotone, et semblent narguer le public dans leur exaspérante ténacité. Hier, les affiches de théâtre étaient vraiment curieuses. Écoutez ! C'est tout un enseignement. On jouait *Hernani* au Théâtre-Français : une reprise. A l'Odéon, *Kean* : une reprise. Au Vaudeville, les *Parisiens* : une reprise. A la Gaîté, la *Reine Margot*, une reprise; Au Théâtre du Châtelet, le *Vengeur*, qui n'est pas une reprise, mais qu'on peut considérer comme une reprise ; car après la chute de la première représentation, c'était le *reprendre* par terre que de le rejouer. Voilà l'affiche d'hier, et celle d'aujourd'hui ne vaut guères mieux. Les reprises ! voilà donc ce qui règne, en cet instant, généralement sur la scène française. Elles y règnent comme la famine en Prusse et en Algérie. Et de fait, elles sont l'éclatante preuve que dramatiquement nous mourons de faim. Je n'ai point à parler ici d'opéras, sérieux ou comiques (ils sont tous comiques pour moi : depuis *Hamlet* — *Hamlet* surtout ! — jusqu'à la *Grande-Duchesse de Gérolstein*), mais, sur une dizaine de théâtres qui ne sont pas des boîtes à musique, qu'il y en ait plus de la moitié qui soit occupée à nous éructer ses anciennes pièces et à nous prendre pour des ruminants à deux estomacs, dont l'un se vide dans l'autre à vingt ans de distance, c'est là ce qui indique, avec une croyance spéciale aux ressources de nos organisations, une pauvreté, une sécheresse, une inanition comme on n'en avait pas vu depuis longtemps, et qui finirait par impatienter la sobriété même du chameau. Nous sommes des chameaux supérieurs : nous restons tranquilles. Des reprises ! des reprises ! devenant la loi générale et comme la nécessité des théâtres, qui ont la prétention — qui l'avaient du moins autrefois — de vivre, de provoquer et d'exciter la vie, de la répandre, de la multiplier ! Or, la vie, c'est la nouveauté. Reprendre, c'est-à-dire recommencer le *conte répété deux fois*, et « rien n'est ennuyeux comme un conte répété deux fois », disait Shakespeare. Reprendre, enfin, c'est-à-dire, pour les théâtres, rabâcher !

Vous figurez-vous bien le spectacle qu'offrirait le Journalisme contemporain si tout à coup, à la place des journaux de chaque jour, nous allions reprendre et ne publier que les vieux journaux, sous prétexte qu'ils ont été beaucoup lus? Vous figurez-vous ce qu'il adviendrait, si tous les libraires de France se donnaient le mot pour ne publier que les anciens livres et pour uniquement les reproduire? Vous figurez vous ce que deviendraient alors les besoins actuels, immédiats et réclamants de la pensée vivante, qui ne donne pas, comme cela, sa démission de la minute, de l'éclair, du clin d'œil dans lequel elle vit?... Eh bien, ce que le Journalisme ni la Librairie n'oseraient et ne pourraient faire, le spectacle inouï qu'ils ne pourraient nous donner quand même ils voudraient jouer la carte insensée de cette gageure, les Théâtres, menés par d'incomparables Directeurs, réussissent à nous le donner, eux, et le public qui paie, et le public qui pense, et le public qui s'ennuie, se laisse fouler (sans réclamer) par ces Rois Fainéants, qui trouvent plus commode de remonter de vieilles pièces que d'en accepter de nouvelles, et surtout que d'en inspirer!

Car telle est la fonction, tel est le devoir, tel est

le but de cette agréable institution des Directeurs de théâtre : accepter des pièces nouvelles quand il y en a, — discerner les bonnes, — et, lorsqu'il n'y en a pas, en faire naître! Ils n'ont pas été créés et mis au monde pour autre chose que cela. Ils n'ont pas été mis là pour que nous contemplions leurs charmes. Ils nous doivent des œuvres pour notre argent et pour leur honneur. Oui! quand la chose théâtrale manque, ils doivent imprimer aux esprits qui s'en occupent l'impulsion réchauffante et créatrice qui va les féconder. Il y en a même, parmi eux, à qui le gouvernement donne des subventions pour que le *panem et circenses* ne soit pas un vain cri! Et ceux-là, — comme toujours, du reste, — parce qu'ils sont plus favorisés, sont encore plus... comment dirais-je?... plus stupides ou plus engourdis que les autres! Ces hauts messieurs, préposés à la Manutention des vivres de l'esprit, doivent faire arriver les farines. Les moyens que leur Capacité emploie pour cela ne me regardent pas, mais la farine doit arriver. Et je ne crois pas, d'ailleurs, que, si on le voulait bien, ce fût difficile, car la chose théâtrale, dans ce pays-ci, ne demande véritablement qu'à aller!

II

Et, de réalité, vous avez affaire à un pays qui, par ses qualités et même par ses défauts, est le pays le plus dramatique de la terre, et je ne dis pas seulement comme public, mais comme producteur! De facultés, de tempérament, d'imagination, — d'imagination anti-rêveuse, positive, passionnée, impatiente, frappant du pied la terre, poussant au dénouement avec frénésie, ce pays-ci est essentiellement le pays du théâtre, comme il est le pays de l'action. Nul peuple ne l'a été au même degré que le peuple qui a organisé ses pièces comme ses bataillons, que cette nation, unitaire et rapide, dont le bras est toujours au bout du cerveau et du cœur, sans intermédiaire, et qui a inventé, en poétique dramatique, cette règle des trois unités qui n'est pas grecque, comme on l'a trop dit, et qui n'est point dans Aristote! Un seul instant en Angleterre, le moment qui précède immédiatement Shakespeare, il y eut une pluie, une avalanche de pièces de théâtre, comme en France, mais, en France, cette pluie avait jusqu'ici continué. Ici, les vocations littéraires n'avaient pas pour se détourner de la scène les autres grandes facultés intellectuelles des peuples d'origine germanique, par exemple. Frappées, presque toutes, à l'effigie romaine, elles palpitaient surtout pour le *spectacle*, dans le drame et dans l'histoire, — ces deux actions. A tort ou à raison, la littérature préférée en France a toujours été la littérature dramatique, et tous ses génies, — jusqu'à Balzac, hélas! qui avait pourtant mieux à faire, — se sont tournés de ce côté. Et cela est si profond chez nous, que, quand les autres littératures y seront tombées en décadence, en indifférence, en mépris, — ce mépris des peuples abrutis qui sombrent, — la littérature dramatique n'y sera pas encore!

Et cependant on dirait qu'elle y est, en ce moment, et plus que les autres littératures, si on en croyait le programme que nous donnent chaque soir de ses œuvres ces forts directeurs de théâtre, qui, pour toute initiative, n'ont que celle de la reprise, et qui, dans leur lâcheté de spéculateurs à coup sûr, ne reprennent des pièces que parce qu'elles ont été déjà acceptées par le public, que parce qu'elles leur semblent sous la protection et sous la garantie des vieux succès et des vieux noms. Ne vous y trompez pas! Toute la question est là, de ces reprises. Si, par hypothèse, elles étaient, pour une raison ou pour une autre, interdites formellement aux directeurs des Théâtres, que feraient-ils, ces messieurs?... Tourneraient-ils perpétuellement, comme des derviches ivres, dans le cercle parcouru de la même pièce épuisée et qu'on joue jusqu'à l'extinction de toute chaleur naturelle? Peut-être! Et pourquoi pas?... Ils sont très impudents. Ils abusent avec volupté. Ils abusent du nombre toujours grossissant des publics, qui leur fait maintenir outrageusement de temps la même pièce sur l'affiche, et barricader de cette manière la voie contre qui doit passer et à qui la voie est due! Et ils abusent aussi de cette patience qui souffre du rabâchage, mais qui le souffre, tant le rabâchage, cette mystérieuse puissance du rabâchage, finit par agir sur les esprits les plus fermes et les plus romainement trempés!

Et d'autant qu'ils règnent sans conteste, messieurs les directeurs de théâtre. Ils sont peut-être le seul gouvernement qu'on ne tourmente pas... Les auteurs dont ils refusent les pièces ne sont pas tous des Mallefille, des talents prouvés, des expériences, des donneurs d'ôtages à la Fortune, et ne trouvent pas aisément un homme qui, comme sur ce nom honoré et rassurant de Mallefille, ait le courage... de n'avoir pas peur! C'est pour cela qu'il est impossible de savoir bien au juste, par ce temps de reprises, le nombre de ceux dont on repousse les œuvres; car le refus est chose vite enterrée dans les quatre pieds de terre qui séparent le refusant du refusé. Reprendre est donc ici pour ne pas prendre... et (surtout le mot de l'énigme!) pour éviter une chance de perte. Mais les directeurs de théâtre sont-ils, oui ou non, des hommes publics ? Sont-ils plantés dans la pleine terre ou dans le pot de leurs directions pour seulement arrondir leurs boursicots en se moquant de nous et en nous écrasant de l'insolent ennui des pièces qu'ils nous jouent, ou sont-ils là pour fomenter l'esprit dramatique et le faire produire, en encourageant, en stimulant ses productions?... Ce qu'il y a de certain, du reste, c'est que les bonnes pièces d'hommes inconnus, que rien ne recommande aux directeurs obtus, qui ne savent rien deviner, ne viennent et ne peuvent venir qu'à travers le torrent des mauvaises, et que les chefs-d'œuvre ne s'obtiennent qu'après des tueries de pièces médiocres, comme les grandes victoires, dans l'art moderne de la guerre, ne peuvent s'obtenir qu'avec des tueries de soldats!

« Mais pour un directeur de théâtre, *à part ce que ça rapporte*, qu'est-ce qu'un chef-d'œuvre?... Ils s'en soucient bien ! Je sais l'un d'eux, et l'un des plus intelligents parmi eux, qui avait un jour le bonheur d'en lire un fort attentivement dans son cabinet, et, rendons-lui cette justice! il jouissait comme s'il n'eût pas été un directeur de théâtre. Il s'exclamait, il bondissait à chaque scène, à chaque trait, comme sous les coups d'une pile de Volta. Enfin, chose étonnante ! il était vivant. Son beau-frère, qui entra dans son cabinet et qui le vit lisant dans cette animation, dans cette possession singulière, lui demanda ce qu'il lisait. Le mot partit : — *Un chef-d'œuvre!* — répondit le directeur de théâtre. — Alors, tu vas le jouer? — fit le beau-frère, honnête et naïf. Mais le directeur, déjà froidi à ce mot, et à qui l'esprit de son état revenait, partit de ce joli éclat de rire que vous connaissez : — *Le jouer?* — dit-il. — *Allons donc! Et pourquoi?...*

Et le chef-d'œuvre n'a jamais été joué, je vous assure! Par Dieu! s'il l'eût été, il faut croire que, par le temps qui court, nous nous en serions aperçus !

III

Eh bien, c'est contre cet inepte sultanisme des directeurs de théâtre, attesté, une fois de plus, par les reprises, dont tout le monde se plaint dans la salle tout le temps qu'elles durent, et dont, hors de la salle, personne ne dit mot, que le *Nain Jaune*, qui n'entend pas que la Critique théâtrale soit une sinécure, prétend protester aujourd'hui qu'il n'a pas de pièce à examiner! Dorénavant, le jour où le fainéantisme royal des Mérovingiens du théâtre lui créera des loisirs, le *Nain Jaune* les leur consacrera. Il examinera comment ces cochers de bœufs conduisent leur voiture, et il le dira; ma foi! oui! Le *Nain Jaune* pense que la Critique dramatique n'est pas seulement un feuilleton plus ou moins spirituel sur une pièce et l'examen, *pour le moins égal*, des procédés de l'acteur après celui des procédés du poète; car l'acteur est la moitié de l'âme d'une pièce, mais il en est le corps tout entier! Il pense en plus qu'elle est aussi (la Critique dramatique) la critique de toutes choses incombant au théâtre, et, en leur lieu et place, il les traitera...

Il a, du reste, commencé dans cette voie. La question Montigny — c'est-à-dire la question de savoir si les critiques de théâtre sont des *pensionnaires à la stalle* — a été posée par le *Nain Jaune*, et quoiqu'il ait été peu soutenu par les chanoines, gras et somnolents, de la Critique du lundi, il n'est pas pour cela dégoûté de cette question, pas plus que des autres, qu'il posera, comme celle-là, quand il le faudra! La petite presse, qui a bien des défauts, — je ne la flatterai jamais, — mais qui, en définitive, est la grande presse, parce qu'elle est vivante et que la générosité, je ne sais quelle invincible et immortelle générosité, quand on frappe juste, vibre en elle; la petite presse a seule pris parti dans cette question, dont les derniers mots ne sont pas dits et où il va de l'honneur de tous ! Dans ce qu'on appelle la grande, excepté *l'Opinion nationale* et M. Jules Claretie, très noble dans son intervention, personne n'a donné... Seuls, les petits journaux (ils ne savent pas combien je les caresse et combien je les grandis dans ma pensée, lorsque je les appelle les petits!) ont trouvé le procédé de M. Montigny outrageant pour tous. Et de fait, il l'est. Il ne s'agit pas de moi qui signe cet article, qu'on a trop nommé. Il ne s'agit pas même du *Nain Jaune*, à qui on a *refusé* le *service* QU'ON LUI DEVAIT. Il s'agit de la Critique. Il s'agit de tous. Il s'agit de la Critique dramatique tout entière, qu'il importe de relever devant des Directions qui la tiennent pour leur basse vassale...

Ces Directions-là nous trouveront toujours devant elles, — y fussions-nous seul ! — et je peux leur dire à l'avance :

Messieurs les maires seront contents !

ON NE BADINE PAS AVEC L'AMOUR

27 Août 1868.

I

Sans première représentation cette semaine, je suis allé ce soir au Théâtre-Français, réouvert, rebadigeonné et... recru de ses voyages... Ces comédiens ambulants, revenus de province, m'ont fait penser malgré moi à ce valet d'une de leurs comédies, qui avait couru la poste et qui arrivait en disant :

Et porteur, où tu sais, d'une large écorchure!

L'écorchure allait-elle être au talent? Ils jouaient avec je ne sais combien de dièzes à la clef le : *On ne badine pas avec l'amour*, d'Alfred de Musset, que je n'avais jamais vu jouer... Pardonnez-moi! Mon originalité, c'est mon ignorance. Cette représentation attardée m'a donc fait l'effet d'une première représentation, laquelle m'a étonné deux fois, car j'ai été bien étonné de mon étonnement.

Et vous allez probablement le partager!

II

Je commence par le dire, et c'est une bonne précaution pour ce qui va suivre : Alfred de Musset est assurément un très grand poète, si ce n'est pas le plus grand poète contemporain, après M. de Lamartine, toutefois. Lamartine a senti le mouvement du reflux dans sa gloire; mais qu'il soit bien tranquille! la mer, plus haute que jamais, reviendra.

Plus aimé des jeunes gens que Lamartine, parce qu'il est plus près d'eux dans les sentiments, dans les sensations, dans la vie, dans les réalités qui nous font égaux par les bas-côtés, Alfred de Musset est, de tous les poètes de notre temps, celui qui nous met le plus avant la main dans le cœur. Idéal, charmant, éternellement jeune et frais, même sous les brûlures des passions qui consument, on dirait un bois de lilas foudroyé! Poète, mais en vers, poète essentiellement lyrique, élégiaque, personnel, on le dit aussi — tant avec lui il est aisé d'être généreux! tant on lui a fait toujours bonne mesure! — un autre charmant poète en prose, et un poète dramatique par dessus le marché. Eh bien, j'ai mis un crêpe à mon esprit, ce soir. J'ai eu la preuve, ce soir, que cette opinion sur Alfred de Musset était une opinion séduite, qui courait les chemins et qu'il fallait reconduire à sa mère. J'ai vu la nécessité pour la Critique de mettre en travers de la rue le bâton de Socrate, et de dire à cette Xénophonne : « Mademoiselle, vous ne passerez pas! »

Non! non! non! j'en suis désolé, Alfred de Musset n'est pas un poète dramatique. Je viens d'écouter, avec les entrailles que j'ai pour lui, une des choses, une des fantaisies, car cela n'a pas d'autre nom dans la langue dramatique, qu'on vante le plus parmi les caprices de sa pensée : *On ne badine pas avec l'amour*, et j'ai trouvé là l'élégie et le lyrisme d'Alfred de Musset, mais, hélas! moins les vers! moins les ailes des vers! moins les rayons des vers! Certes! il savait bien, lui, l'instinct même, lui qui appelait ces pièces sans théâtre possible : *Un spectacle dans un fauteuil*, que ce n'était pas là des œuvres dramatiques, mais savait-il aussi bien que ce n'était pas là non plus des œuvres poétiques (car tout est relatif) pour le génie qui fit les *Contes d'Espagne*, *Rolla*, et les *Nuits*?... Et c'est la vérité, pourtant! C'est la vérité, que toute cette poésie en prose du *Spectacle dans un fauteuil* cesse d'être de la poésie bon jeu bon argent; qu'elle n'est plus qu'une précieuse, non pas ridicule, mais une précieuse tout de même, une fille attifée de mademoiselle de Scudéry et de Marivaux, avec, çà et là, le croirez-vous? des airs de... Florian.

C'est la vérité, qu'il n'y a ni naturel profond et fondamental, ni vie, ni sang, ni cœur, ce qu'il tient de tout cela seulement dans trois ou quatre pages d'un *Enfant du siècle*, par exemple, en tout ce badinage avec l'amour qui badine si tristement, — et même si vilainement; car M. Perdican, ce jeune pédant prêchi prêcha, patati patata, ouvre, sans se gêner, les lettres qui ne lui sont pas adressées, et toute la pièce repose sur ce procédé assez bas...

Et le badinage obtenu à ce prix, si, du moins, il avait été ce que je croyais : léger, vif, étincelant, gai et poignant par-ci par-là, à certaines places, comme la vie; mais pendant tout le temps qu'il dure, j'aurai le courage de le dire, il a été prétentieux et d'un sentimentalisme faux. J'y ai attendu vainement la poésie du mot, la poésie de la prose qu'Alfred de Musset avait, disait-on, comme la poésie des vers. Elle n'est pas venue. Je n'ai rencontré là qu'une prose dont l'image est bannie... à étonner! J'ai écouté, oh! j'ai écouté comme on écoute la voix de la femme qu'on aime; mais je n'ai entendu qu'un dialogue sec entre des tirades qui semblaient faites avec des tronçons de vers coupés, et dans lesquelles s'endormait le Marivaudage, — le Marivaudage que de Musset avait en vue, pourtant, quand il faisait ce badinage, — et qui ressemblait, là-dedans, dard replié, à une pauvre abeille alanguie dans la corolle d'un nénuphar !

Maintenant, comprenez-vous mon étonnement ?

III

J'étais confondu ! Quoi ! me disais-je, voilà donc ce que la Critique, qui se permet tout, a comparé aux comédies d'imagination, aux *comédies dans le bleu* du grand Shakespeare ! à ces fantaisies prodigieuses qui se jouent on ne sait où, entre le ciel et la terre, Décamérons impossibles dans des pays impossibles, à l'orée de quelque forêt enchantée, dans le bleuâtre ou le verdâtre clair de lune (car il y en a deux), où tout est d'invention, jusqu'aux costumes de ces êtres chimériques qu'on n'a vus nulle part, où, sous des noms mélodieux, des noms qui ressemblent à des sons de hautbois ou de flûtes, les personnages sont simplement des Esprits ou des Ames, mais avec la langue des Esprits les plus subtils et des Ames les plus amoureuses, et où les *concetti* eux-mêmes, car il y a des *concetti*, car ce grand Barbare a aussi sa préciosité, ont du moins la puissance du mauvais goût du génie! Ah! c'est au nom même de Shakespeare que j'ai mis ce soir bien loin, bien loin *derrière* ses poésies, la comédie de de Musset!

IV

Et pour que ma coupe fut remplie, cette *préciosité*, les acteurs du Théâtre-Français l'ont jouée hier... précieusement, et n'ont pas, certes! remplacé par le leur le naturel qui n'est pas dans la pièce. On m'avait dit — toujours les *on dit*, toujours les opinions séduites! — que Delaunay y était incomparable et mademoiselle Favart divine... Ma foi! oui, divine; rien que cela! Déception complète. J'y ai trouvé, moi, Delaunay sans grâce, sans cette grâce des personnages de Watteau qu'il lui aurait fallu. Je l'ai trouvé d'un débit apprêté dans le simple, qui ne s'apprête pas. J'ai trouvé son costume de velours groseille épouvantable et sa perruque d'un poudré à blanc qui lui *mastiquait* et lui empâtait la tête... Dans la grande scène de la fontaine, où il jette sa bague, il a eu l'air de tirer par les cheveux ce qu'il disait, du fond de la fontaine. Mademoiselle Favart est meilleure de tenue. Avec son voile et son ruban bleu, elle est bien béguine, et tout le temps que son rôle est maussade elle ne dit pas mal ses sécheresses ; mais quand il faut sortir des monosyllabes pour entrer dans le cœur du rôle, elle entre pour son compte des deux pieds dans le mauvais, et, spécialement dans la scène où elle raconte les malheurs de son amie qui l'avertissent, elle, de ne pas aimer, elle se met à roucouler d'une si furieuse façon qu'on dirait une colombe enragée.

Les autres acteurs, espèces de comparses dans une pièce qui n'a que deux personnages remplissant la scène, jouent correctement, et Mirecour, avec une gesticulation distinguée et une parole très distincte, mieux que correctement dans le rôle du père de Perdican. Mais tous, tous, et Mirecour lui-même, jouent beaucoup trop lentement. Je l'ai dit déjà, — mais puisque les acteurs sont des perroquets, il faut les instruire comme des perroquets, en leur répétant toujours la même chose, — c'est comme une manie et un tic au Théâtre-Français de détailler, non pas seulement le mot, mais aussi le point et la virgule. Il ne leur suffit pas d'avoir des entr'actes au bout d'un certain nombre de scènes, ils en mettent encore entre les mots. C'est là une manière de glacer la scène quand il faudrait la chauffer. Eh bien, ce soir, ils avaient réussi! Malgré le préjugé que la grande et vraie poésie d'Alfred de Musset jette, comme un voile d'or, sur cette pièce d'une poésie fausse : *On ne badine pas avec l'Amour*, le public de ce soir n'avait pas d'enthousiasme. On applaudissait régulièrement, lointainement, de convenance, — pas longtemps à la fois. Aux secondes galeries, il y avait une masse de petites filles, sorties de pensionnats, à qui on avait joué avant *On ne badine pas avec l'Amour*, cette grosse niaiserie du *Gringoire*, de Banville, qu'elles ont prise pour de la vraie poésie, les intelligentes fillettes! Elles ne comprenaient plus rien à de Musset. Aux premières galeries, quelques femmes, qui, elles, pouvaient comprendre, se tenaient droites comme des cierges, — mais des cierges qui ne brûlaient pas!

L'HÉRITAGE FATAL

5 Décembre 1869.

I

Un fait, insupportablement grossier, s'est produit à ce mélodrame, et je n'hésite pas à en rejeter la responsabilité sur la direction de l'Ambigu.

Cette pièce de l'*Héritage fatal*, qu'on a jouée mardi soir et qui veut être un drame terrible, a, dès les premiers actes, manqué tous ses effets, et, au troisième, tourné de si court au burlesque, que nous tous du journalisme en fonction de Critiques ce soir-là, nous nous sommes permis de rire, à l'Orchestre, de tous ces effets manqués. Cela n'est pas bien nouveau ni bien méchant, que de rire du pathétique mélodrame qui perpétuellement tombe à côté... Les mauvaises pièces sont comme les mauvaises mœurs, on les corrige en riant. Nous aurions pu siffler, et nous nous contentions de rire! Cette modération a été mal récompensée. La claque, qu'il faut bien appeler par son nom, comme la peste; la claque, qui perche aux troisièmes galeries à l'Ambigu, a trouvé les rires de la Critique irrévérencieux pour la pièce qu'elle était obligée de soutenir, — et le fait est qu'ils n'étaient pas respectueux! Aussi, appuyée par les titis, chez lesquels elle se recrute, elle s'est mise tout à coup à violemment tempêter et à crier de toutes parts:

A bas les journalistes! A bas les buveurs d'encre! A bas les places gratuites! tout en nous bombardant agréablement de pelures d'oranges et d'écorces de marrons. Je sais bien que nous étions à l'Ambigu, un théâtre forcément de mauvais ton, par le fait seul de sa destination de théâtre populaire, et où l'enthousiasme et la gaieté du voyou se traduisent ordinairement par des cris et des gamineries qu'on lui passe, parce que, né taquin, le titi n'est pas, foncièrement, un être méchant... Mais l'esclandre agressive de mardi avait un tout autre caractère que la gouaillerie joyeuse des titis... Elle est partie du centre même de la claque. Elle a été directement insolente pour la Critique. Elle a tenté d'être oppressive. Elle s'est crue intimidante.

Or, venant de la claque, on a le droit de demander compte à l'Ambigu de la conduite de sa claque, et de l'espèce de terreur théâtrale qu'elle a voulu, mardi soir, exercer. En soi, c'était encore plus ridicule qu'odieux. Cela faisait ressembler le théâtre de l'Ambigu à ces charmantes réunions populaires de Belleville ou du Gros-Caillou, où le despotisme de l'engueulement se pratique en l'honneur de la liberté! Cette *budaillerie* ne nous a pas beaucoup effrayé... Mais il ne faut pas que l'indulgence du mépris aille trop loin non plus... Qui se fait trop bon, le loup (qui est trop lâche) le mange... Le journalisme a le droit de se plaindre de l'Ambigu. Il a le droit de demander à MM. Billion et Dumaine pourquoi, au moment même où il formait des vœux pour le succès de leur direction et leur exprimait des sympathies, il a trouvé l'injure chez eux?...

Et je ne sais pas si les critiques de théâtre le feront demain, mais moi, aujourd'hui, je le fais!

II

D'autant que ceci est une leçon de plus. C'est la claque elle-même et la populace d'un théâtre du Boulevard qui pose à nouveau une question dès longtemps posée : — la question des rapports qui doivent définitivement exister entre le journalisme et les théâtres. Ils ont crié: « A bas les places gratuites! » C'est ce que j'ai dit le premier, il y a plus d'un an, à propos d'une stalle majestueusement refusée par un directeur de spectacle qui croyait bonnement que des Critiques de théâtre étaient nécessairement des claqueurs. Les Critiques de théâtre firent alors comme s'ils le croyaient aussi... Ils me laissèrent crier tout seul. Ils se turent et ils s'effacèrent.

Mais aujourd'hui ce n'est plus moi qui reviens à cette question de « places gratuites », ce n'est plus ma voix qu'on entend, c'est celle que l'on considère le plus à cette heure. C'est la voix de la *sainte canaille*, comme dit Barbier, et celle-là, on l'écoutera peut-être. Elle est si jolie à entendre ! Les places de la Critique, au théâtre, ne doivent pas être des subventions. Il ne faut pas qu'un directeur s'imagine que nous sommes ses pensionnaires, lorsque nos journaux, avec leur publicité, font dix fois plus pour eux qu'ils ne font pour nous ! Il ne faut pas que les salariés d'un théâtre nous insultent parce que nous ne sommes pas payés comme eux ! parce que nous ne manœuvrons pas avec eux ! « A bas les places gratuites ! » c'est notre avis, mais nous ne voulons pas qu'il en reste une seule pour personne. Nous voulons, pour qu'elle soit efficace, que la mesure de suppression soit générale. A ce prix (si la question posée par la claque et les titis de l'Ambigu est résolue), nous nous féliciterons d'avoir été insultés par eux mardi soir !

Et maintenant, à la pièce, — qui nous aura valu cette aubaine, — et vous allez voir que nous pouvions rire sans injustice et sans férocité!

III

Le sujet de cette pièce est la folie, non pas la folie avec les causes morales qui l'expliquent, la poétisent et la grandissent, la seule folie qui soit intéressante au théâtre, mais la folie matérielle, physiologique, transmissible, la folie pure et simple, dans le mystère impénétrable de son infirmité. Que dis-je? ce n'est pas même cette folie, ce n'en est que la peur!

Ce n'était pas un loup, ce n'en était que l'ombre!

L'*Héritage fatal*, pour les auteurs du mélodrame que voici, c'est le principe morbide de la folie. Cela pourrait être aussi bien l'épilepsie ou les écrouelles, ou encore... autre chose, car ce sont là des maladies transmissibles aussi, et qui empêchent aussi bien les mariages que la folie : la *grande fatalité*, pour MM. Coste et Jules Dornay, étant, à ce qu'il paraît, de ne pouvoir pas se marier quand on en a envie. Toute la pièce de ces messieurs est là. Leur héros, qui aime, comme tous les héros de drame, une jeune fille charmante, et qui, petit-fils de fou, craint de devenir fou, épousera-t-il cette jeune fille ou ne l'épousera-t-il pas?... Certes! je ne crois pas qu'on ait jamais mis à la scène un sujet d'intérêt ou d'émotion plus pauvre et plus vulgaire. Je ne crois pas qu'idée plus épaisse et plus matérielle soit jamais tombée dans deux têtes.

Pour sauver la vulgarité et la matérialité de cette donnée, il eût fallu un art infini et des mains habiles qui l'auraient relevé par les détails. Mais cela n'a pas été l'histoire de MM. Coste et J. Dornay, taillés exactement pour la besogne qu'ils ont faite et qu'ils ont voulu faire. MM. Coste et Dornay sont des dramaturges qui ont étudié l'art du théâtre sur *le théâtre*, et quand on n'est pas Shakespeare ou Molière, c'est un mauvais endroit pour l'étudier. Anciens comédiens — m'a-t-on dit — du théâtre de la Villette, las de jouer eux-mêmes, ils se sont mis à faire jouer les autres. Peut-être, en travaillant beaucoup, deviendront-ils quelque chose un jour, mais leur pièce d'aujourd'hui, à bien l'examiner dans ses moyens et dans son langage, n'est guères plus que du cabotinage appliqué à la littérature dramatique.

Leurs inventions, en effet, sont bien ce qu'il y a

de plus déclamatoire, de plus brutal, de plus bestial et de plus traîné sur les planches usées des théâtres où l'on ne joue pas noblement le drame, mais où l'on a l'habitude de le *cabotiner!* Leur héros, leur *fatal*, qui croit devenir fou de cette folie qui n'arrive jamais, mais qui peut arriver, a trouvé le moyen d'échapper à cette folie, par dessus la crainte de laquelle il saute pourtant quand il s'agit d'épouser la jeune fille qu'il aime. Ce moyen ingénieux est de prier un sien cousin de ses amis de lui brûler la cervelle au premier symptôme, et pour que le dit cousin soit bien tranquille, de lui délivrer le papier, — le vieux papier connu, mais toujours imprudent, par lequel on déclare qu'on s'est tué soi-même!... Or, le cousin, l'atroce cousin, est le *traître* de fondation dans tous les mélodrames, le traître encore plus connu que le vieux papier.

Le cousin est le rival de Philippe de Barre, son envieux depuis le collège ; le serpent réchauffé dans son sein, l'ingrat, le monstre, comme on les travaille et comme on les fait à l'Ambigu, pour la terreur des portières !

On voit — immédiatement — tout ce qui doit s'ensuivre. Malgré le secret éventé de la folie, et l'opposition au mariage du frère de la jeune fille, qui est médecin précisément, parce que son futur beau-frère peut devenir fou (combinaison profonde!), malgré l'aveu d'adultère de la mère, qui, pour arracher son fils à l'idée fixe de la folie, se déshonore en public avec une rage d'impudeur qu'ils ont trouvée sublime là-haut, — chez la claque et chez les titis, — Philippe va épouser sa fiancée, quand le traître et le scélérat de cousin lui soutient effrontément qu'il est fou et lui tire le coup de pistolet demandé. Mais ce coup de pistolet ne finit pas la pièce. Elle a l'idiotisme très dur.

On croit Philippe mort, selon le papier que le cousin exhibe, et on le *flanque* sur un lit pour le faire garder par l'assassin, — une idée du médecin qui commence à douter du suicide. C'est la seule situation de la pièce, mais les auteurs n'en ont pas tiré l'effet qui pouvait en jaillir. Au lieu de cette veillée funèbre de l'assassiné par l'assassin, sur laquelle il fallait s'appesantir, les auteurs ont daubé dans l'idée commune de l'assassiné qui revient à la vie pendant que l'assassin fouille les papiers de ses tiroirs, et le voilà qui, se levant du lit tout à coup, lui frappe sur l'épaule. Alors, cris, fureurs, panoplies, épées tirées, et le diable de mort, qui se porte très bien et qui est même d'une vigueur inopinée pour un mort d'il y a une minute, fond sur son assassin qu'il ne tue pas, mais qui devient fou... pour qu'il ne soit pas dit que la folie dont on parle toujours dans cette pièce maniaque ne s'y montre pas une seule fois!! Seulement, ici, remarquez-le bien! c'est une folie qui se transpose. Elle va de l'assassiné à l'assassin. Celui qui la craignait n'est pas fou, et celui qui ne la craignait pas le devient. Dénouement piquant et plaisant! C'est comme dans l'histoire du pendu de La Fontaine. Cette déesse bizarre, dit-il de la Fortune, — moins bizarre que nos auteurs, —

> Se mit un jour dans l'esprit
> De voir un homme se pendre,
> Et celui qui se pendit
> S'y devait le moins attendre.

Et si, encore, vous aviez comme nous suivi par le menu cette pièce, que je ne vous fais aujourd'hui connaître que par le gros! Si vous aviez entendu les langages qu'on parle là-dedans! Si vous aviez cherché, comme on l'a cherché longtemps, quelle était la maladie transmissible dont cette pauvre famille était affligée! car le mot de folie n'est venu que très tard, et on a cru qu'il y avait un autre cas pathologique qui a fait rire de plus belle, et diablement difficile à décliner! Si vous aviez été témoin de la finesse de l'affreux cousin, fourrant dans la corbeille de la fiancée un médaillon à tête de mort, pour lui faire croire que son futur mari est fou! Si vous aviez vu le jeu faux et ampoulé des acteurs s'ajouter aux déclamations imbéciles de la pièce! vous auriez ri comme nous, et comme nous vous auriez été insultés!

Ils ont été détestables, les acteurs. Les sans-nom

comme ceux qui ont un bout de nom, à ce théâtre. Madame Dica-Petit, qui jouait la jeune fille, a été médiévrement affectée. Omer, qu'on nous sert toujours en Anglais, comme une compote dans un pot, le joue justement comme un pot, son rôle d'Anglais. Il n'est guères possible de jouer plus mal. On ne l'entend même pas, tant il ravale ses mots, et s'il en passe un par hasard à travers les glouglous de ce gargarisme étouffé, je vous défie bien de le reconnaître ! Les acteurs étaient proportionnés aux auteurs et leur jeu à la pièce. On avait commencé par rire, mais on a fini par bâiller... Fatigué, écœuré, éteint, le vrai public s'en est allé levant les épaules ; et la claque, qui avait fait d'abord son tapage d'indignation contre la Critique égayée, n'a pas, au dernier moment, levé bien haut ses ignobles battoirs pour applaudir !

LIONS ET RENARDS
LA PRINCESSE DE TRÉBIZONDE

12 Décembre 1869.

I

C'est lundi dernier qu'on a joué solennellement, toutes voiles dehors, au Théâtre-Français, la pièce de M. Émile Augier, et qu'elle est... tombée. Oui! tombée, mais comme on tombe au Théâtre-Français, avec la décence de la chute, avec tous les genres de matelas et de capitonnages qui empêchent, quand on tombe, de se casser intégralement les os. Voulez-vous que nous les comptions, ces matelas et ces capitonnages?

D'abord les acteurs, qui se sont donné une peine, mais une peine! Ensuite l'assemblée, très brillante, très choisie et très sympathique, qui a commencé d'écouter avec des préventions charmantes et des chuchotements satisfaits, puis qui, lorsque la chose est devenue triste et morne, est entrée mélancoliquement dans un vaste silence, attentif toujours, lorsqu'il aurait pu n'être qu'ennuyé. Enfin, consolation dernière, les applaudissements immérités des amis, découragés de cœur mais obstinés de mains, ces applaudissements qui sont aux pièces tombées *les fleurs sur la tombe.* M. Émile Augier a, lundi, eu tout cela pour amortir le coup qu'il s'est donné en s'étalant par terre, en plein Théâtre-Français! dans sa *salle du Trône* du Théâtre-Français, dont il est roi! avec le meilleur de la troupe du Théâtre-Français! et le soin qu'on met à l'y jouer!! et une pièce travaillée et retravaillée, et sur laquelle on avait placé de si flatteuses espérances qu'on l'avait reçue avant d'être finie, — tout de suite, — là, — aux premiers actes!! n'osant penser, ces respectueux et adorables comédiens, pleins de sagacité, que M. Émile Augier, — *leur* grand Émile Augier, — pût faire autre chose qu'un chef-d'œuvre!!! Le croient-ils encore?... L'événement a prouvé qu'il y a des exceptions à tous les usages.

Du *Fils de Giboyer*, de turbulente mémoire, à *Lions et Renards*, quel saut, non pas de loup, puisque nous sommes parmi les bêtes, car les loups sautent en large, mais de haut en bas! Ah! ces brigands de dévots, pour lesquels M. Augier s'était montré si dur, ces brigands de dévots, qui ne rient pas souvent, sont capables de rire aujourd'hui! M. Augier les a vengés sur lui-même, de sa propre plume. Heureusement Veuillot est à Rome! Il ne mangera pas en se pourléchant cette excellente pêche que vient de lui offrir M. Augier... et sur quel plat!

Pour le *Fils de Giboyer*, il y a expiation!

II

Et c'est là ce qu'il faut dire d'abord. La même inspiration que celle du *Fils de Giboyer* a joué à son auteur le juste et mauvais tour de lui faire faire une mauvaise pièce. Il a voulu pousser une seconde fois dans le sens où il avait réussi une première, et il s'est enfoncé! Lui, cet observateur qu'on disait si fort, lui, cette impersonnalité dramatique, a plus écouté ses petites passions que la vérité dans le choix de sa comédie, et la raison de cette conduite c'est qu'on est plus tôt à court d'idées que de passions. L'auteur de *Lions et Renards*, en vieillissant, n'a écouté ni les unes ni les autres... il est toujours l'anti-clérical du *Fils de Giboyer*.

Borné de la haine, il n'a pas bougé. M. Augier, de famille voltairienne (je crois), mais dont la religion m'est absolument inconnue, a, depuis son *Fils de Giboyer*, et, qui sait? peut-être encore depuis plus longtemps, planté, jambe de ci, jambe de là, un jésuite à califourchon sur son nez en guise de lunettes dramatiques, et c'est à travers ce jésuite, qui doit bien lui embarbouiller quelque peu a vue, qu'il regarde la société moderne et qu'il essaie de la peindre. Seulement, la société moderne, qui croit encore assurément à beaucoup de sottises, n'en est plus à celle du Rodin d'Eugène Sue, et elle l'a prouvé lundi soir en accueillant comme elle l'a fait ce Rodin, que M. Augier n'a pas inventé, mais tout simplement pris.

Il fallait le laisser à Troppmann ! Avant la pièce de M. Augier, on pouvait penser qu'il n'y avait plus que Troppmann qui fût capable, en France, de croire à Rodin et d'en faire l'idéal de sa vie; mais M. Émile Augier y croit aussi, et il en a fait son idéal dramatique. Or, Rodin, c'est le jésuite du nez de M. Augier, mais doublé, accumulé, sterling, le jésuite qui ne perd pas son temps à lire son bréviaire et à rester sur un nez, le jésuite de robe courte, pour mieux courir, l'agent d'affaires de la grande *Société Noire*, qui soutire et décroche des millions au pauvre monde avec la plus grande facilité; c'est l'exécrable mouchard, enfin, beurré d'hypocrisie sur toutes les coutures, sur toutes ses sales coutures, et confit de sainteté, qui *voit tout, entend tout, connaît tout*, comme le *Solitaire* de feu d'Arlincourt (un type aussi neuf que le Rodin de

Sue et de M. Émile Augier), et c'est ce Rodin que tout le talent de Got, qui en a montré beaucoup, n'a pu faire passer !

C'est trop vieux et trop bête... Les ennemis de l'Église, ses ennemis absolus, ceux qui veulent le plus sa ruine, dédaignent de se servir contre elle de cette arquebuse détraquée. Certes ! oui, dans des temps autrement religieux que le nôtre, le jésuite a eu une longue et profonde influence, que personne ne peut nier si parfois on a le soin d'en mesurer la portée en la circonscrivant ; mais à présent, lorsque le monde s'en va tout droit à l'athéisme, que voulez-vous que soit le jésuite dans ce monde, content d'y aller ?... Le jésuite donc, tel que l'imagination de Sue l'a rêvé et l'a fait accepter aux imbéciles, n'est plus qu'une légende. Or, on ne met pas d'anciennes légendes en comédie. La comédie, c'est la réalité présente et vivante ! Et voilà la raison première de la chute de M. Augier, voilà la raison *qui seule, à défaut d'autres*, expliquerait sa chute ; mais soyez tranquille ! les autres, toutes les autres, y sont aussi. Pas une seule qui manque à l'appel !

Et, en effet, à part cette guenille de Rodin, que M. Augier appelle, pour le changer, M. de Sainte-Agathe, et qu'on ne peut pas mettre à part puisqu'il est l'*instrumentum regni* de toute la pièce, le monde où vous conduit l'auteur de *Lions et Renards* n'est pas plus vrai que son jésuite. Cela doit être un monde comme il faut, si j'en crois les noms des personnages, et pourtant, dans ce monde comme il faut, on trouve tout d'abord des jeunes filles qui se laissent manquer de respect par des intrigants de bas étage et qui ne les font pas mettre à la porte par leurs domestiques, et ces jeunes filles ont des noms historiques, des millions et *du caractère!* L'auteur de *Lions et Renards* a même tellement insisté sur le caractère de sa demoiselle de Birague, qui, fièrement, ne veut pas se marier et cherche un moyen d'éviter les deux écueils du mariage : l'habitude ou la servitude, que j'ai cru un moment que nous allions avoir, au moins, l'essai d'une comédie pleine de hardiesse et peut-être d'audace. Mais la *fonte* subite du caractère de mademoiselle de Birague, qui a *coulé* à la première insolence d'un homme méprisable et qu'elle méprise et qui l'outrage à brûle pourpoint d'une grossière déclaration d'amour; mais la rentrée chez elle, malgré elle, encore plus insolente que la déclaration, du baron d'Estrigaud, qui s'obstine à se poser en amoureux (et tout cela dès les premières scènes), m'ont ôté bientôt de l'esprit cette idée de la crânerie dramatique et morale que j'entrevoyais... Il faut être quelque chose comme le grand Condé, pour jeter son bâton de maréchal dans les rangs ennemis et l'aller y chercher l'épée à la main. Mais M. Augier, qui, malgré l'énorme réputation qu'on lui a faite, n'est pas, selon moi, ce que Balzac appelait un « maréchal littéraire », a bien jeté son bout de talent — un bâtonnet coupé dans la haie de Molière — dans les difficultés de sa comédie d'aujourd'hui, mais n'est nullement allé l'y chercher. Le bâtonnet y est resté...

Sa mademoiselle de Birague, qui, par parenthèse, dit « mes ancêtres », comme si elle était mademoiselle Jourdain, n'est, en somme, toute Birague qu'elle soit, qu'une fille mal élevée, volontaire, *fate* de ses neuf millions, anti-*Faubourg-Saint-Germain*, où les filles ont de bien autres manières, et si superficiellement romanesque qu'on a cru dans la salle qu'elle allait aimer son cousin Valtravers à la première vue, ce petit élève de Sainte-Agathe, quand elle voit qu'il n'est ni le sot ni le dévot dont il avait l'air, et pas du tout! elle en aime un autre à la première vue aussi, comme une Anglaise qui aurait longtemps attendu.

Cet autre, qui est le *Lion* parmi tous les *Renards* de la pièce, s'appelle ingénieusement Champ*lion*, pour que personne ne puisse s'y tromper. Ce Champlion donc, qui sort de terre et qui revient des pays les plus extravagants d'Afrique, où il a étranglé des nègres de ses petites mains gantées Jouvin, en revient pour faire à Paris des conférences à *souscription* qui lui permettent d'y retourner, pour

sauver un ami resté, dans ces pays-là, prisonnier!
Lion sentimental, ce Champlion, comme il en faut
à la scène (ce n'est pas la faute de M. Augier),
où Christophe Colomb, dans toute sa gloire, resterait parfaitement incompris de ce public qui ne
comprend que ce qui est au niveau de son âme; ce
Champlion, qui rappelle le capitaine Lambert que
M. Augier n'a pas plus inventé que Rodin, *voilà le
danger!* flaire et dit Sainte-Agathe, qui veut faire
épouser les neuf millions à son élève, pour le plus
grand profit de la société des Hommes-Noirs chantés par Béranger; *voilà le danger!* et non pas d'Estrigaud, contre qui Sainte-Agathe, l'odieux patte-pelu, a des armes.

Le d'Estrigaud, en effet, qui vit dans ce monde
comme il faut chimérique, est un escroc, entretenu
autrefois par une femme morte au loin, et Sainte-Agathe a dans son portefeuille de jésuite, — cet
antre! — et ses lettres d'amour et ses lettres de
change. C'est avec ces lettres qu'il fait tout ce qu'il
veut de d'Estrigaud, c'est-à-dire, par Dieu! qu'il
en fait un jésuite, puisque le drôle est assez coquin
pour en faire un bon! Supprimé, à la fin de la pièce,
comme prétendant à la main de mademoiselle de
Birague, au profit du petit Valtravers, qui se supprime lui-même au profit de Champlion, d'Estrigaud
s'exécute et met en style Augier les vers de Tartuffe et la prose de Don Juan, — que j'aime mieux
où ils sont : dans les comédies de Molière!

III

Je ne fais pas, du reste, ici, une analyse rigoureuse de la pièce de M. Augier. J'ai voulu seulement en dégager le fil conducteur, caché qu'il est, à chaque instant, par des événements déplacés et absurdes, lesquels n'ont pas même le droit d'exister. J'ai tu beaucoup de choses invraisemblables, inutiles ou communes. Ainsi par exemple, la rubrique employée maintenant dans les pièces (pour y produire des péripéties) du petit journal diffamatoire ou calomnieux. Ainsi encore le duel, le duel éternel, cette rengaine qu'il faut rengainer, à poste fixe dans tous les drames, et qui prouve, en ceux qui l'emploient, un véritable desséchement de toute faculté inventive. Ainsi encore, ce bouffon tribunal d'honneur, institué pour juger l'honneur compromis de Champlion. Ainsi, enfin, l'attelage pie de la danseuse Rosa, que, pour le mal de ses projets, d'Estrigaud traîne toujours à ses talons, boulet ridicule ! et aussi pour sa peine, au somptueux seigneur, d'en avoir donné *un* des chevaux ! J'ai laissé à l'écart ce fretin de sottises. J'ai voulu me ré-

duire à être clair, quand la comédie de M. Augier
est obscure; à être rapide, quand elle est lente et
surchargée. Cette pièce, qui datera certainement
un désastre cérébral dans cette tête qu'on proclame
l'asile de la combinaison dramatique en ces derniers temps, est un modèle de confusion; et, pour
ceux qui aiment la manœuvre bien exécutée des
choses de la scène, un désordre de va-et-vient, d'entrées, de visites, de sorties et de tournement d'acteurs sur eux-mêmes qui donne le vertige, et,
chose nouvelle! un vertige qui n'empêche pas de
s'ennuyer. Je fais grâce à ceux qui liront ce feuilleton de ce qui nous a accablé en cette pièce, où
nous avons été tous, même les plus bienveillants
pour l'auteur, pendant trois mortelles heures les
cariatides de l'ennui, et malheureusement pas en
bronze!

Je n'ai donné que les principales *renarderies* de
ces renards, qui n'ont pas l'esprit de leur peau. Ni
d'Estrigaud, en effet, malgré son infamie, ni Sainte-
Agathe, malgré sa noirceur et son machiavélisme
souterrain, ne sont de bien grands clercs, en fait
de renards; et même, à la fin de la pièce, ils ont
assez l'air honteux d'un renard connu, *qu'une
poule aurait pris*. Ils manquent tous deux le mariage visé, et la poule, c'est le petit et honnête
Vultravers, qui ne pondra pas, car il marie Champlion et mademoiselle de Birague, et s'en va dans

ce diable de pays d'Afrique dont j'ai oublié le nom, avec eux.

IV

Voilà donc la pièce nettoyée de M. Émile Augier, voilà cette chute, tout en douceur, mais cette chute !... J'ai vu des amis de l'auteur qui parlaient, scientifiquement, d'année climatérique dans la vie du talent, et qui se demandaient, non pas pour rire (comme les dévots), si c'était là, dans leur tendre ami, M. Augier, *le commencement de la fin ?*... D'autres lui conseillaient de retirer sa pièce, mais il ne la retirera point. Elle est tombée, mais les acteurs la relèveront et la planteront sur des béquilles, et elle ira comme cela ! et vous verrez qu'il y aura des gens qui trouveront que, comme cela, elle a même une plus jolie tournure. Mademoiselle de la Vallière boitait bien ! M. Émile Augier, dans son malheur, gardera des courtisans encore.

Excepté nous, nul ne lui dira qu'il est tombé. Il a glissé, diront-ils, il a trébuché, il s'est couché tout de son long, avec grâce ou avec majesté, mais tombé ! allons donc ! jamais ! On lui mettra sous le ventre ou sous le dos des tapis et des oreillers ;

tapis sur oreillers, oreillers sur tapis! C'est un si gros monsieur théâtral! Le pignon qu'il a sur rue, ce gros bourgeois de l'art du théâtre, est solide... et l'esprit bourgeois le respecte. Il ôte son chapeau même à l'enseigne! M. Émile Augier, l'aigle dramatique de ce temps de dindons bourgeois, ne s'est jamais élevé plus haut qu'à la notion d'art cossu. Comme esprit, sentiment, expression, il manque absolument de race. Il n'a ni la finesse ni la légèreté de Meilhac, par exemple, ni le ciseau à froid du mot de Dumas fils, cette entaille! Quoiqu'il ait fait des vers, il est tout le contraire d'un poète. Voulez-vous savoir comment il le conçoit, le poète? Il en a mis un quelque part. C'est un avocat ou un notaire qui dit à sa femme ou à qui sa femme dit, comme perspective bleue de la vie : Quand nous aurons fait notre fortune, à force de travail et d'économie,

Nous pourrons nous donner le luxe d'un garçon.

Quelle hauteur d'expression et d'âme! Tout M. Augier se mesure à cette ligne, sublime dans son genre; elle le peint tout entier. Je ne l'ai jamais oubliée, et quoiqu'elle ne soit pas la raison qui me rende si sévère pour sa comédie d'aujourd'hui, cependant, je dois en convenir, quand il me faut juger M. Émile Augier pour n'importe quelle chose, toujours, toujours il y a ce vers, ce diable de vers :

Nous pourrons nous donner le luxe d'un garçon,

entre lui et moi!

V

Le *luxe* que les acteurs du Théâtre-Français se sont donné, eux, a été, je l'ai dit, beaucoup de peine pour sauver la pièce de M. Augier, qu'ils n'ont pas sauvée. Mais, entendez-moi bien! en disant cela, je parle des acteurs et non pas des actrices. Got et Coquelin ont eu les honneurs de la soirée, et ce n'est pas encore assez : ils ont été l'honneur de la soirée. Coquelin surtout, admirable de gaucherie et de bonne grâce, quittées et reprises tour à tour, dans son rôle de Valtravers, comme la cuirasse et la haire de Joyeuse :

Il prit, quitta, reprit la cuirasse et la haire!

Cette rapidité de transformation immédiate m'a rappelé la prestesse du jeu de Garrick, quand il insinuait sa tête entre une porte et son mur et qu'il montait ainsi la gamme de toutes les physionomies! Pour ceux qui ont connu Monrose, il y a dans Coquelin un Monrose futur, et déjà il en a la voix. Bressant, qui, pour l'élégance, n'est à mon gré que dans les costumes du xviie siècle (ainsi dans le *Don Juan*), a fait ce coquin effronté de d'Estrigaud trop mélancolique. Qu'il prenne garde à sa voix! elle est charmante, mais elle détonne dans un rôle insolent, et si délicieusement que l'on détonne, c'est toujours détonner.

Quant à mademoiselle Favart, qui jouait mademoiselle de Birague, peut-on dire pourtant qu'elle ne se soit pas donné de peine?... S'est-elle assez posée, assez tordue, assez tortillée, a-t-elle fait assez d'airs de tête et d'épaules et de reins! Seulement, elle n'a pu parler distinctement une seule fois. Ajoutons pourtant que si elle s'est tant tordue, elle a pu le faire, à un certain moment, dans une robe délicieuse, un clair de lune bleuâtre, taillée par la main des fées! Madame Madeleine Brohan, qui, elle, ne se tord pas, l'immobile Brohan, n'a guères été qu'une robe majestueuse. Une robe de velours bleu presque aussi lourd qu'elle. Les couturières maintenant sont plus fortes que les actrices. Les robes, voilà l'Art! On les regarde et l'on se dit : Ah! tant de talent par *dessus!* et si peu, si peu par *dessous!* Est-ce bien possible?

VI

Le Barbare en musique qui va signer ceci est allé, le lendemain de la comédie de M. Augier, voir et entendre, aux Bouffes-Parisiens, les cancans oculaires et auriculaires d'Offenbach, et, en sa qualité de Barbare, il s'est amusé autant que le public ! Après des pièces comme celle de M. Augier, le violon d'Offenbach prend des proportions ! Et on l'aime !! La *Princesse de Trébizonde* est un succès de musique, de mise en scène, d'acteurs, de costumes et de jolies filles, et on sent à travers tout cela la chaude inspiration de cet homme d'esprit, Jules Noriac, le génie du lieu, qui anime tout cela. Madame Van Ghel, le principal rôle, a deux ou trois notes dans la voix qui sont de jolies petites perles, mais elle n'a pas tout le collier. O surprise pour moi ! chantait ce soir à côté d'elle, non plus avec la voix, mais avec mieux qu'une voix, — avec toute sa personne et tout son jeu, il faut bien le dire ! — mademoiselle Chaumont. Mademoiselle Chaumont, la petite fille, trop petite fille du Gymnase, que j'ai tant grondée autrefois ! Mademoiselle Chaumont, que j'ai trouvée une actrice grande et charmante, une

Déjazet... de l'avenir! Elle a joué adorablement, avec des grâces de trente-six chattes amoureuses, un rôle de danseuse de corde, dans un costume et avec une tournure à se faire suivre jusque sur la corde! et petite et lutine, comme la Fenella de Walter-Scott, mais pas silencieuse... heureusement! Elle a surtout enlevé le duo: *Ne me tente pas, oh! ne me tente pas!* à nous donner l'envie, à tous, de lui rechanter la même chose!

C'eût été aussi vrai peut-être, — mais, probablement, nous n'eussions pas chanté si bien!

LES BRIGANDS
LA JEUNESSE DE VOLTAIRE
LE DÉMON DE L'AMOUR

19 Décembre 1869.

Le soir même où nous rendions compte de la *Princesse de Trébizonde*, on donnait les *Brigands* aux Variétés, et Maître Offenbach, qui est, parbleu ! bien capable de prétendre un jour à l'ubiquité sur tous les théâtres lyriques, se faisait concurrence à lui-même avec la fatuité du succès.

Or, ce maître fat a été battu par l'événement. Sa concurrence n'a pas été heureuse. Ce n'a point été *de plus fort en plus fort*, comme chez Nicolet... Les *Brigands* n'ont point *balancé* la *Princesse de Trébizonde*. La Princesse est restée la princesse. Bel exemple à donner aux autres ! Il y a tant de princesses qui ne le restent pas ! La veille a mieux valu que le lendemain. Ni comme musique, ni comme poème, les *Brigands* ne peuvent souffrir la comparaison avec cette joyeuseté de *Princesse de Trébizonde*, qui n'a pas eu, comme les *Brigands*, seulement un succès de caricature.

Sans la caricature, en effet, des carabiniers, qui ne sont, en somme, que la menue monnaie du général Boum, — du général Boum redevenu soldat, — et sans le costume dû à Marcelin, qui l'a trouvé et dix fois pour le moins dessiné dans sa *Vie Parisienne*, sans la scène du caissier, jouée si caricaturesquement par Léonce, qui y est excellent de *mobilité*, de geste et d'*immobilité* de physionomie (un effet toujours sûr), les *Brigands* auraient laissé le public froid. S'il s'est échauffé et s'il a ri, — comme on rit aux Variétés, — c'est grâce au jeu impayable de Léonce et au costume et à la note gutturale de Baron, qui n'en a qu'une, comme le crapaud, mais qui, comme le crapaud, ne l'a pas, lui, mélancolique ! La pièce est en elle-même peu de chose, et elle est pourtant des auteurs de *Froufrou !* Ah! c'est toujours le cœur navré — car l'esprit a un cœur — que je vois MM. Meilhac et Halévy tomber en ces *offenbacheries* et oublier la scène pour cancaner sur des tréteaux, comme si la pointe de l'archet d'Offenbach était pour ces esprits charmants la piqûre de la tarentule.

Et d'autant que de cette fois ils n'ont ni excuse, ni dédommagement. Offenbach n'a pas aujourd'hui couvert la faiblesse et les vulgarités de leur poème avec ce violon ordinairement plein de drôleries, et qui, parfois, à force de vibrer sous un archet ivre et qui se moque de tout, fait entendre un motif heureux. Excepté le duo de *l'Éclat de rire* et le chœur *à voix basse*, très original et que j'aime comme une impertinence à la musique, puisque c'est de *la musique sans son*, il n'y a pas dans les *Brigands* un seul de ces airs que la mémoire emporte quand l'oreille ne les entend plus !

L'exécution vaut mieux, certainement, que la pièce. La pièce, c'est toujours la même chose. C'est toujours la plaisanterie appliquée à tout, comme une gifle. C'est toujours de la vie ravalée, l'abaissement et l'encanaillement, même du brigandage, qu'on descend, dans cette pièce des *Brigands*, jusqu'à la filouterie, signe d'un temps où toutes les aristocraties, même celle-là, tombent en décadence ! Mais l'exécution fait passer tout cela. Elle va d'ensemble. Il y a des choses qui font honneur à tout le monde, par exemple la scène de l'aumône, où les brigands, déguisés en mendiants, demandent la charité. C'est là un excellent Callot, admirablement reproduit. Inspiré de Callot encore, l'artiste à tignasse rousse, à lunettes et à pantalon de velours vert, qui joue le financier devenu brigand, s'est distingué de tous les autres par le talent de son jeu muet dans un rôle tout en pantomimes, en contorsions inouïes, en débanchements à se rompre, tour à tour grotesques et sinistres !

C'est mademoiselle Aimée qui faisait la *prima donna*, mademoiselle Aimée que j'ai accueillie à bras si ouverts dans *Boulotte*, comme le futur casse-tête qui devait *expédier* mademoiselle Schneider, dont la tête, hélas ! *fait ses airs* encore, et les chante ! Mademoiselle Aimée, c'est la fille du chef de ces brigands, plus coquins que brigands, et dont elle est bien la fille pimpante et charmante avec ses jolis coins de bouche retroussés et ses yeux riants. Embuscade délicieuse où l'on tomberait bien ! Elle a chanté sa chanson d'entrée en scène avec un tel *brio*, qu'on eût dit qu'elle avait les éclats de sa carabine dans la voix. Auprès de moi, des oreilles de velours se plaignaient, mais moi, non ! La voix de mademoiselle Aimée est de si belle qualité qu'on lui pardonne ses torts, quand elle en a.

Il paraît que, ce soir-là, elle en a eu trois... Ce n'est pas, du reste, dans la première partie de son rôle qu'elle m'a plu davantage, mademoiselle Aimée. Son costume de *brigande* est commun. Je l'aime bien mieux dans les actes suivants, et surtout en princesse espagnole et *sans rouge*. A-t-elle su, le lui a-t-on appris, quelle noblesse sérieuse la pâleur donne à sa figure de *bonne fille*, et quelle profondeur noire à ses yeux gais ?...

Maintenant, n'est-ce pas ? elle ne l'oubliera plus.

Dupuis, très bien costumé en brigand, avec ses larges *roues de carrosse* aux oreilles et son mouchoir rouge à la tête, a déployé une fort belle tournure, pleine d'aisance, et chanté avec cette méthode si sûre d'elle-même, mais qu'on voudrait voir sortir d'une autre voix que de cette voix de perruche, dont Dupuis a aussi le bec... C'est encore là une impertinence à la musique, que cette voix de timbre si peu musical, et qui chante comme la Musique elle-même! J'ai dit plus haut déjà ce qu'ont été Baron et Léonce, les vrais triomphateurs de cette pièce, qu'ils ont fait triompher. Mais, malgré leur verve bouffonne et tout leur talent de farceurs exquis, combien je préfère à tout ceci la grâce et la finesse de mademoiselle Chaumont, en son rôle de danseuse de corde, dans la *Princesse de Trébizonde!*

II

Les semaines sont comme les jours, elles se suivent et ne se ressemblent pas. De la semaine dernière, toute à Offenbach, voilà que nous tombons, cette semaine, dans M. Paul Foucher! Quel saut et quel contraste! Offenbach, cette espèce de *Neveu de*

Rameau en musique, qui se fiche de tout avec son violon, et M. Paul Foucher, ce beau-frère de Victor Hugo, qui ne se fiche de rien et prend tout au sérieux et au passionné dans ses drames! M. Paul Foucher est aussi convaincu à sa manière que ce bambocheur d'Offenbach l'est peu à la sienne. M. Paul Foucher est le *dernier des Romains* de l'Art romantique. Ce n'est pas ce marmouset spirituellement ricaneur d'Offenbach, qui orne si drôlement une paire de pincettes toujours prêtes à danser; non! lui, M. Paul Foucher, c'est la tête de chenêts, couverts de cendres, restée dans la cheminée vide, au bord du romantisme éteint.

Il se croit toujours, M. Paul Foucher, au lendemain de son *Sébastien* de Portugal! Et cela prouve quelle force d'illusion cet immense myope peut se faire en se regardant! Rien n'a pu lui ôter sa foi et sa préoccupation romantiques. Ni le temps, ni les défaites, ni le prosaïsme universel, ni le prosaïsme de sa propre vie, à lui, devenu, qui ne le sait? de poète tragique et shakespearien, un postillon à pied du journalisme, un Essoufflé de la nouvelle, un Juif-Errant de l'information après laquelle il court et halète, un dépendant, enfin, de l'*Indépendance belge*, en tournée furieuse de service depuis vingt-cinq ans.

Certes! il faut rendre cette justice à ce malheureux M. Paul Foucher, que c'est littérairement on ne peut plus méritoire, quand on vit, comme lui, sous le coup de fouet du renseignement à se procurer à toute heure, de conserver au fond de sa tête grise, qu'on porte et qu'on transporte, comme une mallette de postier, partout où il y a la moindre information à prendre, l'amour juvénile des drames sombres, par ce temps d'Hervés et d'Offenbachs! Pour moi, cela est beau, et même monumentalement beau! Que de fois je l'ai rencontré lancé dans Paris, M. Paul Foucher, presque aveugle, comme le vieux Milton, crotté, comme Colletet, jusqu'à l'échine, heurtant aux portes, heurtant aux murs, heurtant aux hommes, se cognant à tout, dans ce tournoiement enragé du chien qui tourne après sa queue (lui courait après une nouvelle!), et j'ai toujours sincèrement admiré — ma parole d'honneur! — que dans ce tournoiement infernal, dans cette valse sans partner, pire que la fameuse valse avec madame Waldor chantée par de Musset, il pût pousser dans cette tête, qui devrait grouiller à ce jeu, de temps en temps un drame encore.

Eh bien, c'est un de ces drames étonnamment conçus, que M. Paul Foucher nous a donné au théâtre Cluny, cette semaine! Un drame! Que dis-je? un drame! il y avait aussi, par dessus le marché, le *lever du rideau* avec le drame. Tous deux, ces jumeaux, conçus, portés et mis bas peut-être dans la rue, comme le sonnet de Trissotin!

III

Le *lever du rideau* s'appelle la *Jeunesse de Voltaire*, et je n'en dirai pas grand'chose. Voici pourquoi. L'actrice qui fait Voltaire, le fait si jeune qu'il ne parle plus distinctement. Il vagit. Placé à la stalle 186, je n'ai pas — moi et mes voisins — entendu un *seul* mot du rôle de Voltaire, et je n'ai pas entendu non plus un seul mot du rôle de Ninon, peut-être parce qu'elle était trop vieille pour nettement parler aussi... Elle bredouillait. Cela se conçoit; mais tous les autres, qui ne sont ni de cette vieillesse ni de cette enfance, étaient sans excuse. On ne les entendait pas davantage! Seul, Gourville, fait par un grand diable d'acteur osseux, à voix de cornet à bouquin, a retenti vainement au milieu de ces barbouillages; car ce n'est pas avec ce retentissement, qui ne se raccordait à rien, qu'on peut reconstituer une pièce. Tout ce qui m'a paru de plus clair, c'est que M. Paul Foucher avait composé une mosaïque de toutes les anecdotes qui courent sur Voltaire, et qu'une fois ces anecdotes rapprochées et attachées ensemble par un art qui m'a échappé, cela faisait son *lever de rideau*...

Oserai-je le dire? Je n'ai pas beaucoup regretté cette petite pièce mangée par les acteurs, le génie de M. Foucher n'étant ni léger ni comique. Je m'attendais à quelque chose qui serait dans son génie tragique, passionné, violent, quelque chose de *derrière les fagots* de son beau-frère, mais il n'y a ni *Didier*, ni *Antony*, ni *furieux*, — comme on disait du temps des *gants jaunes*, — ni épileptique, ni démoniaque, dans ce drame, nommé avec des intentions, mais trahies, de ce titre terrible : *Le Démon de l'amour*. *Le Démon de l'amour!* Diable! il aurait dû être rougi à blanc, un pareil drame! Et n'avait-on pas dit qu'il l'était? La veille de la première représentation, un journal n'avait-il pas annoncé, comme s'il avait été belge, que la dernière répétition du *Démon de l'amour* avait incendié le public et qu'il en était sorti tout en flammes? Était-ce le nouvelliste Foucher qui avait donné cette nouvelle-là?

Mais, disait-on, elle était certaine. Jugez donc de ma surprise, à moi et à toute la salle, quand, au lieu des passions diaboliques que nous attendions, et que devait accumuler dans son drame ce romantique des premiers et des derniers temps, qui n'en avait jamais voulu démordre, nous n'avons trouvé qu'un pauvre petit adultère, et vertueux, puisqu'il combat et qu'il résiste, alors qu'aux beaux temps romantiques l'adultère allait de l'avant, passait par les fenêtres, califourchonnait sur les balcons, mas-

sacrait les maris, faisait les quatre coups, enfin !...
Jugez de l'universelle déconvenue quand, après les
maris jaloux et les terribles cocus de 1830, M. Paul
Foucher se contentait de maigrement nous exhiber
un brave bonhomme, sans jalousie, qui finit par faire
le bonheur de sa femme et de son amant, non pas
en se jetant dans un glacier des Alpes, comme le
Jacques de madame Sand, — ce qui a encore de la
tournure, — mais en indiquant aimablement à la
sienne le vice de forme glissé dans son contrat de
mariage, et qui permet de le casser !

Est-ce assez peu *démon*, tout cela ?... Est-ce assez
romantisme vieux, attardé, débordé, édenté et ratatiné ? Le *Démon de l'amour !* mais ce pauvre M.
Foucher, en parlant de l'amour comme il le fait,
compromettrait le diable ! Son *Démon de l'amour*
n'est que le démon de l'ennui ! La salle l'a bien
senti ce soir-là. MM. Hugo, qui étaient aux galeries,
les neveux de M. Foucher, malgré leur respect,
s'ils en ont, bâillaient au nez de cette nouvelle fille
de leur oncle. Et dans la salle, où il n'y avait pas
de cousins germains, on faisait pis que de siffler,
on applaudissait avec des rires. Au démon de l'ennui s'ajoutait le démon de la fuite. Il y en avait qui
s'en allaient et qui ne sont pas revenus. Ah ! tous
les démons y étaient, excepté celui de l'amour ! Les
acteurs, qu'on entendait mieux qu'on n'avait fait
pendant la première pièce, et même qu'on entendait

trop pour ce qu'ils disaient, se sentaient pris du démon du froid. Mademoiselle Duverger tremblait dans ses robes, qui cependant étaient charmantes, qui étaient cent fois plus *démones* que cette morne pièce appelée le *Démon de l'amour!* Mademoiselle Duverger a joué avec soin, avec trouble, avec une émotion qui était plus dans sa personne que dans son rôle. Elle avait, elle, le démon de l'anxiété! Cela ne m'a point déplu. Il y a dans l'anxiété de la modestie. On voit que la question pour elle est celle-ci : « Serai-je une actrice?... Au lieu d'être une fouleuse de planches, serai-je quelque jour une actrice?... Du métier, m'élèverai-je au talent?... »

Elle n'en sait rien encore. Ni moi non plus. Mais si un jour elle devient une actrice, malgré l'*éventail*, je le dirai !

MAURICE DE SAXE

Dimanche, 5 Juin 1870.

I

Ils ont dépensé, dit-on, au Théâtre-Français, quarante mille francs pour cette pièce. Quelle cocotte de pièce!... Payée certainement plus cher qu'elle ne vaut, comme les autres cocottes... Certes! la main sur la conscience, il n'y a pas, franchement! pour quarante mille francs d'invention et de talent dans ce drame de MM. Amigues et Desboutin. Mettons seulement qu'il y en ait bien pour quarante francs sur les quarante mille : quarante francs en situation, en agencements, en *ahans* dramatiques, honorables chez des débutants qu'il faut savoir encourager ; mais en langage, en style, en vers, puisque cette pièce de *Maurice de Saxe* est en vers, pour combien y en a-t-il ? Y en a-t-il pour quatre francs, en menue monnaie ? Et même donnée pour rien, cette exécrable *versificaillerie* méritait-elle d'être acceptée ? Méritait-elle qu'on vînt la débiter solennellement en plein Théâtre-Français, — le théâtre de la Règle, de la Langue et du Vers, et qui ne devrait jamais manquer à la dignité de son nom ?

C'est l'inconvénient de cette pièce, — disaient autour de moi, le soir de la première représentation, les partisans de M. Amigues, que je n'ai pas l'honneur de connaître mais qui a des amis, et qui, ce soir-là, a triomphé comme « bon garçon » dans mon petit coin de théâtre, — c'est l'inconvénient de la pièce que ces vers curieux et mauvais entre les plus mauvais, hachés si menu par la césure et par l'enjambement que l'on ne sait plus bientôt ce que l'acteur triture, en les disant ! Personne au Théâtre-Français n'a mis le pistolet sur la gorge de M. Amigues, qui est un journaliste, et de M. Desboutin, qui est un peintre, pour nous étêter des vers comme on étête des asperges quand on veut en brouiller les pointes dans une omelette, mais avec cette différence pourtant que l'omelette aux pointes d'asperges peut être une bonne chose, et que l'omelette poétique de MM. Desboutin et Amigues ne vaut rien. C'est donc toujours la même histoire du bonhomme Chapelain, qui était un bonhomme, comme M. Amigues est un bon garçon, et dont on disait :

Que n'écrit-il en prose !
Il est vrai, s'il m'eût cru, qu'il n'eût pas fait de vers !

Les beautés que les amis de M. Amigues disent avoir constatées dans le fond de *Maurice de Saxe*, n'en sont pas, à ce qu'il paraît, sorties... Elles n'ont pu être tirées de ce fourreau de mauvais vers dans lequel elles restent clouées... Et (disent les amis encore) il n'y a pas eu que les mauvais vers contre l'effet et le mérite dramatique de *Maurice de Saxe*, il y a eu, de plus, les mauvais acteurs. Excepté Got, tous ont été aussi mauvais que les vers qu'ils avaient à dire, et c'est là, je vous assure, un idéal du mauvais! Madame Victoria Lafontaine, moins spirituelle et moins dégoûtée que son mari, qui a refusé le rôle de Maurice et n'a pas voulu compromettre sa bouche dans l'omelette poétique de MM. Amigues et Desboutin, madame Victoria Lafontaine y a mis trop bravement son petit bec rose, fait pour une plus jolie pâtée, et elle l'y a embarbouillé d'une façon très lamentable... Got seul, je l'ai dit, à force de talent et de verve, a mis le feu à l'omelette et au public, et a sauvé la pauvre pièce qui s'affaissait, s'en allait et s'aplatissait, et qui, si Got cessait de la jouer, retomberait tout à coup dans sa primitive platitude.

II

Et néanmoins il y avait là étoffe de drame, et c'est pour cela probablement que les amis parlent de beautés qui ne sont pas sorties. Ces beautés qui ne sont pas dans l'œuvre, étaient peut-être dans le sujet.

L'histoire de la femme de Favart avec le maréchal de Saxe, la lutte du comédien qui ne veut pas devenir le Sganarelle de la comédie qu'il joue tous les jours avec un scélérat d'amant comme on n'en voit pas tous les jours, car c'est un maréchal de France, et un héros par-dessus le marché ! il y a là, tout à la fois, de l'histoire et de la comédie. MM. Amigues et Desboutin ne se sont pas beaucoup gênés avec l'Histoire. Ils ont fait un Maurice de Saxe passionné et fatal comme un Antony, et un Antony royal au XVIIIe siècle (je vous demande s'il y en avait !). Est-ce que bâtard de roi n'était pas alors une position superbe ?... Ils l'ont fait aussi mélancolique et philosophique... Je sais bien que c'était un Allemand et qu'il a écrit sans orthographe un livre de *Rêveries*, mais ce sont des rêveries militaires, et l'Allemand, le Werther, était planté sur un tempérament de Satyre et une force d'Hercule qui brisait, avec ses mains, un fer à cheval... Le rêveur était tempéré par cette force-là. Maurice de Saxe était parfaitement digne de son père, Auguste de Pologne, dont il fut le troisième bâtard.

Lui, et plus tard Casanova, — un aventurier d'un autre genre, qui n'avait pas, lui, l'honneur et le charme d'être un héros, — furent les plus terribles et les plus heureux *hommes à femmes* de ce siècle d'*hommes à femmes* qu'on appelle le XVIII° siècle. Une telle figure, toute en ronde-bosse et qu'il fallait prendre et rendre avec toutes ses énergies, les auteurs du drame joué à la Comédie-Française ont voulu l'agrandir en l'idéalisant. Mais le brutal voluptueux, pour lequel le mot de Beaumarchais n'a pas été dit mais pourrait avoir été inventé : « *Monseigneur est brutal sur l'article* », le soudard-satrape, l'officier de fortune en grand, à la manière du Prince Eugène, et avec des vices que l'abbé de Savoie n'avait pas, ont trop disparu sous le rêveur, l'utopiste, le déclassé, le chercheur d'empire, les sentiments enfin et le style de notre temps, à nous, bien plus que du sien. MM. Amigues et Desboutin ont pris avec cette figure de Maurice de Saxe des libertés romanesques.

Ils le tuent en duel pour le compte de madame Favart, cet Hercule, goutteux pour la peine de ses vices, et que ses succès avec les femmes avaient réduit à la litière d'osier dans laquelle il commandait à Fontenoy... Favart, moins important, moins historique, et d'ailleurs joué par Got comme Maurice n'est pas joué par Maubant, auquel il ne comprend absolument rien, est bien plus *sorti* que le personnage de Maurice de cette pièce, où tant de choses sont restées... Favart est le seul sentiment vrai et bien exprimé de la pièce, mais madame Favart est manquée. C'était un rôle à nuances très fines, quoique très appuyées, car elle est femme, actrice, deux fois femme alors, trop femme et trop actrice pour ne pas être entraînée par le maréchal Hercule; mais ces nuances fines et précises sont devenues tellement indécises sous la plume de MM. Amigues et Desboutin, qu'on se demande tout le temps de la pièce, qui finit même sans qu'on le sache bien, si ce cœur à l'escarpolette est décidément pour le Tarquin avec lequel elle fait la Lucrèce ou pour son mari.

Les amis de M. Amigues ont prétendu voir, dans les dernières scènes, qu'elle aime le maréchal, puisque, décampée avec son mari pour le fuir, elle revient d'elle-même — ce qui est assez femme d'ailleurs — pour le sauver de je ne sais quel complot dont elle a surpris le secret, tout en courant la prétentaine de la vertu et de la peur. Mais pour qui n'a pas les excellentes lunettes de l'amitié, ceci n'est pas très clair et demeure incertain, et ressemble par trop à ces diables de vers qu'on pourrait appeler les Inintelligibles de la césure et de l'enjambement !

III

Cependant, si les figures principales de Maurice de Saxe et de madame Favart n'ont pas de précision historique ou dramatique dans la pièce, les faits y ont, au moins, et leur mouvement et leur intérêt. Favart jaloux et resté comédien, Favart se dédoublant, philosophant, un peu trop, comme Maurice de Saxe, enlève sa femme pour l'arracher au Minotaure et court par les chemins avec elle... C'était le maréchal qui voulait enlever la donzelle, et Favart, par une combinaison qui sent son Crispin et sa comédie, fait enlever le maréchal par la Toule dont il a chauffé l'enthousiasme, et qui emporte le maréchal dans son carrosse, — dans ce même carrosse avec lequel il allait enlever la femme de Favart ! ! La scène, comme on le voit, a de l'imprévu et de la gaieté mêlée au pathétique de la situation et des sentiments de Favart, et c'est la meilleure de la pièce. A la vérité, elle est suivie d'une autre, très inférieure, selon moi, et sur laquelle les auteurs avaient beaucoup compté... C'est la scène où les comédiens, en fuite (ils sont quatre) et poursuivis, font halte dans la maison d'un curé, ami d'enfance de Favart.

Ce curé, rôtisseur de chapons (vieille plaisanterie d'un goût détestable), a semblé charmant à beaucoup de personnes qui ont étudié les curés dans les *Contes de La Fontaine* et les *Chansons de Béranger*, mais ne pouvait pas me ravir, moi qui les ai étudiés ailleurs. Ce curé manque d'esprit, et surtout de celui de son état, et il n'est là évidemment que pour faire repoussoir au comédien. Le repoussoir pourrait être, au moins, franc et vrai... Il ne l'est point. Nous avons là une espèce de curé protestant, en robe de pasteur bien plus qu'en soutane, et qui ne dit jamais l'*Église*, mais le *Temple*, logomachie doublement fausse, — poétiquement et catholiquement, — et ridicule même dans la bouche d'un curé du xviiie siècle, qui prédit sans horreur la venue de la Révolution Française, car il la prédit entre deux cuisses de chapon rôti, ce Joad de presbytère; il la prédit en ces vers de journaliste et de peintre dont je ne peux pas vous donner l'idée si vous ne les avez pas entendus ! Par parenthèse, ces vers éclopés et rompus sont tombés comme des échasses cassées qui ne font ni bruit ni mal à personne en tombant, et, pour la première fois, la tirade révolutionnaire, cette basse mendiante, a perdu son coup de chapeau !

Ainsi, tout l'intérêt du drame de MM. Amigues et Desboutin est dans cette fuite de Favart et sa halte chez ce curé, compromis entre deux cabotines, et qui prend des airs de Jocrisse en croix... Malhonnêteté pour la croix qui fait toujours plaisir !... Mais cet intérêt n'est pas de longue durée. Ce *roman comique* n'a qu'une scène dans le drame. Les exempts courent après les fugitifs, qui, pris, s'échappent et se dispersent, tout cela non pas sur place, mais dans le récit de madame Favart, qui reparaît à Chambord, chez le maréchal. Or, on s'est tellement intéressé à sa fuite, à elle, que quand on la voit arriver, on se demande ce qu'elle vient faire, et que, par intérêt pour elle-même et pour son mari, on l'enverrait à tous les diables ! On l'y enverrait pour les auteurs aussi, car ne sachant qu'en faire et voulant en finir, ils ne trouvent rien de mieux que de la conduire dans le bois où le prince de Conti et Maurice de Saxe vont se couper la gorge, afin de la poser à genoux dans la grande scène finale où Favart arrive aussi, mais pour conclure... Comment trouvez-vous ce dénouement-là ?

Il paraît que la Comédie-Française n'avait pas, aux répétitions, avec son expérience et son tact, pris une extrême confiance dans ce dénouement ni même en toute cette pièce, malgré les quarante mille francs dont elle s'était cavée pour la représenter. Même vue dans ce cadre d'or, la pièce de MM. Amigues et Desboutin ne lui avait pas produit l'effet fulgurant d'un succès. Les costumes étaient bien, mais c'était tout. Les rôles n'avaient saisi personne. On s'en détachait. On se les renvoyait comme des balles. Ils faisaient le tour de la Comédie-Française. C'est vers les derniers jours de cette partie de paume qui aurait pu s'éterniser, que Got, qui n'y pensait pas, prié, supplié, a accepté le rôle de Favart, et sa bonne action a été récompensée.

Son talent y a pris des vibrations inconnues. Il n'a plus été là seulement le comédien, franc et verveux, qu'il peut être toujours. Il a été pathétique. Il a brisé sa voix, il a pleuré, il a eu un sanglot sublime. Il a montré le sentiment le plus profond et le plus inattendu dans la partie tendre de son rôle. Quand Molière, malheureux par sa femme, pleurait de vraies larmes hors du théâtre, il devait pleurer comme a pleuré Got, ce soir-là.

Got représente pour moi les quarante mille francs dépensés un peu imprudemment par la Comédie-Française... Je souhaite pour elle qu'il les lui rapporte... C'est lui qui est venu nommer les auteurs de *Maurice de Saxe*. Il n'a pas dit si M. Amigues était pour la littérature de la pièce et M. Desboutin pour les décors. Mais, lui, était pour le succès !

Les applaudissements, il pouvait les emporter ! Ils n'étaient qu'à lui *seul !*

FIN

TABLE

Un Voyage d'agrément. 1
Madame de Chamblay. 11
Le Cirque. 23
L'Hippodrome 35
L'avocat Pathelin. — Le fou au Couvent. 45
Rabâchages dramatiques. 55
Bénéfice de mademoiselle Roussell. 65
Le duel de Pierrot. 75
Œdipe-Roi. 85
Un Patriote. 97
Les Élections. 107
La Joie de la maison. 117
L'Aventurière 127
Le Voyage de noce. 139
La Belle Affaire. 149
Malheur aux Pauvres. 157
La Soucoupe. — Léa. 161
Monte-Cristo. 175
Les premières armes de Richelieu. 185
Marie-Touchet. — Le dîner de Pierrot. 193
La Soirée parisienne. — Le petit Jacques. 205
Odette. 215

Une traduction d'Othello	225
Les Enfants d'Édouard	235
L'Apôtre	243
Casse-Museau	253
L'Institution de Sainte-Catherine	261
Le mari à Babette	271
Serge Panine	281
L'Incendiaire. — Lili	291
Les Débuts dans le Demi-Monde	296
Formosa	309
Mademoiselle Rousseil	317

APPENDICE.

Une Victoire d'Annibal. — La Vertu de ma femme. — L'Affaire est arrangée	327
La Saint-François. — Les amoureux de Marton. — L'Anglais	333
Reprise de la Dame aux Camélias	341
Le Papa du Prix d'honneur	351
Les Femmes savantes. — Le Malade imaginaire	365
Reprises et Directions	377
On ne badine pas avec l'amour	389
L'Héritage fatal	397
Lions et Renards. — La Princesse de Trébizonde	407
Les Brigands. — La jeunesse de Voltaire. — Le Démon de l'Amour	422
Maurice de Saxe	435

Imprimerie Générale de Châtillon-sur-Seine. — Pichat et Pepin.

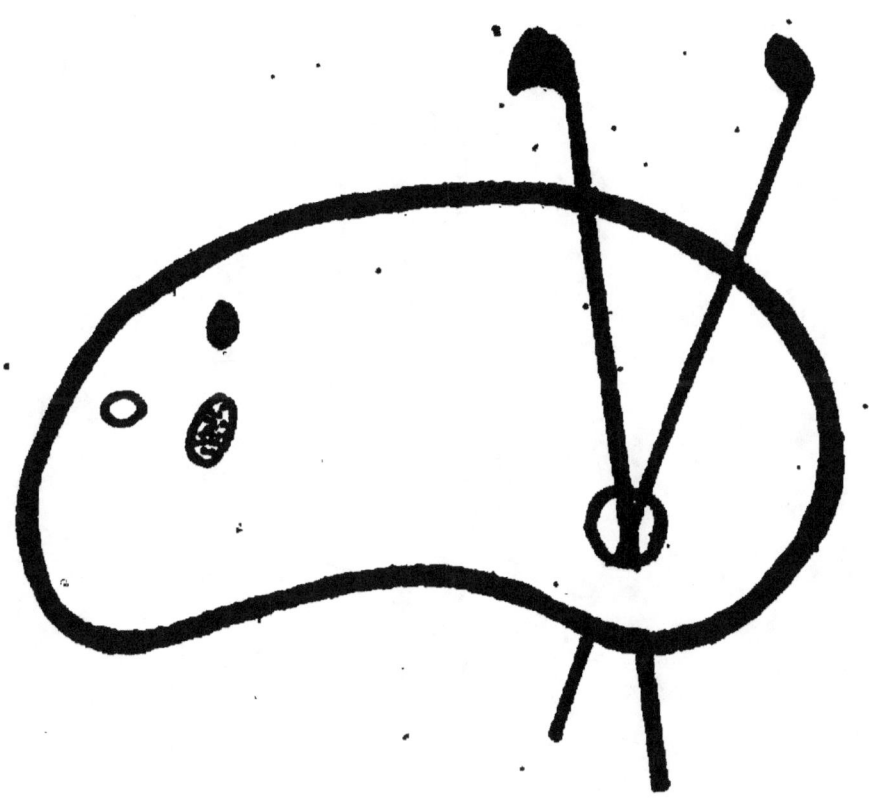

ORIGINAL EN COULEUR
NF Z 43-120-8

www.ingramcontent.com/pod-product-compliance
Lightning Source LLC
Chambersburg PA
CBHW070545230426
43665CB00014B/1816